Grosser Die Wiederkehr des Einen

DEN ELTERN GEWIDMET

Hanns-Günter Grosser

Die Wiederkehr des Einen

Atlantide Offenbarungen zur Zeitenwende

Band I

IL-Verlag

Bibliografische Information der Deutschen Nationalbibliothek:
Die Deutsche Nationalbibliothek verzeichnet diese Publikation in der Deutschen Nationalbibliografie; detaillierte bibliografische Daten sind im Internet über http://dnb.dnb.de abrufbar.

Herstellung und Vertrieb: BoD – Books on Demand, 22848 Norderstedt

1.Auflage 1992, ISBN 3-924125-02-3
2.(durchgesehene) Auflage 2023, ISBN 978-3-924125-08-0

Inhalt

EINLEITUNG UND LEITFADEN

Das vorliegende Buch ist keine poetische Erfindung. Das Geschehen, das sich in ihm spiegelt, ist so wirklich wie die Menschen, die es erlebten und tragen. Wie ein großes, modernes Märchen wird es manchem Leser erscheinen oder wie eine Allegorie über menschliches Dasein und Geschick, und dennoch beruht alles auf tatsächlichen Ereignissen und Abläufen, ist jedes Wort, jede Zeile im Geiste der Wahrhaftigkeit geschrieben, mit der Genauigkeit, mit der Sorgfalt eines Berichterstatters wiedergegeben.

Um der Wahrhaftigkeit, aber auch um künftiger Klärungen und Antworten willen läßt das Buch offen, was offen erscheint. Nur wer die Größe, die Dimension menschlicher Grundfragen erahnt, nur wer sich den Ungewißheiten und Schwierigkeiten ihrer Offenheit stellt, sie zu ertragen vermag, nur dem werden nach Zeiten des Ringens und Erwartens Antworten und Gewißheiten werden. Das Buch sucht den Leser, den der Forschungsdrang, die Ernsthaftigkeit, die Liebe zur Schöpfung und seinen Geschöpfen bewegt; das Buch sucht den Leser, der zum Partner und Mitschöpfer des Eröffneten wird.

Zwar gibt die Schrift, wie wir zu wissen glauben, entscheidende Antworten zum Menschen schlechthin in Zeit und Raum, dennoch oder gerade deshalb wirft es um so mehr Probleme auf. Herausgearbeitet sind sie in geradezu wissenschaftlicher Genauigkeit, in der Hoffnung, ja in einer Gewißheit, daß die Zukunft, daß Geschichtsentwicklungen zu Antworten führen. Ein hoher Anspruch ist das, der in Bescheidenheit und Herbheit vertreten wird! Aber es ist nun einmal so, ein Prozeß der Menschheit stellt sich in diesem Buch dar, wenn auch immer wieder gehüllt und damit verhüllt im Gewand märchenhaft anmutender Sinnbilder und Gleichnisse.

In Hauptteilen des Werkes wurde das Tagebuch als literarische Fassung gewählt, weil es die Authentizität, die Originalität des Ganzen betont und den Leser unmittelbarer am gerade Geschehenden teilnehmen läßt. Eine Chronik, die in Tage zerfällt oder gar in die

Zufälligkeit, ins bloße Nebeneinander von Begebenheiten, ist das Buch natürlich nicht. Der rote Faden einer Handlung ist gegeben und alle dramatischen, alle erzählerischen Kriterien und Momente sind angestrebt.

Eine Handlung freilich im üblichen Sinne entwickelt das Buch nicht; es ist die Gestaltung einer sich allmählich enthüllenden Offenbarung von Geistwesenheiten und ihrer daseins- und zeiterhellenden Botschaften. Es ist der dichterische Versuch, ein globales Umfeld dessen zu veranschaulichen. Kontraste, Gegensätze unterschiedlichster-und sich doch ergänzender Wirklichkeiten tun sich auf, wenn das Buch Kontakte und Beziehungen zu Inseits- und Jenseitserscheinungen in den Kulturlandschaften Amerikas und Europas eröffnet. In der Natur der Kontinente, vor dem Hintergrund des Geschichtlichen, im Drang der Gegenwart und ihrer Weltproblematik enthüllen sich mehr und mehr Tiefenschichten des Seins, und Archetypen der Menschheit werden Gestalt und erheben ihre Stimme.

Der Materialismus, als Lebenseinstellung und Daseinsdeutung, so sagt man, beherrsche Gesellschaft und Menschen. In der Übermacht und Überfülle des Äußeren sei ihm das Innere, das Höhere und Tiefere des Seins entrückt; um der Äußerlichkeiten des Lebens verdränge er die Innerlichkeit des Seins. Dem Gegenteil dessen will das Buch jedoch nicht verfallen, indem es Inneres und „Jenseitiges" vergegenwärtigte in Vernachlässigung oder gar Mißachtung all der Realitäten menschlichen Alltages, menschlicher Bedürftigkeit und seines Ausgeliefertseins. Eine Einseitigkeit wäre dann nur durch eine andere ersetzt worden.

Das Buch ist vielmehr aus der Not und Notwendigkeit entstanden, aus der eigenen wie der der Zeit, jenem „Höheren und Tieferen" des Lebens Zeit und Raum zu geben und das in „heiliger Nüchternheit", um mit Hölderlin zu sprechen, ohne die Extreme, die Übersteigerungen, die Erstarrungen der Dogmen und Voreingenommenheiten, ohne die Zerrbilder absoluter Wahrheits- und Gültigkeitsansprüche. Einen Ausgleich zu suchen und zu finden zwischen Ideellem und

Materiellem, zwischen Diesseits und Jenseits, das erschließt neue Dimensionen von Wahrheit und Wirklichkeit in der allumfassenden Polarität von Himmel und Erde, in den Urpolen eines all-einen Seins. Notwendiger denn je ist solcher Bewußtseinsdurchbruch, ist solche Herzenserleuchtung des Menschen, notwendiger denn je ist die Wiederkehr des vereinend Einen.

Allgegenwärtig in ihrer Bedrohung sind die Krisensymptome der Zeit, ist das Fanal von apokalyptischer Tragweite. Der Mensch, der sich ego-manisch verselbständigte und überhöhte, stürzt vom Sockel seiner Anmaßung. Der Mensch, der auf sich selbst allein setzte, auf seinen Verstand, auf Wissenschaft und Technik, sieht sich immer unausweichlicher den von ihm selbst verursachten katastrophalen Verwicklungen und Verstrickungen ausgeliefert.

Er, der einbahnig, linear, kurzsichtig auf Nutzen und Vorteil aus ist, muß sich, von der Not getrieben, nicht nur mehr und mehr die Dreidimensionalität des Seins mit der Vielfalt der Bezüge und Wechselwirkungen erschließen, nicht nur den ökologischen Kreislauf, sondern auch die Urbeziehung zur sogenannten „Vierten Dimension", muß sich die Begegnung und den daseinserhellenden Austausch mit ihr erleiden und erringen. Ein neuer Bund mit Gott, allerdings im Geist der Freiheitlichkeit, ein Zusammenspiel in Hingabe und Einsatz ist unerläßlich, will er, der Mensch, im Labyrinth der Weltlage den Ariadnefaden des Ausweges finden.

Den Ruf freilich aus der Innerweltlichkeit zu hören, ihm zu folgen im Alltag des Lebens in der Folgerichtigkeit einer demgemäßen Daseinsgestaltung, ist ebenso notwendig wie problematisch; und die Frage nach Gott anzusprechen, den neuen Bund des Menschen mit seinen Schöpfungs- und Schicksalsmächten, heißt sozusagen die Quadratur des Kreises aufzuwerfen. Was sich da, wie und wo auch immer, ob in dieser Schrift oder sonst im Leben, als Gott, als Phänomene des Göttlichen offenbaren mag, ist das wirklich Gott, sind das wirklich göttliche Phänomene? Die Geistwesenheiten, die wort- und wegweisend auf diesen Buchseiten erscheinen, stehen sie wirklich im Lichte einer Göttlichkeit und Wahrheit? Oder sind sie nur Personifizierungen einer realitätsfernen Idealität, Trugbilder gar der Selbst- oder Fremdtäuschung?

Die Ernsthaftigkeit dieser Schrift, die nicht die Heiterkeit ausschließt einer bescheidenen Ergebenheit in das Unfaßbare, die Wahrhaftigkeit dieses Buches und seiner Träger sei wie ein Gelöbnis bekannt; dennoch der Leser wird den bestätigenden Widerhall dessen in sich selbst erfahren müssen; das Buch muß ihm selbst zu einer Wahrheit werden, soll Segen werden aus seiner Bereitschaft, sich dem Eröffneten zu stellen oder gar seinen Spuren zu folgen.

Wesentlich ist dabei und dafür eine Geistes- und Gemütsverfassung, in der Glauben und Wissen vereinbarer geworden sind; eine Seelenverfassung, die Vertrauen mit Wachsamkeit verbindet und bei der Hingabe und Nähe nicht kritischen Abstand, nicht Eigenständigkeit ausschließt. Aus dem Mut, dem beständigen Bemühen, einsichtsvoll gewordene Überzeugung im eigenen Lebenskreis zu bewahrheiten, gestaltet sich mehr und mehr eine Einheitlichkeit des Daseins und Seins, die Klarheiten schafft, Gewißheit gibt, erfahrbar macht die Wirklichkeit der Höhen- und Tiefenmächte des Göttlichen. Anstoß und Ermutigung dazu, das soll das Buch schon sein, im eigenen Leben den lebendigen, den ergreifend-erschütternden Zugang zu Gott zu finden, denn es handelt von drei Menschen, denen solches widerfahren ist.

Vom Schicksal bedrängt, beflügelt von einer Bereitschaft, haben sie sich dem Ruf aus dem Inneren gestellt und all seinen Konsequenzen: Bei den Dreien handelt es sich um Annelies, Jahrgang 1918, Bibliotheksleiterin; Karl-Heinrich, 1925 geboren, tätig als Landwirt und landwirtschaftlicher Berater, und um Hanns-Günter, 1941 gebürtig und von Beruf Redakteur. Wie gesagt, als Tagebuch, datumgenau, sind die beiden Amerikareisen gestaltet, während die übrigen Texte des Bandes eine Zeitraffung wie eine Verdichtung längerer Entwicklungsphasen darstellen. Phänomene des Geistes, ihre Offenbarungen und prophetischen Ankündigungen erscheinen

jedenfalls mit Zeitangaben, um der authentischen Dokumentation willen und um dem Leser nachvollziehbar zu machen, ob und inwieweit sich in der Zwischenzeit, in der werdenden Gegenwart gewisse Prophetien widerspiegeln und bestätigen.
Der zweite, noch entstehende Band, enthält die Dritte der Amerikareisen (1979). Hauptsinn des zweibändigen Werkes also sind Erscheinungen des lebendigen Geistes in ihrer Wechselwirkung zur Wirklichkeit des Daseins, zum Geschichtsprozeß, zur Wandlung der Welt. Nicht romanhaft verlebendigt werden deshalb die drei Menschen, die das Geschehen erleben und tragen; ihre Persönlichkeit, ihre Entwicklung, ihr Alltag wird nur skizzenhaft verdeutlicht, und ein Kennzeichen dessen ist die Beschränkung auf ihre Vornamen. Personen dieses Buches, in deren Leben und Schicksal ein enthüllender Einblick gewährt wird, sind im übrigen hinter einem Pseudonym verborgen.

Mit dem Ruf Manitous, seinem Ruf an die drei Menschen, nach Amerika zu fliegen, beginnt das Geschehen. Was anfänglich verengt erscheint auf den Großen Geist der roten Rasse, auf Aspekte ihrer tragischen Geschichte, auf ihre archaische Daseinsschau und -rhythmik; was beschränkt erscheint auf Fragen einer völkerkundlichen Gottesbildlichkeit, erweist sich in den Aufschlüssen seiner Grundwahrheiten hochaktuell für die Gegenwartsproblematik und die Daseinsfragen des Menschen schlechthin.

Weltweite Kontinente und Zeiten überbrückende Zusammenhänge, sphärenübergreifende Wechselwirkungen zwischen Diesseits und Jenseits eröffnen sich im Geschehen. Gemeinsamkeit, Verwandtschaft und Verstrickung werden im Mythos Atlantis deutlich. Völkerschaften der Alten Welt, Weiße und Rote beiderseits des Großen Wassers, sprechen je nachdem von den Meeren des heiligen Ostens oder des heiligen Westens als von den „seeligen Gefilden" ihres archaischen Ursprungs.

In der Neuzeit, im Zeitalter kolonialistischer Welteroberung, gerieten sie in einen über Jahrhunderte währenden Bruderkampf. Aber die Schicksalsverstrickung, die geschichtliche Schuld zwischen Weiß und Rot, weist auf Tieferes, weist auf die Schuld des Menschen schlechthin, auf seine Schuldigkeit gegenüber Gott und den schöpferischen Mächten, Hüter und Mitvollender zu werden und zu sein der Schöpfung Erde. Das Menschheitsscheitern in Atlantis, überliefert im Untergang des sagenumwobenen Reiches, steht in einer tiefenseelischen Wechselbeziehung zur Aktualität, zur Gefahr eines erneuten globalen Scheiterns des Menschengeschlechts.

Von der Gefahr, von der ungeheuerlichen Störung der Schöpfung haben die Hochkulturen der amerikanischen Hemisphäre gekündet, vom verlorenen Gleichgewicht, das Weltkatastrophen heraufbeschwört. Die Sonne des Firmamentes, das war das Schreckensbild, könne herab vom Himmel fallen...

Vom flammenden Welthintergrund kündeten Indianervölker Nordamerikas, von daher, vom Welthintergrund des Großen Geistes her sei das Dasein immer wieder zu erleuchten in einem, sich immer wieder erneuernden Schöpfungsgeschehen, in dem als Schöpfer mitzuwirken der Mensch ein heiliges Recht und eine heilige Pflicht habe.

In der Hochgefahr der Gegenwart dämmert allmählich die Ahnung, daß solche Schau, solche Schöpfungsethik, einmal abgesehen vom Eigenschicksal des anderen Menschenschlages, nicht einfach als überholte Menschheitsstufe abgetan werden kann, sondern daß sie eine Botschaft von existentieller Bedeutung birgt. Noch in vorherigen Jahrhunderten vermochte der Mensch die Verantwortung für die Schöpfung Erde zu verdrängen, in unserer Gegenwart ist sie mit katastrophaler Unabweisbarkeit eingebrochen.

Mit der mechanisierten, der industrialisierten, der kybernetischen Hochtechnik, im Lebensraum der Weißen entwickelt, hat der Mensch Wirkungen und Auswirkungen auf das Weltganze erreicht, die das Dasein schlechthin gefährden. Während die Dritte Welt in

Erbärmlichkeit und Überbevölkerung immer noch darbt, expandiert in den Industriestaaten eine Massen- und Verschwendungsgesellschaft mit unübersehbaren Folgen in den daseinserhaltenden Urelementen des Planeten Erde.

Allein der mittlerweile jedermann geläufige Treibhauseffekt wird über das Klima und seine Auswirkungen das kontinentale Antlitz der Erde verändern. Atomspaltung, Biochemie, Gentechnik und künstliche Intelligenz - die modernsten Eingriffsmöglichkeiten des Menschen in die Schöpfung Erde, beschwören deshalb eine neue Verantwortlichkeit von solcher Tragweite hervor, wie sie bisher in der Weltgeschichte wohl noch nicht gegeben war. Nur in der Sage von Atlantis, in der Überlieferung seines Unterganges scheint eine vergleichbare Problematik verborgen zu sein.

Uber den Ungewißheiten, den Erschütterungen und Umwälzungen von Zeit und Raum aber leuchtet der Stern der Verheißung. Die Wiederkehr des Einen, sich darstellend in der Vision, in der Herabkunft des Alleinen auf das Seelenheer der Menschheit ist die Hauptbotschaft des Buches. In der Geschichte, in ihren Vergangenheiten und Epochen ist nicht nur die Blutspur der Kriege und Verhängnisse zu sehen, sondern auch die Heils- und Lichtspur der Meisterungen; Menschen, die in der Dauer, in den Weiten der Zeiten und Räume trotz äußerer oder innerer Bedrängungen ihr Dasein in den Dienst der Schöpfung Erde stellten, in den Dienst ihrer Wandlung zum Lichten; ein Seelenheer, erleuchtet vom allvereinigenden Licht, das zum zukunftssichernden Vermächtnis und Garanten geworden ist und die Lebenden ruft, sich in-wärts zu öffnen und sich in neuer Begeisterung und Beseelung den Weltaufgaben zu stellen.

Der Mensch am Abgrund der Verhängnisse; aber in der Herrlichkeit, der Farbenfülle spannt sich der Regenbogen über ihm, über der ungeheuerlichen Kluft von Sein oder Nichtsein. Der Regenbogen ist es einer neuen Vereinbarkeit von bisher Unvereinbarem, von Diesseits und Jenseits, von Idealität und Wirklichkeitssinn, von archaischem Sehertum und mathematisch-wissenschaftlichem Genie, von

Geist mit Macht und Ökologie mit Ökonomie. Das Rad der Verhängnisse, das eiserne Räderwerk des Todes und der Verwüstung wird sich verwandeln in das rotierend Goldene, Meisterung verheißend wird es gleich einem Ufo über den Abgründen und Erschütterungen der Zeit und Räume schweben.

Der Regenbogen, uraltes Bildnis der Brücke zwischen Himmel und Erde, auf der die Götter herniederkommen ... die Wiederkehr des Geistes, des Lichtes in das Diesseits, in die Wirklichkeit verheißt er, in die Wirksamkeit des Menschen. In der Enthüllung, in der Durchleuchtung der Urvermächtnisse erfüllt sich die uralte Verheißung; die Menschheit wird im Menschen das, was sie der Schöpfung Erde sein soll, sein will und sein muß: das Gerüste, das Cheriste zwischen Himmel und Erde, der erleuchtet-erleuchtende Urkrist, Mensch und Gott, Meister und Kind zugleich, der lebende Gralsstein von Himmel und Erde, und um ein Wort des großen Preußenkönigs ganzheitlich zu erweitern: der erste Diener der Schöpfung Erde.

MANITOU RUFT

BEI DER WEISSEN BRUDERSCHAFT

Montag, den 12. Mai 1975

Die Sonne bleibt uns. Im hohen Himmel steht sie, Stunde um Stunde. Sinken müßte sie nach gewohntem Tageslauf allmählich dort über dem Wolkenmeer. Erglühend neigt sie sich auch hinweg über schleirigen Horizonten; zeitweise, so scheint es, aber dann wird sie doch wieder heller, als ob sie sich erneut erhebe über der Erde.

Im Flugzeug sind wir, in zehntausend Meter Höhe unterwegs; immer nach Westen einer Sonne entgegen, die nicht untergeht. Wir, Annelies, Karl-Heinrich und ich fliegen nach Amerika. Manitou rief uns, der Große Geist der Roten Rasse rief uns, unüberhörbar und drängend. Seinen Ruf vermag Karl-Heinrich zu hören. In den Vereinigten Staaten, wo er jahrelang mit seiner Familie lebte, erwachte die ihm gegebene Fähigkeit, Zwiesprache zu halten mit Wesen einer anderen Welt; Bilder von dort zu empfangen, Worte, Signale und Orakel.

Allein war er damals in die Berge gegangen, hatte Tage in der Wildnis verbracht, so wie es einst die Männer unter den Indianern taten, wenn sie, der Kindheit entwachsen, die Anrührung des Großen Geistes suchten und fanden: weil sie nur angerührt von ihm Mensch wurden, Mann und Krieger wurden des Stammes.

Seitdem sind bei Karl-Heinrich Sinne für eine Innenwelt geweckt, vermag er mit innerem Auge zu sehen, mit inneren Ohren zu hören. Manitous Ruf vernahm er. Der Große Geist der tragisch umschatteten Rasse rief ihn, und wir, Annelies und ich, nahmen ihn ernst, seinen Ruf. Annelies am Telefon, als Karl-Heinrich ihr davon erzählte, ich, indem dem Wort die Tat folgte, und ich die Flugscheine buchen ließ.

Manitou rief uns als Dreier-Gemeinschaft, er rief uns in die Berge Amerikas.

Warum? — Um die Seelen seiner roten Kinder gehe es, um einen gemeinsamen Ursprung, um ein gemeinsames Vermächtnis gehe es, das uns dunkel und unklar im Mythos von Atlantis noch gegenwärtig sei: Atlantis, das sagenhaft entrückte Reich, dem Rassen und Völkerschaften entstammten, diesseits und jenseits des Großen Wassers. Und um eine Zukunft gehe es und eine Schuld der Vergangenheit. Sie führe uns im Drang der Aufgabe mitten in die Zukunft hinein.

Heute Mittag sind wir in einer Lufthansa-Maschine in Frankfurt/Main aufgestiegen, sind, bedingt durch die Zeitverschiebung, bereits um 17 Uhr Ortszeit in Chicago gelandet. Kurzer Aufenthalt in den Empfangshallen, errichtet aus Glas, Stahl und Beton; kleiner Imbiß, einer Automatenstraße entnommen, erste Eindrücke von Riesigkeit, Menschenmassen und Öde. 18 Uhr Weiterflug nach Denver, der Hauptstadt des US-Staates Colorado, die auf dem Hochplateau gelegen ist, unmittelbar vor den Gebirgsketten der Rocky Mountains.

Hoch in den Lüften sind wir unterwegs in Richtung Westen. Weich sind die Sitze, installiert im großrundigen, langgestreckten Innern des Flugzeuges: doch eng sind sie. Anstöße gibt es schon beim Nachbarn während der Mahlzeit beim Hantieren mit den Bestecken, wenn ein Ellenbogen zu sehr ausschwenkt: ein Blick der Entschuldigung dann, ein Wort, ein aufleuchtendes Lächeln der hübschen Nachbarin.

Ein Blick durch das doppelglasige Fenster zeigt die Sonne noch immer rot-golden über wolkenweitem Horizont. Ich drücke die Nase gegen das Glas, um besser hinabschauen zu können in die Tiefe. Da erstreckt sich Land von ungeheurer Weite. In wenigen Stunden fliegen wir über Prärien, über die Plains, die gras-welligen Unendlichkeiten von einst, für die im vorigen Jahrhundert Siedler, mühsam auf Ochsenkarren westwärts ziehend, noch Jahre brauchten

Sedalia — Dienstag, den 13. Mai 1975

Mitten im Mai hat uns der Winter überrascht. Schlaftrunken noch blicke ich hinaus. Ein Ast neigt sich hinter dem Fenster, unter der Last des Schnees. Ich richte mich auf, von Geräuschen begleitet. Mein Bett, ein Monstrum von einem solchen, ist von federnd-schnarrender Nachgiebigkeit. Karl-Heinrich, im zweiten liegend, hat nichts gehört. Er schläft noch tief und läßt sich weder durch mich noch durch sich selbst stören, denn verlagert er sich im Schlaf, dann sind sie wieder zu hören — die metallischen Bettgeräusche.

Wir sind in Sedalia, genauer gesagt, wir sind oberhalb des Westernstädtchens, hoch in den Rocky Mountains; wir sind in einem verwunschenen Nest, drei Autostunden von Denver entfernt. Gestern jedoch haben wir nach dreizehnstündigem Flug über sechs Stunden für die Strecke gebraucht. Und das kam so.

Kurz nach 20 Uhr — auf dem Ziffernblatt meiner Uhr rechnete ich zurück, in Deutschland war es drei Uhr nachts — landeten wir in Denver. Am Ausgang, bevölkert von Wartenden, wurden wir von zwei resoluten Damen und einem scheu lächelnden Mädchen empfangen. Im Straßenkreuzer, quietschend und klapprig, fuhren wir los auf Straßen, erst stattlich wie Alleen mit Familienhäusern, umrahmt vom Grün herausgeputzter Vorgärten, dann vorbei an Hochhäusern, Wolkenkratzern. Immer wieder, wenn auch mitunter nur für Augenblicke, war die Sicht frei, und sichtbar wurde der hoch aufragende Horizont der Rocky Mountains. Verglühend ging die Sonne zwischen Berggipfeln unter; endlich — dachte ich, übernächtigt und müde.

Es dunkelte. Am Rande der sechsspurigen Ausfallstraße zuckten aufreizend Neonröhren, grell und farbenrissig. Im Zwielicht draußen pulsierte Nachtleben. Drinnen im Wagenfond ergoß sich ein Wortschwall über uns Drei. Unsere Gastgeber, die resoluten Damen, trieben Konversation mit uns, den müde vor sich Hindösenden, und Karl-Heinrich, des Amerikanischen mächtig, hatte, wenn auch in erlahmender Höflichkeit zu antworten. Nur das scheue, langhaarige Mädchen schwieg beharrlich. Stundenlang dauerte das Palaver, denn ein Aufenthalt unterwegs wurde zur schlafverweigernden Geduldsprobe. Der Motor des blechernen Ungetüms sprang nicht mehr an. So hatten wir zu warten, ehe ein alarmierter Freund aus der angesteuerten Gebirgssiedlung erschien und das Gefährt wieder zum Rollen brachte. Weit nach Mitternacht war es, als wir auf sandknirschender Serpentine im Hochgebirge anlangten. Ein kleines Häuschen war unser Ziel, umgeben von Bäumen, die schattenhaft schwankten in aufbrausenden Winden.

Nebenan im Zimmer klappert Geschirr. Tapsende Schritte sind zu hören. Jenny ist es, unsere Gastgeberin, das scheue und schweigsame Mädchen von gestern. Jenny hat uns, die drei Deutschen, in ihr Häuschen aufgenommen, für fünf Dollar pro Nacht und Bett.

Jenny ist Mitglied der White Brotherhood, der Weißen Bruderschaft, einer weltweit, wenn auch nur in geringer Zahl verbreiteten Sekte, die hier, abgelegen in den Bergen, ihre Zentrale hat. Ein gewisser Dr. Do-real war es, Halbindianer, medizinmännischer Heiler und tibetanischer Eingeweihter, mit dem alles begann. Heilend auf spirituelle Weise, ungewöhnliche Praktiken anwendend, all das erstaunten, oft skeptischen Augenzeugen in Vorträgen erläuternd zog Doreal durch die Lande, von Einzelnen anerkannt und erkannt, von Gruppen aber angefeindet. Schließlich ging eine kleine Gemeinschaft, die sich um Dr. Doreal gebildet hatte, ins gesellschaftliche Abseits der Berge. Dort auf einem Hochplateau, im Schutz von Felswänden, bauten sie eine kleine Siedlung auf. Sie überdauerte den Ende der dreißiger Jahre früh verstorbenen Gründer.

Während des Fluges hatte mir Karl-Heinrich davon erzählt. Zwar ist er Mitglied der Bruderschaft, aber wer den einzelgängerischen Karl kennt, beileibe kein Gefolgsmann. Eigentlich schätzt er nur die kleinen, gehefteten Traktate, die, von Dr. Doreal einst verfaßt, von der Zentrale als Lehrbriefe und -schriften an Mitglieder und Interessierte versandt werden. Als Karl-Heinrich Manitous Ruf vernahm, was lag da näher für uns, als die Brotherhood-Siedlung als ersten Stützpunkt zu wählen.

Unsere Ankündigung in Briefen, unsere leibhaftige Ankunft gar aus dem fernen Germany hat Erwartungen geweckt, Hoffnungen auf Fortschritte in der weltweit angelegten Bruderschaftsmission. Als wir Drei gegen 11 Uhr bei Kaffee, Pancake und Ahornsirup am Frühstückstisch sitzen, schellt das Telefon. Jenny, bei der Bruderschaft als Sekretärin tätig und schon früh in den Dienst gegangen, meldet sich. Missis Dr. Whitby, ihre Chefin, die Präsidentin der White Brotherhood, bittet uns für 12 Uhr zu einer ersten Besprechung. Wir sind überrascht, blicken uns verdattert an.

Von den Bäumen tropft es, hoch und grell steht die Sonne. Der gefallene Schnee, schwerlastend auf Ästen und Zweigen, wird massig, schimmert näßlich; es tropft und rinnt überall. Das Häuschen, in dem wir genächtigt haben, wirkt von außen irgendwie schräg und zusammengezimmert, ist aber durchaus stabil. Sein wunderlicher Anblick rührt Annelies geradezu. Welcher Eigenbrötler mag es errichtet haben?

Das Hochgelände, von unserer Bleibe aus in Wölbungen aufsteigend, ist auf kurviger, rotsandiger Straße schnell überwunden, auch zu Fuß. Hunde, abseits herumstreunend, verhalten im schnüffelnden Schlendrian, stehen gespannt, gesträubten Felles erst und knurrend. Wir kümmern uns nicht um sie, gehen einfach weiter, da werden sie lammfromm und neugierig dazu. Arglos trotteln sie uns schließlich hinterher, die ganze Meute großer und kleiner pelzzotteliger Vierbeiner.

Auffallend hell und klar ist die Atmosphäre. Und der nach Stunden brennender Sonne noch liegengebliebene, noch weißglitzernde Schnee verstärkt die Helligkeit der Höhe. Das Hochgelände, soweit überschaubar dem Auge, ist in seinen feuchteren Zonen dicht bewaldet, wechselt ab mit weitläufigen, steinig-steppigen Flächen, deren Öde nur ab und zu ein Buschwerk unterbricht.

Ein Haus, groß und schimmernd vor Neuigkeit, fällt auf. Es ist auf bevorzugtem Platz am Hang gelegen, und auf einem Holzschild, das an beeindruckend gewundener Auffahrt aufgestellt ist, steht geschrieben: „We are building our temple." Die Bruderschaft gedeiht offensichtlich. Nicht weit davon bestätigt sich diese unsere Vermutung; im etwas unterhalb gelegenen Büro nämlich der Bruderschaft, in der, kaum zu erwarten bei dem Ordensnamen, die Frauen dominieren.

Präsidentin Whitby, eine umgeistigte, zugleich unternehmerisch wirkende ältere Dame, führt uns, nach betont weihevollem Empfang zu einer großen, an der Wand hängenden Weltkarte. In den Vereinigten Staaten dichter, vereinzelter in der übrigen Welt ist sie übersät von roten Kügelchen, den bereits erlangten Stützpunkten der Bruderschaft. „And here is your region", sagt sie auflachend, des Erfolges sicher zu Karl-Heinrich und stößt dabei eine rotköpfige Nadel in das Fleckchen Bundesrepublik Deutschland. Der stattliche Karl-Heinrich hat Missis Whitby auf Anhieb überzeugt. Die deutsche Sektion der internationalen Bruderschaft soll er aufbauen und für die Zukunft auf seinen breiten Schultern tragen. Karl-Heinrich windet sich, höflich und vergebens, Bescheidenheit und alle möglichen Schwierigkeiten vorschützend, Missis Whitby, entflammt von ihrer Absicht, mit einem Hauch von Eifer und Röte auf den Wangen, fällt die Verweigerung gar nicht auf. Aber ein Propagandist ist Karl-Heinrich wahrlich nicht, schon gar nicht von Gedanken, von Wahrheiten, die sich gar nicht lauthals verkünden lassen, die das still-innere Leitbild sein sollten eines gelebten Daseins.

Im Widerspruch ist er, sind wir drei, sozusagen, gegenüber dem Management der Bruderschaft. Bei Jenny haben wir, stoßweise aufgereiht im Regal, all die Schriften vorgefunden, auf die sich die Bruderschaft gründet. Sie stammen von Dr. Doreal, jenem eigenartigen Menschen. Wie ernsthaft und tief sind seine Augen. Mir fiel es auf bei einer Fotografie, die gerahmt im Büro der Bruderschaft hängt.

Halb Indianer, halb Weißer, floß ihn ihm das Blut zweier Menschheitsentwicklungen, wirkte in ihm die Kulturgeistigkeit der Weißen wie die Naturgeistigkeit der Indianer. Ist da nicht

Verwandtschaft erahnbar, eine Ergänzung, die unerläßliche Ergänzung gar? Aber die Geschichte brachte Entfremdung, Feindschaft und eine schreckliche Schuld. — Doreal, im lamaistischen Gottesstaat Tibet geschult, war eingeweiht in uralte, seltsam umlichtete, wie umdunkelte Geschehnisse, vertraut mit einem dort gehüteten Urwissen der Menschheit; wohl absonderlich anmutend für die Menschen kurzatmiger Gegenwart, doch geprägt von urtümlichem Weistum.

Wir, geführt schon seit Jahren in ähnlicher Schau in ähnlichem Denken, lasen in diesen Tagen in seinen kleinen Schriften, fühlten uns eigenartig berührt von den Aussagen über Atlantis. In einigen wesentlichen Punkten, das wurde uns schon klar, stimmten sie überein mit dem, was Karl-Heinrich von innen her erfahren hat. Von Völkerschaften sprach Doreal, die auszogen in die Himmelsrichtungen, nach Ost und West, einst, bevor Atlantis unterging in mythisch verhangener Vorzeit. Von atlantischen Europäern, von atlantischen Indianern spricht er und von der Verwandtschaft, die da besteht.

Und wiederum in grausiger Epoche bekämpfte Bruder den Bruder, und Schwester erkannte nicht die Schwester hinter sonnengedunkeltem Teint. Wiederum entstand Schuld, und Schuld wurde zum Drang und Zwang des Menschheitsschicksales, seiner treibend-getriebenen Geschicke.

Manitou jedenfalls hat uns gerufen und nicht die Weiße Bruderschaft. Sein Ruf zieht uns mächtig hinfort und voran, läßt uns die Weite des kontinentalen Raumes suche

Freitag, den 16. Mai 1975

Zwei Tage sind wir doch noch geblieben. Ein Wagen mußte gemietet werden. Die zeitliche, die klimatische Umstellung machte uns zu schaffen. Übermächtige Müdigkeit ließ uns am frühen Nachmittag in die Betten und einen tiefen Schlaf sinken.

Heute haben wir uns aufgerafft, die Zeit drängt. Wir wollen nach Norden, unserem eigentlichen Reiseziel entgegen. Zum Bear Lake, zum Bärensee an der Grenze der US-Staaten Utah und Idaho liegend, wollen wir. Den See sah Karl-Heinrich sturmverhangen vor dreizehn Jahren zum ersten Mal. Auf erzwungener Rückkehr war er damals, in einem Wohnwagen gemeinsam mit vielköpfiger Familie, mit transportablem Sack und Pack, war er unterwegs zum Schiffshafen von New York. Erkrankt war seine Frau, die hohen Arztkosten konnte er nicht aufbringen, eine Aufsicht für die Kinder brauchte er. So mußte er nach fast zehnjährigem, freiheitlich-ungezwungenem Leben in den Staaten zurück nach Deutschland, zur Mutter und den Verwandten. An jenem Bear Lake fuhr er damals vorbei, aus den nordwestlichen Bergen von Idaho kommend, auf tagelanger Fahrt nach Osten.

Den Bear Lake wird er morgen wiedersehen, bei Sonnenschein, wenn sich der blaue Himmel hält, dem wir in weite Horizonte entgegenfahren. Den Bear Lake wiedersehen, das Amerika der Indianer-Sagas mit eigenen Augen wiedersehen — Karl-Heinrich erfreut es; man merkt es am Blick und an gelegentlichen Worten.

Zum Pfingstfest am kommenden Sonntag, so ist es Karl-Heinrich von innen her gesagt worden, sollen wir am See sein. Natürlich, den Urlaubsfreuden sind wir nicht verschlossen; doch sind wir nicht Touristen, die am Strandboulevard lustwandeln, auf Wasserskiern gar das aufströmende Element durchpflügen. Wir sind, so eigenartig das klingen mag, unterwegs als Beauftragte Manitous. Manitou, der Große Geist der Indianer, noch immer muß er gegenwärtig und wirksam sein, obwohl seine Völker in den vergangenen Jahrhunderten heroisch und erbärmlich zugleich untergingen.

Karl-Heinrich hört ihn, hört seinen drängenden Ruf. Solche Stimme in sich zu vernehmen, Bilder zu schauen, die nur dem Auge des Innern sichtbar sind — Wahrnehmungsmöglichkeiten solcher Art kommen ihm, seitdem er, dem indianischen Einweihungsritus folgend, seinen „Spirit Helper" fand, den Geisthelfer, wie er es nennt. Erstaunlicherweise hat er gleich deren Drei. Er nennt sie deshalb die „Drei", offensichtlich weitsichtige Wesen, die ihm seitdem in Wort und Bild Anstöße, Ratschläge und Einblicke geben zu Fragen des Lebens und der pochend-gegenwärtigen Zeit. Gelebt und bestanden werden müssen Dasein und Schicksal freilich auch von ihm, und nicht selten hüllen sich die Drei in antwortloses Schweigen.

Karl-Heinrich, meist peinlich berührt, wenn ein anderer von solcher Fähigkeit erfährt, wehrt ab, indem er zu sagen pflegt: „Das kann an sich jeder, das gehört zum Menschen. Der Mensch vermag Sender und Empfänger zu sein; nur umschalten muß er von außen nach innen."

Von Sedalia aus hätten wir auch quer durch die Rocky Mountains zum Bear Lake fahren können. Der Mai, noch immer schneeverdächtig in so hohen Gebirgsregionen, hält uns davon ab. Das gemietete Auto, mit Sommerreifen ausgestattet, wäre nicht geeignet. So nehmen wir einen Umweg in Kauf, fahren erst nach Norden, nach Cheyenne, einer Stadt im Staate Wyoming, benannt nach einem berühmten Indianerstamm, um von dort aus westlich auf der Highway 80 unser Ziel zu erreichen.

„Cheyenne 160 Miles" — in unserem Blickfeld nähert sich gerade immer größer werdend ein Autobahnschild und entschwindet, von mir verfolgt, im Rückspiegel des Wagens. Schnell sind wir nicht. Ruhig und beständig steht die rote Nadel des Tachos über der 55. Mit 55 Meilen Stundengeschwindigkeit, 88 Kilometern nach europäischer Rechnung, sind wir unterwegs; der höchsten, überhaupt zulässigen Autogeschwindigkeit in den Staaten. Wer bundesrepublikanische Autoraserei gewohnt ist, wundert sich, daß die chromblitzenden bonbonfarbigen Straßenhaie so gemächlich dahinziehen. Selbst mancher spurtnervöse Deutsche flucht nicht, mag als Tourist das Gaspedal vergessen, von den vielen neuen Eindrücken abgelenkt.

„For sale", „Zum Verkauf", so werden auf großen Schildern, etwas abseits der Autobahn, immer wieder Farmen angeboten, mit riesigen Weidegebieten dazu. Wohn- und Wirtschaftsgebäude sind zu sehen, leer, verödet. Entmutigend für Kaufwillige, denke ich. Ausgezehrt wirkt alles von brütend-lastender Sonne. Die weitläufigen, vom Wagen aus überschaubaren Weideflächen sind verdorrt; spärliches Strauchwerk nur, Grasbüschel strohig und dürr.

„Das Land trocknet aus", erklärt der landwirtschaftlich erfahrene Karl-Heinrich. Bodenerosion wird das genannt; der Wind fährt über die von Rindern blank geweideten und getrampelten Hügelflächen, fegt die hitzeverstaubte Erde hinweg.

Einst waren die Plains, die Hügellandschaften, die weit sind wie das Meer und nach Westen hin erst an den steil aufragenden Rocky Mountains enden, von einer dichten Grasnarbe bedeckt. Mit den Jahreszeiten kamen und gingen die wandernden Bisonherden, weideten vorübergehend die riesigen Grasflächen, die bevölkert waren von abermillionen Kleintieren, den Boden unentwegt lockernd und erneuernd. Erst als die Bisons ausgerottet waren, die Rinder träger und verharrender als die Bisons die Hügel abgrasten, darüber hinaus ein ganzer Naturkreislauf immer mehr gestört wurde, setzte die Versteppung ein. Das Verhängnis der Umweltzerstörung begann schon viel früher. Das Antlitz von Mutter Erde, so sagen es die Indianer, wurde und wird von den Bleichgesichtern verheert.

SCHREIE DER VERGANGENHEIT

Laramie — Samstag, den 17. Mai 1975

Unstet war die Nacht. Gesichte, grausig bildhaft — und bedrängend, quälen mich; schwere Gedanken lassen mich unruhig hin und her wälzen in dem vergeblichen Bemühen, dem Drucke des Traumas auszuweichen und endlich in den ersehnten Schlaf zu sinken. Ich bin leicht erkältet und ein Fieber schüttelt meine Seele. — Das Bild, das schrecklich erschütternde, ist mir immer wieder gegenwärtig — das Bild von Häuptling Black Kettle, der mit der US-Flagge in der Hand, friedvoll einem US-Kavallerieregiment entgegentritt. Die Soldaten aber mordeten seinen Stamm, mordeten Frauen, Kinder, Männer.

Habgier und Hochmut, Ruhmsucht und Ungeduld, Unverständnis und Mißtrauen entzündeten in Blitzen des Krieges die Hochspannung, die sich auch im Westen, seit den fünfziger Jahren des vorigen Jahrhunderts immer wieder aufgeladen hatte. Immer mehr Siedler waren in die bisher von Weißen noch verschonten Weiten des Wilden Westens eingedrungen. Die Bisonherden, Ernährer der Prärieindianer, wurden in immer schlimmerem Ausmaß ausgerottet. Die seit Jahrhunderten gewaltsam sich vollziehende Verdrängung der indianischen Völker von Osten nach Westen, die Zerstörung ihrer so anderen Lebensart setzte sich in tragischer Unabwendbarkeit fort.

Ein Funke genügte da, die Gaunerei eines einzelnen, um die Explosion auszulösen. In Laramie zum Beispiel —wir erfuhren zufällig gestern davon — ereignete sich eine tragisch-groteske Geschichte, eine Kuhtötung mit grausigen Folgen.

In der Nähe eines Siouxlagers — es lag im Operationsbereich des legendären Forts Laramie — ließ ein gerissener Farmer eine alte, wertlose Kuh zurück. Bald geschah, worauf er gesetzt hatte. Ein Indianer entdeckte das herrenlose Tier, schlachtete und häutete es ab. Flugs eilte der Farmer zum benachbarten Fort und führte beim Kommandanten bittere Beschwerde, eine Kuh sei von den Sioux getötet worden, er verlange eine hohe Entschädigung für das wertvolle Tier.

„Bear-that scatters" (der Bär, der herumstreunt), Häuptling der Brule-Sioux, erklärte sich unter Druck gesetzt bereit, für die hochgewiegelte Tat seines Stammesmitgliedes eine höhere Entschädigung zu zahlen. Einem ruhmsüchtigen Leutnant genügte das nicht. In Anmaßung überzeugt von weißer Unvergleichlichkeit sah er in den roten Wilden nur faule, feige Ratten, die es, wo immer sich der Anlaß bot, brutal auszurotten galt. Dreist stieß der Leutnant zusammen mit dreißig Freiwilligen mitten hinein ins große Lager der Sioux. Ohne Vorwarnung schossen sie um sich, auf Krieger, Zelte, Frauen und Kinder. Von Entsetzen und Ingrimm aufgescheucht, faßten sich die Indianer schnell. Die Hasardeure hatten leichtfertig auf die Überraschung gesetzt. Nach kurzem, heftigem Kampf sanken sie schließlich alle darnieder, getroffen von Pfeilen, von Äxten und Kugeln.

Der tödlich mißlungene Uberfall hatte weitreichende Folgen. Unruhe und Unsicherheit bemächtigte sich der Menschen überall. Indianische Übergriffe auf Siedler, in Farmen oder unterwegs auf Trecks ereigneten sich, kleinere Straf- und Vernichtungszüge der Militärs folgten. In den Zeitungen erschienen aufhetzerische Artikel, Versammlungen der Weißen gipfelten in Haßtiraden. Am flackernden Lagerfeuer schlossen die Stämme der Cheyennes, der Arapahos und der Sioux Beistandspakte. In spannungs- und haßgeladener Atmosphäre fand sich wieder, wie so oft, ein Eiferer, der die aufflackernden Scharmützel zu einem Krieg ausweitete, der jahrelang mit wechselnden Ausgängen die riesige Region von Colorado, Nebraska und Wyoming überzog.

Colonel J. M. Chivington, ein ehemaliger Methodistenpriester, war der Eiferer. Für hundert Tage Grenzdienst in Colorado eingezogen, entschloß er sich als Kommandant des dritten Colorado-Kavallerieregi-mentes, Häuptling Black Kettle und seine Cheyenne zu vernichten. Vom Fort Lyon, am Arkansas River gelegen, zog er an einem Novemberabend aus, um das Lager des Häuptlings am Sand Creek zu überfallen.

„Die Büffel kommen, geradewegs ins Lager!" Eine alte, kurzsichtige Squaw, im grauenden Morgen schon wach geworden, rief es fröhlich aus, da krachten schon die ersten Schüsse. Seine wild erregten Krieger ermahnend, nicht zurückzuschießen, trat Häuptling Black Kettle, das Sternenbanner in der Hand, in vertrauender Ruhe den Angreifern entgegen. Anläßlich eines Friedensvertrages war ihm die Fahne als Zeichen der Freundschaft überreicht worden. Aber die Soldaten in gewaltiger Übermacht, rachsüchtig wegen getöteter Kameraden, vom hitzigen Colonel zum Angriff getrieben, mordeten und schändeten, schändeten und mordeten Krieger, Frauen, Kinder.

Einige Zeit wurden Colonel Chivington und seine Männer als Helden gefeiert, schließlich aber wurden die verherrlichenden Berichte entlarvt. John Smith, Regierungsdolmetscher und als solcher zufälligerweise zur Zeit des Überfalles im Lager anwesend, klärte die Öffentlichkeit tief erschüttert über das wahre Geschehen auf. Kit Carson, ein berühmter amerikanischer Kundschafter und späterer Armeeoberst, faßte das Entsetzliche in die anklagenden Worte:

„An diesen Hundesohn Chivington zu denken, da oben am Sand Creek! Wer hat je von solchem Betragen unter Christenmenschen gehört! Die armen Indianer hatten unsere Fahne gehißt... und man hatte ihnen in Denver versichert, daß sie geschützt seien, solange sie das Banner wehen ließen. Und dann kommt dieser elende Chivington mit seinen Kerlen daher...; und sie stürzen sich auf diese freundlichen Leute und massakrieren sie. Jawohl, sie haben sie regelrecht kaltblütig massakriert, trotz unserer Fahne, sogar Frauen und Kinder... Dieser verdammte Teufel und seine Leute erschossen die Squaws und jagten unschuldigen kleinen Kindern eine Kugel durch den Kopf. Sie töteten sogar die Babies in den Armen ihrer toten Mütter... Und ihr nennt diese Menschen Christen? Und die Indianer Wilde?

Garden City — Samstagabend, den 17. Mai 1975

Verhalten, in der Selbstsicherheit des Gentleman tritt er uns entgegen. Wir fragen den alten Herren, der da in straff-gelöster Rüstigkeit vor uns steht, ob wir bei ihm zwei Zimmer mieten könnten. Mit einem Blick prüfender Aufmerksamkeit fragt er seinerseits, wie wir gerade zu ihm gefunden hätten. Annelies, Kontakt knüpfend wie so oft bei solchen Gelegenheiten, berichtet ihm, daß wir aus Deutschland kommen, am Nachmittag den Bear Lake erreicht haben und überall Ausschau haltend nach einem Quartier unmittelbar am See, an Mister Gus Rich verwiesen worden seien.

Da, ein erneuter, prüfender Blick..., dann scheint sich, mehr erahn-bar, ein Lächeln bei ihm zu regen. Wortkarg sagt er schließlich schon vorangehend, „Now, let us look". Von einem Hotelier hat er gar nichts. Auch das Anwesen, auf dem wir uns, dem Hausherrn folgend, bewegen, mutet nicht gastronomisch an. Die Umständlichkeit, mit der er Bettzeug und Decken in einem Abstellraum zusammensucht, wirkt männlich-ungeschickt. Aufgenommen jedenfalls, wir nehmen es erleichtert zur Kenntnis, sind wir in dem mit Holzbauten gestalteten Uferidyll. In zwei schlichten Räumen in einem erhöht stehenden, lang-gestreckten Holztrakt gelegen, kommen wir unter.

Zeit bleibt uns nicht, um über diese erste Begegnung mit Mister Rich nachzusinnen. Erst einmal haben wir unser Gepäck in der neuen Bleibe zu verstauen — wieder haben wir monströse Stahlrohrbetten — ein frohlockender Blick noch über den herrlich blauen See und schon steigen wir die Treppen des Hanges hinunter zum Vorplatz, wo wir unser Auto geparkt haben. Während wir auf sandigem Weg das umzäunte Grundstück verlassen, sehen wir Mister Rich, wie er Bretter festnagelt an seinem unmittelbar am Ufer gelegenen Holzhaus.

Die Straße, auf der wir fahren, schlängelt sich am See entlang. Vereinzelte Häuser stehen da mit Gärten voll ergrüntem Strauchwerk und Bäumen. Wenige Sekunden später sind wir schon in

Garden City, einem der vielen kleinen Orte, die am langgestreckten See liegen. Auf einem Parkplatz neben einer Tankstation halten wir an. Karl-Heinrich steigt aus und orientiert sich über die Himmelsrichtungen. Der See, das wissen wir, liegt fast exakt in der Nord-Süd-Achse, also ist Westen dort drüben in den Bergen.

Im Westen, auf einem der den See umgebenden Berge, so hatte es Karl-Heinrich mit dem Ohr des Innern vernommen, sollte die Stätte liegen, das Ziel unserer über zehntausend Kilometer weiten Reise. Morgen schon zum Pfingstsonntag in der Frühe um 9 Uhr sollten wir dort sein. Noch heute, noch an diesem Abend müssen wir die Stätte finden.

In Serpentinen, wir sehen sie blau-gräulich in der Ferne, schlängelt sich eine Straße die westlichen Berge hinauf. Es ist die Straße in Richtung Boise. Karl-Heinrich entsinnt sich, das war die Straße, auf der er damals vor Jahren mit Familie und Sack und Pack von Idaho kommend unterwegs war nach New York. Von dieser Straße nun, so war es Karl-Heinrich in Bildern gezeigt worden, gehe ein Feldweg ab, hinein in eine Hochebene, dann steige das Gelände in einem weitläufigen Hügel an. Ein Fels schließlich, am Abhang zum See hin gelegen, das sei das Ziel.

Die besagte Stätte finden wir schneller als erwartet. Die kurvige Bergstraße hinauffahrend breitet sich immer weiter und schöner der See aus. Tatsächlich, der Feldweg hinein ins freie Gelände ist bald gefunden. Zu Fuß gehen wir weiter. Das Gras, fahl und gelb und noch vom Vorjahr, liegt gedrückt auf der Erde. Vor wenigen Tagen erst soll der letzte Schnee gewichen sein. Überall stehen graugrünliche Büsche, eine Salbeiart, die beste Medizin für angegriffene Bronchien ist, wie ich unterwegs von Karl-Heinrich erfahre.

Tatsächlich, das Gelände steigt allmählich an. Wir gehen zwischen knorrig-großbuschig gewachsenen Bäumen, deren Blätter zuweilen silbrig hell in der schon schräg stehenden Sonne blinken. Dann treten wir hinaus, aus der teils garten-, teils waldähnlichen Gegend. Den Hügelrücken vor uns, gewölbt und steinig, galt es noch zu überwinden, zwei verrostete Stacheldrahtzäume noch zu übersteigen, und wir sind am Ziel.

Sonderlich auffallend ist die Stätte nicht. Steine liegen herum, große findlingsartige Steinbrocken. Nur die Steinplatten, die vor dem bösche-überwucherten Abgrund liegen, lassen eine gewisse geschichtete Ordnung erkennen. Vielleicht ist das hier einer der erhabenen Punkte in der Landschaft gewesen, wo Indianer einst ihre Arme zur Hoheit der Sonne erhoben.

Überwältigend schön und herb zugleich ist der Anblick von hier oben. Auf einem Felsmassiv stehen wir, das unvermittelt aus dem Höhenrücken emporragt. In weich-schwingenden Linien, zuweilen von Bäumen bestanden, dann immer mehr in Weideflächen übergehend, fällt das Land ab und bis hin zum See, ehe es sich drüben im Osten, am anderen Seeufer, rotschimmernd und steil in einer hohen Felswand wieder erhebt und horizontwärts eine weitere, schier endlose Hochebene beginnt.

Der See ist umflort von der Röte der untergehenden Sonne. In einer Hochlandschaft, die von Gegensätzen geprägt ist, von dunkelgrünen Waldzonen und Gegenden steppig-felsiger Ode, breiten sich die Wasser aus, spiegeln sie den abendlichen Glanz. Schweigend haben wir uns an die Steinplatten begeben, haben uns die Hand gegeben und im Kreise versunken verweilt. Da — als wir anschließend noch auf den Steinen sitzen, verändert sich Karl-Heinrich, wie er sich immer verändert, wenn jenes Innere sich kündet. Fast unmerklich ist es, nur dem Beobachter mit Erfahrung auffallend, jene leichte Neigung des Kopfes, jenes Schließen der Augen, ähnlich fast der inwärts gehenden Verhaltenheit eines Blinden.

„Die Stätte grüßt uns, die uns rief. Hier ist die Erde dem Himmel näher. Nehmt im Herzen die Weihe der Stätte mit in die Nacht und seid am Morgen wieder hier in der neunten Stunde."

Es ist schon eigenartig um Karl-Heinrichs Fähigkeit, Zwiesprache zu halten mit anderen Seinssphären. Die Drei sind es, sichtbar oder auch nicht, die ihm seit jener Nacht der

Einweihung Antwort geben. Sind sie Erscheinungen seiner tieferen Wesenheit? Ist es das Höhere in ihm oder wahrheitsgemäßer über ihm? So ungewöhnlich ist es nicht, was da geschieht, so völlig anders ist es nicht als beim Künstler etwa, der im Leben vom Überwirklichen angerührt die Wirklichkeit zu gestalten vermag im Ton, im Wort, im Bild.

Der Klang der Worte, der Bilder und Töne muß schon die Seele berühren, ob es solche der Kunst sind oder der Medialität, denn erst im Widerklang des Inneren gestalten sich Beziehungen und Bindungen. „Glaubet nur", so ist es Karl-Heinrich von den Dreien gesagt worden, „was überzeugenden Widerhall in Euch selbst findet; denn Gleiches will Gleiches oder Verwandtes finden; aber öffnet Euch, damit es Euer ganzes Wesen ist, das Antwort wird und nicht allein Euer Verstand."

Unser Dasein hat sich erweitert und erhöht, die Außenwelt um eine Innenwelt, die Realität des Alltags um einen leuchtend bildernden Quell des Geistes. Das Leben ist vielschichtiger geworden, schwieriger aber auch in den Orientierungen; hat sich erschwert in einer großen Herausforderung. Als Erwachsene bleiben wir in einem Werden, in Offenheit und Unbestimmtheit. Natürlich hat ein jeder von uns seine Bereiche, die er dem Erwachsensein entsprechend auch wirklich beherrscht, den Beruflichen zum Beispiel: Karl-Heinrich ist Landwirt mit Beratungsfunktionen, Annelies ist Leiterin einer Institutsbibliothek, ich bin Redakteur bei einer Tageszeitung. Aber die Bereiche des Unterwegsseins sind die Bereiche des Ungewissen, wo Führungen wirksam werden, die Vertrauen bedingen und Mut zum Dienst. Als Erwachsene müssen wir — gleichnishaft — Kind bleiben oder gar erst werden.

Karl-Heinrichs Übermittlungen, der Ton ihrer Worte und Bilder findet Widerhall in uns, in Annelies und mir. Die Bilder, die Gedanken bewegen in Erwiderung die eigene Seele und im Laufe von Zeiten und Entwicklungen erhellen sich Schichten des eigenen Wesens, Ahnungen steigen auf, werden bestärkt und geklärt; daß es Geheimnisse gibt zwischen Himmel und Erde, die der neuzeitliche Mensch verdrängt und verloren hat; eben daß es Wechselbeziehungen gibt zwischen dem, was wir gemeinhin Diesseits und Jenseits nennen und daß daraus Aufgaben erwachsen für den Menschen... auch in, oder gerade in unserer Gegenwart.

Manitous Ruf sind wir deshalb gefolgt, auch wenn er orakelhaft ist in der Dämmrigkeit eines großen Werdens. Die Nacht senkt sich herab, als wir den Seitenweg zurückgehen zur Straße hin, wo unser Auto steht... Der Nacht, die schnell sich verdichtet in Dunkelheit; welch ein Tag wird ihr folgen?

DER WIEDERERBLÜHENDE LEBENSBAUM

Pfingstsonntag, den 18. Mai 1975

Leicht geduckt, die wärmenden Kragen hochgeschlagen, sitzen wir auf dem Stein. Die Winde, aufbrausend umwehen sie uns, kauernd rücken wir noch mehr zusammen. Es ist kurz vor neun Uhr. Wir sind oben auf dem Berg. Ohne Blick und Aufmerksamkeit für die Umwelt verharren wir gesenkten Auges. Karl-Heinrich schaut nach unten, manchmal holt er tiefer Luft, schnauft ein wenig, fährt sich leicht knetend mit den Händen über das Gesicht.

Gespannte Erwartung, Ungewißheit hat uns erfaßt. Aber das Schweigen dauert an, nur die Stimme des Windes hallt dort in den Tiefen und Weiten des Landes. Da — nach minutenlanger Anspannung endlich ein erhellender Impuls in Karl-Heinrichs Zügen.

„Aha", sagt er, „sie werden uns sagen, was wir nachsprechen sollen... In einer bestimmten Minute werden sie es tun." So warten wir.

„Wir sind umgeben von den", fährt er fort, plötzlich ins Englische verfallend, „spirits of the mountains, den Geistern der Berge." Verstummt dann, beginnt erneut zu erläutern. Der Geist der Berge sei männlich, der Geist der uns umgebenden Pflanzen sei weiblich.

„Durchaus ein weiblicher Typus", setzt er hinzu, offensichtlich sieht er gerade ein Bild. „Oh, seht mal da... alles was sich fortpflanzt, was sich im Zirkel dreht, das sei weiblich, alles, was tiefbegründet verharrt und den Kontakt hält zum Schöpfergeist, das sei männlich. Geschlechtlich im Sinne von Mann und Frau sei das nicht zu verstehen. Es seien Umschreibungen für die Pole der Natur. The pole of evolution and the pole of..."

Karl-Heinrich unterbricht sich selbst. Die Minute, die angekündigte Minute ist angebrochen. Flüsternd sollen wir nachsprechen:

„Om Mani Padme Hum, o Manitou!
Om Mani Padme Hum, o Manitou,
Om Mani Padme Hum, o Manitou."

Dreimal haben wir die Worte mehr geraunt denn gesprochen, dreimal haben wir sie dem Winde anvertraut. Stets bei Bewußtsein bleibend, angerührt von einem Höheren, gibt Karl-Heinrich einem sich kundgebenden Geist die Stimme:

„Die große Sonnenwende steht bevor. Ein anderes Leben, eine andere Daseinsweise muß aufkommen infolgedessen. Der dunklen Zeit, der Zeit des irrlichternden Mondes folgt nun die helle Zeit der Sonne. Ihr, die Ihr kauert am Stein, Euer Herz wird noch schlagen, wenn das Zeitalter der Sonne beginnt."

„Nicht Geisterbeschwörung, nicht irgendein Zauber der Eigenmächtigkeit habe uns verleitet. Ihr riefet nicht selbstherrlich irgendwelche Geister, der Ruf Manitous hat Euch erreicht, der Ruf des Geistes, weil Ihr Euch in Eurem Leben geöffnet habt dem Schicksal, einer Aufgabe ..."

Ein Anflug von Unbehaglichkeit — in den Worten, am Verhalten von Karl-Heinrich wird es spürbar. „Es ist so", sagt er seltsam berührt, „als ob wir betrachtet werden, noch einmal von oben bis unten, durchschaut werden auf Herz und Seele... Warum nur? ... Aha... Aha... ob wir Menschen sind, die bereit seien zum Dienst... Und jetzt", Karl-Heinrich zeigt Anzeichen einer Verunsicherung, „jetzt fragen sie uns tatsächlich, ob wir bereit sind, ob wir freien Willens bereit sind, das Licht zu tragen."

Jeder von uns Dreien solle das gründlich erwägen, überdenken für das eigene Leben, für das eigene Schicksal, wenn er, mögliche Folgen bejahend, sage: „Ich bin bereit, das Licht zu tragen."

Das Licht zu tragen? Mir erscheint das zu groß. Warum nicht ein Licht — ist da nicht genug? Oder ist ein Licht stets das Licht, weil es unteilbar ist, immer das eine.

Glaube, vom Wissen gestützt in Erfahrung und Einsicht, Vertrauen, vertieft im bisherigen Umgang und Weg mit dem Geiste, lassen uns drei nacheinander, ohne lange Bedenkzeit, sicherlich aber ohne die Tragweite zu ahnen, mit klaren Worten sagen: „Ich bin bereit." Da wird gesagt, als Antwort wird gesagt auf unser Gelöbnis: „The key will be given upon you. — Der Schlüssel wird euch gegeben werden."

Karl-Heinrich verstummt wieder, aber er horcht ins Innere, löst sich dann wieder aus solcher Hinwendung und sagt zu uns: „Eben habe er gefragt, um was für einen Schlüssel es sich handle. Da habe es geheißen: der Schlüssel sei es zu uns selbst, der Schlüssel sei es zum Höheren, zum Tieferen in unserem Wesen, der Schlüssel sei es zum Sinn, zum Auftrag unseres Lebens. Mittler sei der Mensch zwischen Himmel und Erde, zwischen Diesseits und Jenseits, zwischen Oben und Unten; Kristall sei er der Schöpfung Erde, Licht empfangend und Licht sendend. So seid es, indem ihr es werdet. Seid Kristall, seid Mittler! Seid Zukunft in der Gegenwart!"

Nachgelassen hat der Wind. Die Wolken ziehen gemächlicher über uns hinweg. Karl-Heinrich ist verstummt, aber in horchender Anspannung bleibt er verbunden... Es ist wärmer geworden, und die Sonne, immer wieder blitzt sie hervor...

Ist es ihr Widerschein, der sich in Karl-Heinrichs Zügen zeigt, ist es eine Regung des Inneren, eine leuchtende Ahnung? Eine Hoheit, gepaart mit Ernst und Entschiedenheit, überkommt ihn, hat ihn ganz erfaßt und läßt ihn sprechen: „Wir drehen die Ströme im Menschen um, wir drehen den Kreislauf im Menschen um."

Schon wollen wir einfallen in das gemeinsame Sprechen, da zeichnet sich ein Erschrecken in seinen Zügen, ein Schatten, doch er weicht, wie der, der über uns gleitenden Wolken, denn Worte erfährt er, die ihn beschwichtigen, beruhigen.

„Wir", das sagt er, die Worte wiederholend, „wir, das sind wir und doch nicht wir, das ist das Hohe in uns, über uns." So sprechen wir die Worte doch, aus Vertrauen in die Führung des Geistes sprechen wir sie,bewußt und unbewußt zugleich sagen wir die seltsamen Worte: „Wir drehen die Ströme im Menschen um, wir drehen den Kreislauf im Menschen um", und Karl-Heinrich fährt fort, sagt, offensichtlich wörtlich, was sich ihm in diesen Augenblicken mitteilt:

„Bisher war der Mensch so eingestellt, daß das Licht des Hohen Geistes nicht in den Lebenskreislauf des Menschen eintreten konnte. Der Mensch der Zukunft aber wird die Sonne wahrhaftig erschauen. The sun will appear in it's true light..."

Tief in der Seele wird es mir hell. Die geschlossenen Augen, ich öffne sie, die Sonne strahlt über dem See, hell über dem weiten, dem gebirgigen Land. Das Licht zu tragen? Den Kreislauf umzudrehen im Menschen? In Demut nehmen wir es an, im Mut zum Dienst, im Vertrauen auf eine Führung aus dem waltenden Innern...

„Doch ... was ist das?" Karl-Heinrich sagt es in einem Tonfall überraschter Verwunderung. Sein inneres Sensorium empfängt keine Worte, keine Sätze mehr. Bilder sind es, die da aufkommen... Lebende Bilder...

„Sie kommen aus den Tälern", sagt er, „sie kommen in unendlichen Scharen. Von freien, sonnigen Höhen steigen sie nicht herab, sie kommen aus tiefen, dunklen Schluchten, aus Abgründen ihres grausigen Geschicks. Indianer sind es, Schemen... wie Schatten... in unendlicher Zahl ... Da eine Stimme, ... eine Stimme über allen, über allem...

This is the Resurrection Day for all of you, given to you by white people, who took away your country, your soul. Today it's given back to you. So you may arise, you have to be sure, this is the Resurrection Day for You! O Manitou, o Manitou, o Manitou!"

„Dies ist der Tag der Erneuerung für Euch alle, Euch übermittelt von weißen Menschen, die Euer Land nahmen, Eure Seele. Heute wird es Euch zurückgegeben. So möget ihr auferstehen. Seid sicher, dies ist der Tag der Wieder-Auferstehung, der Erneuerung für Euch. O Manitou, o Manitou, o Manitou."

Karl-Heinrich verstummt, eine große Freude bewegt ihn ... Freude, Überraschung.

„Ich sehe sie niederknien mit erhobenen Armen, ich sehe sie tanzen ..., ich sehe die Indianer, die eben noch hervorkamen aus Abgründen, aus einer Finsternis, ich sehe sie tanzen, im Pulsschlag der Trommeln bewegen sie sich, danken sie Manitou, dem Großen Geist und... und in ihrer ... Mitte, in ihrer Mitte erblüht ein großer Baum, es ist der Lebensbaum ihrer Rasse."

Karl-Heinrich schweigt, gezeichnet ist er von der Anstrengung des Empfangens und der Übermittlung. Er schweigt, und wir schweigen auch, als wir uns wieder zuwenden der Umwelt der Landschaft, dem Feldweg, der sich schlängelnden Straße, als wir zurückkehren nach Garden City, in das Anwesen von Gus Rich am Ufer des Sees.

DIE SONNENWENDE UND DAS FRAGLICHE

Montag, den 19. Mai 1975

Die Offenbarung wirkt nach. Untereinander sprechen wir nicht darüber. Auffallend sind einzelgängerische Neigungen, die bei uns Dreien aufkommen. Annelies zieht sich oft zurück, auch tagsüber; Karl-Heinrich plaudert gern mit diesem oder jenem Amerikaner, mit Touristen; ich suche und finde die Einsamkeit am Ufer, am steinigen Ufer des blauen Sees.

In Zeiten ist die Nachwirkung übermächtig, die Unfaßbarkeit dessen ... Bilder und Worte sind es, wie Spitzen eines Eisberges, wie Spitzen eines verborgenen, tiefen Sinnes, Bild- und Wortfetzen sind es, unser Bewußtsein überblendend aus dem Seinsstrom einer anderen Sphäre. Nur allmählich, bei den Spaziergängen am See, beim Anblick seiner Schönheit, seiner Klarheit und Tiefe, nach Momenten des selbstvergessenen Schauens finde ich erneut zum Gestrigen, das mir bewußter wird, faßbarer, in Fragen wenigstens. Sie stehen vor mir wie ungeheure Fragezeichen.

Welch große Worte, welch eine Verkündigung? Die Sonnenwende... eine neue Daseinsweise... ! Wie könnte das möglich, das wirklich werden? Vermag der Mensch noch die Schädigungen in der Natur, in ihren Kreisläufen zu heilen, die er mit seinen Techniken angerichtet hat? Vermag er sich selbst noch aus dem selbstbereiteten Sumpf zu ziehen? Bedeutet die angekündigte Sonnenwende, die eine neue Daseinsweise aufkommen lassen soll, eine grundlegende Wandlung, eine Art Mutation der Menschheit? Oder deutet sie in barmherziger Verschleierung das Ungeheure an? Das Ungeheure von Naturkatastrophen, vernichtend und erneuernd zugleich? Wird die Erde beben und das Beben sein wie eine Neugeburt? Sind es die Tage der Reinigung, der Reinigung von Mutter Erde, die indianische Seher prophezeit haben? Oder geschieht das eine wie das andere, weil es einander bedingt?

Ruft die aufbrüllende, die aufhebende Natur, die — kreislaufgestört — den Segen und die Fülle verwehrt, die Menschheit zur Vernunft? Erfährt der Mensch in solcher Bedrängnis seine Geschöpflichkeit und Abhängigkeit von Mutter Erde, findet er in solcher Not wieder zu einem Schöpfertum, das sich einfügt in die Schöpfung Erde? Nimmt die Krise ihm den Wahnwitz der Selbstherrlichkeit von der vermessenen Stirn?

Fragen über Fragen in einer Zeit des Umbruches, in der Sinngebungen und Lebensordnungen fraglich werden, an Riffen des Schicksals zerschellen. Der Mythos von Atlantis, strahlend und düster zugleich, wiederholt er sich in unserer Gegenwart? Wiederholt sich die Weltkrise von Atlantis, das, kulturell und technisch hochentwickelt, sich nach sagenhafter Überlieferung an der Schöpfung verging? Jenes Atlantis, das aus dem Gleichgewicht des Seins geriet und unterging an sich selbst? Ist Atlantis die Mahnung, die rettende Mahnung im Erbgut der Menschheit? Damit sich nicht wiederhole, was damals geschehen sein mag? Müssen sich deshalb die atlantischen Völker im Geiste wiederfinden, die einst vor dem Untergang auszogen in alle Welt? Muß deshalb die Brücke entstehen zwischen Weißen und Roten, zwischen all denen, die in engeren und weiteren Kreisen dazugehören?

Fragen über Fragen! Fragezeichen der Zukunft, die keine Antwort gibt und wenn, dann orakelhaft offene. Augenblicke gibt es, da sich das Höhere in uns herniedersenkt. Welch eine Hoheit war in Karl-Heinrich, als er die Worte sprach:

„Wir drehen die Ströme im Menschen um, wir drehen den Kreislauf im Menschen um. Bisher war der Mensch so eingestellt, daß das Licht des Hohen Geistes nicht in den Lebenskreislauf des Menschen eintreten konnte. Der Mensch der Zukunft aber wird die Sonne wahrhaftig erschauen."

Worte, die aus einer Hochbewußtheit rühren, die mit ihrem andeutenden Wissen uns um so bewußter macht, wie wenig wir wirklich wissen um die tieferen und höheren Zusammenhänge zwischen Himmel und Erde. Wach sind wir und träumen doch zugleich, bewußt sind wir und sind doch unbewußt. Handelnde sind wir und doch handelt es durch uns, in uns, über uns. Unterwegs sind wir Drei, wie der Mensch überhaupt unterwegs ist zum Gott in sich selbst, der ein Funke ist des Unermeßlichen.

Dienstag, den 20. Mai 1975

Schrill ist der Schrei, so nach Indianerart: wir, genüßlich auf der Holzveranda frühstückend, den See vor Augen, schrecken auf. Suchend blicken wir uns um. Ein Gelächter, platzend prustet es unter uns aus dem Buschwerk. Am Treppenaufgang taucht Madame Mary Stephen auf - mit spaßig leuchtenden Augen und breit lachendem Mund.

Der kecke Überfall bedeutet fraglos: die drei Deutschen, die da unerwartet als Gäste aufgetaucht sind, sind in die amerikanische Freizeitgesellschaft aufgenommen. Eine im Wortschwall flugs eröffnete Einladung zum abendlichen Dinner bestätigt es.

Unsere Reaktion ist von leichter Reserve bestimmt; irgendwie noch benommen, innerlich beschäftigt mit dem gestrigen Geschehen am Berg, steht uns der Sinn nicht auf Schwatzereien. Anderseits Ablenkung mag gut sein, zumal eine Ablehnung unmöglich ist.

Stephens sind ein älteres Beamtenehepaar, das in Ogden lebt und längst pensioniert seine Sommer am See verbringt. Von Gus Rich, schlicht Gus genannt, haben sie auf dessen Grundstück ein kleines Holzhaus gemietet. Unmittelbar am sandigen Seeufer gelegen, leuchtet durchs Fenster die Bläue des Sees herein, als wir liebenswürdig und wortreich bewirtet bei Stephens zu Tisch sitzen.

Von Gus ist immer wieder die Rede; achtungsvoll mit hintergründig spürbarer Verehrung. Es ist offensichtlich. Gus Rich genießt überall Ansehen, auch in Garden City, bei der Post, im Selbstbedienungsladen merken wir es an Verhaltensweisen und Bemerkungen, die aufkommen, wenn wir als Deutsche erkannt und befragt, Antwort geben auf die wiederholte Frage, wo wir denn hier am See Unterkunft gefunden haben.

Gus Rich ist ein Amerikaner mit dem Nimbus des Erfolges. Vor Jahrzehnten, erzählt der sonst schweigsamere Julian Stephen beim sahnig-süßen Nachtisch, kam Gus Rich an den See, um hier mit Spürsinn und Tatkraft sein Glück zu machen. Früh erwarb er sich, mühsam erarbeitet, erst als Gelegenheitsarbeiter, später als Colonel in der Armee, Ufergrundstück um Ufergrundstück zu Preisen, die im Vergleich zu den heutigen lächerlich niedrig waren. Gus Rich ahnte voraus, was heute eine Realität ist: der See mit seinen weitläufigen Uferregionen ist ein ideales Erholungsgebiet. Er kaufte und verkaufte und wurde, was sein Name schon sagt: reich. Eigenhändig baute er Holzhaus um Holzhaus auf seinem großen Seegrundstück, vermietete auf Dauer oder Kürze, stets aber nur an Freunde oder solche, die es werden könnten. Denn, so bekräftigt Gastgeber Stephen, als ahne er verschwiegene Bedenken angesichts solcher US-Geschäftstüchtigkeit: „Gus liebt das Land, er liebt den See. Er würde sein Anwesen nie an Spekulanten verkaufen."

Sweet-water heißt das benachbarte, perfekt angelegte und gestaltete Erholungszentrum, in dem stilvolle und teure Ferienappartements gemietet oder gekauft werden können. Natürlich warfen die Manager des weltweiten Investitions- und Touristikunternehmens begehrliche Blicke auf Gus Richs benachbartes Ufergrundstück. Sie boten ihm Millionen Dollar. „Und was glauben sie", fragt uns eifrig und endlich wieder zum Wort drängend Mary Stephen, „wie Gus Rich reagiert hat? — Er hat sie einfach hinausgeworfen

DIE VIER TAGE DER NOT UND PRÜFUNG

Mittwoch, den 21. Mai 1975

Der Stein ist gräulich, gewichtig lagert er, wölbt er sich aus dem Wasser, umspielt von feinen Wellen. Am Ufer stehe ich erneut, am Ufer des Sees, gedankenschwer, gedankenleicht in wechselnden Zuständen des Erwägens. Erkenntnisse, wie bewußtseinserhellend können sie sein; doch im Ungenügen darüber grübelnd, kann alles in dämmriger Grundlosigkeit enden. Gerade dann, wenn alles im Ungefähren zu verschwimmen droht, beginne ich, Orientierung suchend, um mich zu schauen. Dann sehe ich den Stein wieder, vor mir, wie er schwer und still im flimmernd leichten Wasser ruht.

Wie unterschiedlich, wie andersartig sind die Dinge, die Erscheinungen dieser Welt? Die Wissenschaftler wissen wohl um Atome, um die Bausteine des Lebens, wissen, daß die Bausteine ihrerseits aus Bausteinen bestehen, bis auch ihr experimenteller Zugriff im Größten des Alls, wie im Kleinsten des Kleinen am Unerfaßbaren endet. Antworten finden sie schon, aber jede Antwort zerfällt in unzählige antwortlose Fragen. Die Schöpfung und ihre Erscheinungen entziehen sich endgültiger Erklärung, doch schaubar sind sie dem offenen, dem ahnungsvoll staunenden Auge.

Wie unterschiedlich ist das alles, denke ich und schaue auf den Stein, schaue auf die ihn umspielenden Wellen. Das eine erscheint so fest, das andere so bewegt. Wie unterschiedlich können Ereignisse sein, schlußfolgere ich, im Gedankensprung erneut nachsinnend über den Sonntagmorgen, über die Stätte oben über dem See, dort, wo der Geist gesprochen hat, und ein Ereignis geschehen ist, jenseits der Geschichtlichkeit.

Aus dunklen Tälern, Schluchten gar, sind die Seelen der Indianer gekommen. Was bedeutet es, daß sie dunkel sind? Sind es Abgründe der Schicksalshaftigkeit, aus denen sie kamen,

Sinnbilder ihrer Untergänge? Die Hoffnungslosigkeit, in der einst das Auge des besiegten Kriegers erlosch, dauert sie an im Schattendasein des Todes? Verharrt die Seele des Verstorbenen dann im Schock des unbewältigten Schicksals, im Zustand fassungsloser Sinnlosigkeit nach all dem todesblutigen Scheitern? Auf den Fotografien, aus indianischer Endzeit der Jahrhundertwende erhalten, blicken uns die Vertreter der Roten Rasse an; in kühn-verzweifelter Treue zu sich selbst und ihrem allmächtig-ohnmächtigen Großen Geist; das Antlitz umnachtet von einem ungeheuerlichen Warum?

Aber in der Schau des Innern, so sinne ich weiter, sind die Seelen der Indianer empor in lichte Höhen gestiegen, und ein Geist — es war wohl der Große Geist Manitous — hat gesagt: „Dies ist der Tag Eurer Erneuerung, Eurer Wiederauferstehung." Und die Seelen haben um den Lebensbaum getanzt, um den wiedererblühenden Lebensbaum ihrer Rasse und dem Großen Geist haben sie gedankt mit sonnenwärts erhobenen Armen für das Ereignis.

Was für ein Ereignis? Auf welcher Ebene, in welcher Wirklichkeit des Seins? Ist es gar ein schöner Wahn, ein Traum nur einer Unwirklichkeit? Oder wird es sich tatsächlich auswirken in der Realität unseres herzschlagenden Daseins? Und wenn ja, wann und wie?

Eine Indianerfamilie, die wir zufällig am Ufer trafen und grüßen wollten als Mitmenschen, blickte stumpf und wortlos über uns hinweg. Verheerend sind noch immer die tragischen Ereignisse ihrer Geschichte. Ihre Niederlagen wurden zum Trauma der Roten Rasse.

„Niemals verweigern sie etwas, worum man sie bittet, ja, sie bieten einem alle Habe an. Sie sind ein freundliches Volk ohne Habgier", so sprach Ende des 15. Jahrhunderts Kolumbus über die Ureinwohner des erneut entdeckten Kontinentes.

Wie Götter wurden die Weißen empfangen, die da vom Osten her über das Große Wasser gekommen waren mit wellenpflügenden Schiffen hochgeblähter Segel. Wie Götter, wie hohe Brüder wurden die Männer aus dem Osten empfangen. Ging nicht unter indianischen Völkern die Sage um, die mythische Erinnerung an atlantische Vorzeit, daß der Bruder, der vor unnennbarer Zeit in den Osten zog, eines Tages aus dem Osten zurückkehren würde?

Aber die Weißen und das Heer der Auswanderer und Eroberer, der in Europa Bedrängten und Notleidenden, der Hasardeure, der Ehrgeiz-linge und gewissenlosen Geschäftemacher — sie alle waren Menschen, böse und zu Bosheiten genötigte. Im Zwang des Lebenskampfes stehend, kamen sie aus einem Europa der Bevormundung, der Überbevölkerung, der geistigen und räumlichen Einengung; wie konnten sie da die in den Mythen erwarteten Götter aus dem Osten sein? Sie, die da an den Ufern eines Kontinentes landeten, der noch im Zustand war einer Art paradiesischer Unschuld. Wie konnten sie die erwarteten Brüder sein? Sie, die da an Amerikas Küsten strandeten, die da um Neubeginn und Existenz rangen, als Träger einer anderen Menschheitsentwicklung im unlösbaren Gegensatz zum Naturmenschentum der Roten standen.

So nahm das Verhängnis, auch von Weißen schmerzlich erfaßt und erlitten, seinen Lauf. Immer mehr wurden die indianischen Stämme und Völker, sofern sie nicht schrecklich einfach vernichtet wurden, im Verlauf weniger Jahrhunderte nach Westen zurückgedrängt, bis schließlich auch der weite Lebensraum der Prärien und Plains verlorenging. Jäh flackerten zwar irrlichternde Hoffnungen in der Endphase des Abwehrkampfes auf, in Visionen verheißend, die weißen Eroberer würden vom Erdboden verschwinden und am Horizont die huftrommelnden Bisonherden wieder erscheinen; aber sie alle, aus schlimmster Verzweiflung in ihrer Gegenwart erwartet, erfüllten sich nicht.

Im Mittelalter schon hatte ein Indianerstamm die Prophezeiung einer schweren, bitteren Zeit gehabt. Es kämen, so sagten Medizinmänner, vier Tage der Not und der Prüfung, ehe der fünfte Tag der Wiedergeburt beginne. Aus den vier Tagen sollten vier Jahrhunderte werden.

STRAHLSCHIFFE UND DAS PHANTASTISCHE

Mittwochnachmittag, den 21. Mai 1975

Gespräche sucht Karl-Heinrich nicht gerade über unsere Begegnungen mit dem Geist. Wir schweigen oft, aber vertraut, wie wir seit vielen Jahren miteinander sind, ist der stille Umgang ohne Peinlichkeit. Zu Späßen und harmlosen Lausbübereien ist Karl-Heinrich durchaus aufgelegt, doch sind wir ihm zu solcher Kurzweil nicht immer die rechten Partner.

Vor sich selbst und auch vor anderen möchte Karl-Heinrich zuweilen vergessen, daß er anders ist als andere. Was er innerlich erfährt, wenn er zu Bette liegt, oder wenn er irgendwo draußen ist in einem Refugium des Freien, trägt er mitunter schwer genug mit sich herum. Durchaus ein Mensch von dieser Welt, von kraftvoll bäuerlichem Naturell, mit dem handwerklich-technischen Geschick des Praktikers ist er kein Schwärmer.

Realitäten auf verschiedenen Daseinsebenen zu erfassen, in ihrer Andersartigkeit und Gegensätzlichkeit, läßt Spannungen entstehen, die schöpferisch beflügeln, aber auch hemmen und lähmen können. Bilder, mit dem Auge des Innern zu schauen, die das im Antlitz ruhende Augenpaar nicht sieht, das entfremdet vom üblichen Leben, bewirkt Phasen der Verunsicherung über Bedeutung, den Realitätsgehalt dessen, bewirkt Phasen der verschlossenen Verschwiegenheit, die nur in günstigen Stunden die Widerhall suchende Frage durchbricht.

Als wir am Nachmittag drüben auf der anderen Seite des Sees spazieren gehen, den Wagen haben wir unweit davon geparkt, fragt uns Karl-Heinrich: „Habt Ihr nicht das Schiff, das Strahlschiff im See gesehen?" Auf unsere verneinende Antwort fragt er erneut, wohl etwas ungläubig und enttäuscht: „Habt Ihr es nicht gesehen, als es wegflog?"

Strahlschiff, so ist Karl-Heinrich schon vor vielen Jahren gesagt worden, sei die richtigere Bezeichnung für das, was unter dem gleichermaßen sensationellen wie abgeschmackten Begriff „Ufo" durch die Atmosphäre wie den Blätterwald der Presse geistert. Ähnliche Andeutungen hatte Karl-Heinrich schon vor Tagen gemacht. Er habe einen Strahl wahrgenommen, der aus der Tiefe des Sees kam. Von einem flugzeugähnlichen Gebilde ging er aus, lagernd unter den Wassern. Das Besondere am Bärensee sei, so hatte er erfahren, daß er mit den Süßwassermeeren im Erdinnern verbunden sei, und zwar durch eine besonders große Öffnung, durch die auch Strahlschiffe hinab- und hinauftauchen könnten.

Mir ist zuweilen unbehaglich bei solchen Aussagen, weil ich befürchte, der Gehalt medialer Bilder und Worte, seine Wahrheit könnte leiden bei Vorstellungen, die wie Phantasien anmuten aus Science-Fiction-Romanen. Kann nicht Gelesenes, irgendwann einmal aufgenommen, auf diese Weise wiederkehren? Können nicht Wünsche, allzu menschliche, allzu verständliche Wünsche sich in Visionen umsetzen, oder sich anhängen an ihre Verheißung? Kann nicht kurzatmige Erwartung die Bilder göttlich-geistiger Langatmigkeit verzerren? Können nicht Sorgen, Ängste, Befürchtungen ihren Sinn verdunkeln oder gar verfälschen? Sie können es, und deshalb gehört zur Offenheit für die sogenannte Medialität auch der Abstand zu ihr, die stets sich erneuernde Prüfung und je nach der Art der Aussage muß über kurz und lang im Alltag selbst, im realen Dasein Bestätigung, Bewahrheitung werden.

Karl-Heinrich, schon ein Leben lang im Zauber eines Traumwunsches, eines richtigen Bauernhofes nämlich, hat schon oft, angetrieben von solchem Wunschbild in den ihm medial genannten Gegenden statt des erhofften Hofes eine bedeutsame Stätte des Kultes, der Geschichte gefunden, und mitunter hat sie sich später erst als wichtig für unsere geistige Entwicklung, für unsere geistige Aufgabe erwiesen. Irrtümer solcher Art,

Fehldeutungen, Mißverständnisse hat er kürzlich einmal im Zustande peinigender Verunsicherung angesprochen. Da wurde ihm gesagt, daß sie nötig waren und sind, weil wir nur so Persönliches überwänden, nur so wirklich offen würden für die großen, die entscheidenden Fragen der Zeit.

Die Ufos, die Strahlschiffe könnten zu den Gegenwartsfragen gehören! Ist die phantastisch anmutende Übertechnik nicht geradezu eine Konsequenz sich überstürzt entwickelnder Technologien? Und warum sind die blitzschnell fliegenden Objekte, die sich in der Luft, aber auch im Wasser bewegen sollen, in den vergangenen Jahrzehnten ein Weltphänomen geworden? Etwa nur deshalb, weil sie ein Wunschtraum der Hysterie geworden sind, einer in sich und an sich verzweifelnden Menschheit? Eine Utopie bloß, die krisenüberforderten Menschen zum Wahn einer Realität wird? Oder sind die Ufos doch eine Tatsache, so wie sie seit Jahrzehnten von Augenzeugen berichtet wird, eine Tatsache, so real etwa wie ein Flugzeug, das am Himmel zieht?

Die Ungewißheit, ohne die es keinen Mut, kein Wagnis und keine Selbständigkeit gäbe, sie ist auch mit uns.

DER URKRIST VON ATLANTIS

Freitag, den 23. Mai 1975

Unsere Ernährung ist einfach und ziemlich billig. Der Hüttenkäse, gemischt mit Apfelmus mundet unverändert. Die schmackhafte Zusammenstellung ist Karl-Heinrichs Lieblingsspeise und die meinige mittlerweile auch. Muesli, Obst und roh genossenes Gemüse, Nüsse, Milch — das ist fast die vollständige Palette unserer täglichen Nahrungsmittel. Wohl noch einigermaßen unverfälscht und im Sinne erträglicher Reisekosten.

Wir hatten Glück in den vergangenen Tagen. Die mäßigen Zungengenüsse wurden stets atmosphärisch überhöht von der

Sonne, strahlend über landschaftlicher Weite, dem widerleuchtenden See. Auf der Holzveranda sitzend, selbstgeschrotete Körner kauend, dehnten sich unsere Mahlzeiten im Freien aus, als beständen sie aus einer Vielzahl kulinarischer Gänge.

Das rote Dach da unten, des geduckten, winklig versetzten Holzhauses steht im reizvollen Kontrast zur Bläue des Sees. Gus Rich hat alle Gebäude, die da unmittelbar am See liegen, aber auch die abseits am Hang gelegenen, weitgehend selbst gebaut, abgesehen natürlich von den Zimmererarbeiten, die nur gemeinschaftlich zu bewerkstelligen waren. Noch heute, schon weit über siebzigjährig, ist er tagsüber immer mit irgendetwas beschäftigt. Da ist ein Brett am Fensterladen locker geworden und anzunageln, eine eingefallene Uferbegradigung mit Steinen zu befestigen. Müßiggängerei, gar in der weichen Hollywood-Schaukel, das ist nicht seine Lebensart.

„Tätig zu sein — das ist Freude am Leben, die sich Tag für Tag erneuert", das ist ein Gedanke und Ausspruch seiner Lebensphilosophie. Feinsinnig lächelnd sagte er neulich: „Der morgige Tag kann schon den Tod bringen für mich, aber heute will ich mich noch des Lebens erfreuen." Nun, er lebt noch, der alte, tätige Mann. Er lebt am See, oder sagen wir mit ihm. Rüstig wie er ist, wird er noch viele freudvolle Morgen erleben.

Heute frühstücken nur Annelies und ich auf der Freiluftveranda. Karl-Heinrich ist gestern nach Boise gefahren, einer Stadt, nordwestlich im Staate Idaho gelegen. Er will dort eine Versicherungsangelegenheit regeln, die mit seinem zehnjährigen Aufenthalt in den Staaten zusammenhängt.

„Ob es heute wieder schön wird?" fragt Annelies. Ich folge der Richtung ihres weisenden Armes und gewahre erst jetzt, daß sich drüben über dem Gebirge Wolkenfelder zusammenziehen. Gestern war der Himmel noch wolkenlos, spannte er sich in blauer Weite über dem Gebirge, gestern, als wir erneut oben waren auf dem Berg.

Karl-Heinrich hatte uns im Wagen mit in die Höhe des Gebirges genommen. Am Feldweg, der von der Gebirgsstraße abzweigt, stiegen wir aus. Karl fuhr weiter, ließ uns zurück in der Einsamkeit.

Während der Wanderschaft über das Höhengelände, auf grasbewachsenen Wegen, über Steine und steppige Hügel hin zur Stätte, wo sich Steine schichten wie zu einem Altar, kam mir im Innern ein deutlich stehendes Bild: zwei Gestalten sah ich im büstenähnlichen Ausschnitt, die hatten markante Profile und waren einander zugewandt, ein Indianer war die eine Gestalt, ein Weißer die andere und die war im hohen eisernen Helm.

In einen Dialog mit Sphären des Innern zu treten, das ist mir nicht gegeben. Aber in gewissen Stunden, dann wohl, wenn das Gemüt empfänglicher ist, steigen der Seele Bilder auf, oder genauer gesagt, das Bild einer entwicklungsbedingten Aktualität. Stundenlang kann es dann in mir sein, wie auf einer imaginären Leinwand erscheinen.

Sie schauen sich an! In neuerwachter Freundschaft und Gemeinsamkeit? Sie, die einander mörderisch bekämpft haben, sie, die sich haßvoll voneinander abgewandt haben? Die Schuld, wieder bedrückte sie die Seele, die Schuld, die da steht zwischen Weiß und Rot. Welches Verhängnis bewirkt es, daß der Mensch den Menschen so grauenhaft vernichtet? Ist das der unerläßliche Lebenskampf, der eingeschrieben ist in die Schöpfung, in die Natur? Ist's nicht Verblendung des Menschengeistes, ist's nicht der Zwang, der neue Zwänge zeugt, das Verhängnis, das neue Verhängnisse zieht, die Blutspur des Schreckens in der Menschheitsgeschichte?

Geht solches Verhängnis wirklich auf Atlantis zurück? Atlantis ist doch der Gegenwart und ihrer Gesellschaft nur ein Mythos von einem sagenhaften Inselreich im Atlantik? Aber war es nur das Reich einer Insel? Oder ist es weit unbestimmbarer, sowohl in räumlicher Ausdehnung wie in zeitlicher Dauer? Überzogen in der Phantastik schwärmerischer Versionen, ausgeleiert in abgeschmackten Wiederholungen und Aufgüssen, ist es ein blasses Wort, ein schillernder Begriff auch für die meisten, was doch einst in ferner, grauer Vorzeit gewesen sein mag ein Äon, die Beständigkeit eines alles beherrschenden Reiches. Was geschah damals? Was bewirkte, der Überlieferung entsprechend, den katastrophalen Untergang? Weshalb brach die Beziehung oder gar die Einheit von Rot und Weiß? Aber ist die Zuspitzung der Frage richtig? So als sei es ein ganz bestimmtes Ereignis gewesen, das den Untergang hervorrief? Vielleicht war es eine Kette von Ursachen?

Über lange oder längere Zeiten hin muß es wohl geschehen sein. Karl-Heinrich jedenfalls erfuhr von den großen Weisen der Atlanter, die die Völkerschaften schon vorher aussandten in alle Welt. Er erfuhr von den drei Urzweigen der atlantiden Rasse, von den Weißen, von den Roten und, dunkel und unbestimmbar noch für uns, von den Braunen. Damals wandten sie sich voneinander ab, die, die wir heute die Weißen nennen, offensichtlich nach Osten, die, die wir die Roten nennen, nach Westen. Geschah damals ein Bruch? In welcher Beziehung mag er zu der Schuld stehen, die sich zwischen Weiß und Rot in jüngster Geschichte ereignet hat?

Die Schuld. Was ist Schuld? Ist sie nur die Untat, die Rache gar fordert? Ist es nicht vor allem das Folgende als die Auswirkung der Schuld, eben in Zeiten, in Entwicklungen, in denen Unheil wirkt oder aber Heilsames, wenn die Schuld gereinigt in meisternder Läuterung, zur Schicksalsverpflichtung wird für die Gegenwart und Zukunft? Die atlantiden Völker, so ist es gesagt worden, müßten sich wiederfinden, die atlantiden Weißen und die atlantiden Roten müßten sich ordnen in Großkreisen ihrer Art; nah sei sich, was sich innerlich nah, ferner sei sich, was sich innerlich ferner. So werde Frieden zwischen Völkern und Rassen; so gelinge der wahre Brückenschlag zwischen den Rassen der Menschheit, der Brückenschlag im Geiste.

Die Schuld zwischen Weiß und Rot — ist sie zu löschen? Die grausige Entfremdung — wer vermag sie zu überwinden? — Mit Annelies sprach ich lebhaft darüber, als wir unterwegs waren zur Stätte mit den Steinquadern, am Abgrund dort, wo sich das Land in der Tiefe dehnt und dann der herrliche, der blaue See.

„Der Geist des Allvereinenden, des Alleinen vermag es", antwortete Annelies auf meine drängenden Fragen, „nennen wir es den Geist des ewigen Krist, des Urkristus aller Zeiten."

Und als wir oben angelangt waren, oben an den mächtigen Steinen, wo der Blick sich weitet über die Lande, über den See, da sah ich mit dem Auge des Innern nichts von den Indianern, die im pochenden Schlag der Trommeln wieder tanzen um den wiederergrünenden Lebensbaum, da sah ich nicht die Roten, die Arme erhebend im Werden einer Wiederauferstehung; deutlich und strahlend sah ich einen Ring, der schwebte über den Steinen und Worte fügten sich wie von selbst aus meinem Innern, und gemeinsam sprachen wir die Worte, wissend und doch unwissend.

„Der Geist des Urkrist erwecke das neue Atlantis in den roten Seelen, der Geist des Urkrist erwecke das neue Atlantis in den weißen Seelen, auf daß der Kreislauf wieder fließe zwischen Himmel und Erde! Dank dem Alleinen!"

Wir waren noch lange oben, saßen noch lange auf Steinen mit dem freien Blick. Unten ruhte der See, geborgen in erdenen und felsigen Landen, blau und leuchtend war er ein gewaltiges Auge, das offen ist dem offenen Himmel.

Karl-Heinrich erwarten wir heute abend zurück. Es ist auffallend, ja, beinahe peinlich, hier in Garden City, ohne Auto zu sein. Jedenfalls erregen wir Aufsehen. Auf unserem gestrigen über zehn Kilometer langen Marsch, oben vom Berg hinab, hinunter zum See, haben wir es erlebt. Wir sahen Köpfe in Autos, immer wieder, die sich befremdet, verwundert umdrehten, in den Sekunden jedenfalls, die die Vorbeifahrt im Auto gewährte. Wie gut und beruhigend ist es, so denke ich erleichtert, daß wir nur als Fußgänger Verwunderung auslösen.

ABSCHIED VOM BÄRENSEE

Sonntag, den 25. Mai 1975

Das Wetter ist gestern umgeschlagen. Mächtig dräuende Wolken zogen gegen Mittag auf, kalt strichen Winde vom Gebirge her, trieben dunkelschimmernde Wellen an die Ufer, wo nur noch die Möwen, spähenden Kopfes, in den turbulenten Lüften segelten. Dann fiel plötzlich Schnee, in großen, näßlichen Flocken, und unversehens breitete sich der Winter aus. Weiße Winterlandschaft am 24. Mai.

Gus Rich überraschte der Wetterwechsel nicht, dennoch schien er ihn zu verärgern. „Wir sind in über 6000 Feet Höhe (über 2000 Meter)", erklärte er, fast im Tonfall der Entschuldigung. Mit einem Zwischenspiel des Winters müsse da noch gerechnet werden. Als unser Gastgeber freilich, schien ihm diesmal die höhenbedingte Witterung eher peinlich zu sein, beinahe so, als fühle er sich mitverantwortlich für das garstige Wettergebaren.

Unwiderruflich: die Tage am See sind zu Ende. Zum Abschied lud uns gestern Gus Rich zu sich ein. Und was die Sonne in den letzten Tagesstunden nicht mehr gegeben hatte, das verbreitete bald, behaglich die leicht verkühlten Glieder entspannend, ein flackernd, knisterndes Feuer. Am großen Kamin, umstanden von fellbehängten Holzsesseln, wärmte uns Gus Rich auf.

Vielleicht war es nur Zufall, vielleicht auch eine Absicht, als Mister Rich uns von ganz anderen Wetterunbilden erzählte. Seine Worte veranschaulichend zeigte er uns Fotografien, auf denen das Blockhaus, in dem wir gemütlich saßen, von einem gläsernen Berg aufgetürmter Eisschollen bedrängt war. Mächtige Brocken davon waren sogar an zwei Fenstern in den Innenraum eingebrochen. Was war geschehen? In einem besonders harten Winter hatten entfesselte Stürme das Treibeis ans Ufer gedrängt. Unheimlich eisig kann es hier im Winter werden. Mister Richen's spätherbstlicher Zug, den Vögeln gleich an den Golf von Mexiko, ist eher eine Notwendigkeit denn eine Millionärsallüre.

Auf die Indianer kamen wir auch zu sprechen. Schlicht ohne Aufhebens zu machen, erzählte er von einem alten Mann, der eines Tages auf seinem Grundstück erschien und ihn bat, nach seiner Väter Sitte im Angesicht der Wasser sterben zu dürfen. Lange waren seine Todesgesänge zu hören, ehe Stille wurde und er friedvoll verschied.

Eine Art von Koexistenz zwischen Weiß und Rot — in dieser weniger begehrten und umstrittenen Region der Staaten ist sie möglich geworden. Die Mormonen, die im vorigen Jahrhundert, selbst wegen ihrer Glaubensüberzeugung verfolgt in den Wilden Westen gezogen waren und im Hochland der Rocky Mountains, eben in Utah ihren eigenen Staat gründeten, mieden blutige Auseinandersetzungen. Brigham Young, ihr Anführer, sagte zu seinen Getreuen und Siedlern: „Gebt ihnen keine Kugeln, gebt ihnen Kühe und Nahrungsmittel."

Beinahe überall auf dem eroberten Kontinent der Staaten waren in den Jahrhunderten der Kämpfe Ströme von Blut geflossen. Nur hier nicht in der Hochregion der Berge? Hatte uns Manitou deshalb in die Berge gerufen?

Das Wetter ist unverändert, bewölkt und stürmisch. Der Schnee aber ist getaut; der Sommer ist doch schon zu nahe. Wir wagen es deshalb, den reizvolleren Rückweg nach Sedalia zu nehmen, mitten durch die Rocky Mountains zurück nach Colorado.

Eastes Park — Dienstag, den 27. Mai 1975

Karl-Heinrich versucht erneut, mit Indianern Kontakt aufzunehmen. Er ist schon seit gestern unterwegs. Anstoß zu der plötzlichen Unternehmung gaben drei langmähnige Männer am Straßenrand. Sie hatten ein Zelt neben ihrem Auto aufgebaut und angelten im benachbarten Fluß. Die Gelegenheit, mit den scheu-abweisenden Menschen in Beziehung zu treten, ließ Karl-Heinrich nicht ruhen. Sogleich fuhr er, nachdem wir im Motel untergekommen waren, zurück zu ihnen.

Das Motel, in dem Annelies und ich zurückblieben, ist herrlich gelegen inmitten des Rocky-Mountains-Nationalparks. Der Park, auf der Landkarte im nördlichsten Bereich des US-Staates Colorado zu finden, ist eines der 37 weitläufigen Naturschutzgebiete in den Staaten, die insgesamt die beachtliche Fläche von 44000 Quadratkilometern bedecken. Der Park, wie das Motel, in dem wir wohnen, ist ein Magnet für Touristen. Die Eintreffenden, die Wegfahrenden kann ich durch das Fenster meines Zimmers beobachten, zuweilen getroffen von einem reizenden Anblick, von einem Stich, einem Schmerz im Augenblick. Ein schönes Mädchen, eine junge Frau an der Hand eines Mannes, ein Paar auf Reisen? Der Stich rührt vom Wunsch her, der immer wieder verwehrt ist, dem Wunsch nach der Partnerin. Trotz meiner vierunddreißig Jahre bin ich noch immer in einem Aufbruch, bin ich zu sehr noch herausgefordert, zu sehr noch beansprucht von einem Geistigen und seinen vielschichtigen Prozessen.

Ich tröste mich mit den Herrlichkeiten der Reise, dem Anblick des Sees, auf den ich über die seitlich geparkten Autos hinweg hinausschauen kann. Grün ist er umwaldet und urige Blockhäuser stehen dazwischen. Solche landschaftlichen Eindrücke sind angenehm nach einer tagelangen Autoreise, die uns zwar auch durch alpenländisch anmutende Landstriche führte, überwiegend aber durch eintönige, fast schwermütig öde

Hochlandschaften, durch eine Einsamkeit von tundradunkler Erde und fahlglänzendem Wasser.

Die höchste Erhebung, die wir mit dem Auto passieren, lag über 3000 Meter. Noch bedeckte Schnee, glücklicherweise nur in dünner Schicht die Straße. Von einem Aussichtspunkt überblickten wir eine weite, weiß widerleuchtende Hochregion. Der See, tief in einer Landschaftssenke gelegen, war noch vereist.

„Seht Ihr die kleinen dunklen Punkte, dort am hinteren Uferrand?", fragte uns Karl-Heinrich. Ein Blick durch das Fernglas vergrößerte, verdeutlichte sie: Hütten, Wohnwagen, in wirrer Anhäufung waren es, die da am fernen Ufer standen — Indianerbehausungen. Im Eis und Schnee des Hochgebirges hatten wir eine Indianerreservation vor uns. Ein riesiges Gebiet ist das zwar für europäische Verhältnisse, aber ein hoffnungslos unwirtliches und abgelegenes Land, wo die dürftigen Sommer kurz und die strengen Winter lang sind. Es ist eine der unwohnlichen Regionen, in die die Weißen die Ureinwohner verdrängt haben.

Heute werden ihnen, welch eine absurde Umkehrung, selbst die Rechte über solche Gebiete streitig gemacht. Gewaltige Rohstofflager sind nämlich unter dem, einst als wertlos erachteten Gestein unter Steppen und Wüsten entdeckt und einer Ausbeutung erschlossen worden.

Karl-Heinrich ist noch immer nicht zurückgekehrt. Wieder einmal erregen wir Aufsehen, als wir zu Fuß die Gegend erkunden.

Mittwoch, den 28. Mai 1975

Karl-Heinrichs Exkursion war langwierig und ergebnislos. Die drei Indianer, die da am Fluß geangelt hatten, erklärten sich zwar nach längerem Palaver bereit, ihn zu einem Medizinmann zu geleiten.

„Sie fuhren voraus", berichtet Karl-Heinrich, „und ich hinterher. Als wir nach vierstündiger Fahrt an einem alten Haus anlangten, hieß es plötzlich, hier müsse man übernachten und morgen auf Pferde umsteigen. Der Medizinmann sei nicht weit. Auf meine", so Karl-Heinrich, „vorsichtige Gegenfrage, wie weit wohl etwa, einen Tagesritt? antworteten sie wortlos, indem sie die Hand erhoben und drei Finger ausstreckten."

Der persönliche Umgang mit Indianern will uns einfach nicht gelingen. Er beschränkt sich auf flüchtige, anonyme Begegnungen, etwa wenn am Abend betrunkene Rothäute auf der Straße taumeln, ein Indianermädchen mit bronzefarbenem Teint an der Imbißhütte Hamburger verkauft. Und einmal ging einer vorüber, er tat es aufrecht und stolz, in einer Haltung von Unnahbarkeit und Verweigerung.

DIE CHRISTUS-ERSCHEINUNG

Sedalia — Mittwochabend, den 28. Mai 1975

Am frühen Nachmittag sind wir wieder in Sedalia, in der Siedlung der White Brotherhood, hoch in den Bergen. Jenny hat uns erneut in ihr Häuschen aufgenommen. Noch am frühen Abend fahren wir auf sandigen Waldstraßen zum Devils Head, dem Teufelskopf, einer Felsengruppe, die uns als Ausflugsziel empfohlen worden war. Nach halbstündiger Autofahrt — wir waren auf eine Hochebene gelangt, mitten hinein in eine parkähnliche Landschaft — sehen wir die Felsenriffe aufragen. Bizarr und steil stoßen sie aus dem weitläufigen Höhenrücken. Minuten später geraten wir in eine wildromantische, abenteuerlich anmutende Gegend. Um gewaltige, sich im Nebeldunst verlierende Felsen geht es in scharfen Kurven herum, an Kiefern vorbei, die schattenhaft hervortreten. Alsbald ist ein Parkplatz erreicht, zu Fuß geht es weiter, auf schmalem Weg hinauf in die Höhe.

Der Nebel ist dichter geworden, seine weißlichen Schwaden verschlucken den Weg vor uns, nur zwei, drei Meter blickfrei; der schwarzrindige Baum, der seitlich steht, schleierverhangen, ist gerade noch vor der Nebelwand zu erkennen. Wechsel, manchmal sekundenschnell und gespenstisch, wenn Nebel plötzlich weichen, Felswände unvermittelt aufragen, hart und steil, und Abgründe erahnbar werden. Vorsichtig gehen wir, sehr langsam hintereinander, Karl-Heinrich vorneweg. Zwischen Bäumen treten Steine hervor, mächtig, riesenhaft, wie von bildhauerischer Hand zu urtümlichen Wesen gestaltet. Findlinge sind es, in vorgeschichtlicher Zeit zurückgelassen von Eisgebirgen, gigantisch einst und doch weichend der globalen Erwärmung.

Auf dem Gipfel, über uns nur noch die Felsenriffe, jäh und steil, ist kein Nebel mehr, ein mächtiger Wind geht da, bedrängt uns, zerrauft uns die Haare. Nur kurz stemmen wir uns dagegen, dann suchen wir Schutz, einige Meter tiefer in einer großen Spalte des Felsens. Die Stätte, die heute Devils Head genannt wird, so hört es Karl-Heinrich von innen, ist seit Urzeiten ein heiliger Platz der Indianer gewesen. Die Felsenriffe über uns seien Stühle für sie gewesen, auf denen sich weltlenkende Wesenheiten niederließen ... Der Teufelskopf, so würden wir Europäer sagen, war ein Sitz der Götter.

Annelies, wie immer bei solchen Unternehmungen ausgerüstet mit einem Aufnahmegerät, wird von Karl-Heinrich gebeten: „Bitte leg das Mikrophon auf die Erde ... wir haben an dieser Stätte etwas zu tun, und dabei sollen wir Arme und Hände erheben."

Wir stehen auf einer Felsplattform, die sich zur Mitte hin leicht senkt. Die Winde, hier leicht gedämpft, sie gehen noch immer, und Karl-Heinrich spricht es aus, das im Innern Gehörte. „Wir" — wieder ist für Augenblicke das Zaudern, und ermutigend blicke ich ihn an, wir wissen es doch, daß wir Geführte sind, daß es das Höhere ist in uns, das da handelt durch uns — „wir", wiederholt Karl-Heinrich nun und spricht mit fester Stimme. „Wir heben empor das neue Weltgesetz, eins geworden aus Liebe, Kraft und Weisheit." Dreimal sagen wir es, dreimal lassen wir die Arme von unten aufsteigen in die Höhe.

Liebe, Kraft und Weisheit, die Dreiheit in Einheit — das sei die neue, die Geistesmacht Gottes. Jesus Christus, der, der so genannt werde, sei die Liebe gewesen ..., der, der aber wiederkehre, vereinige die Dreiheit in sich selbst...

Während wir die Stätte verlassen, geht mir die antwortlose Frage durch den Sinn: Ist er, der Kommende, wirklich eine Person? Ist es ein neuer Geist, der alle und alles erfüllen und wandeln wird?

„An dem Stein, auf den Er die Hand legte, sollen wir verweilen", sagt Karl-Heinrich erstaunt, mit offenkundigen Anzeichen lebhafter Verwunderung. Unterhalb vom Felsengipfel sind wir, dort, wo hohe Tannen wachsen, wir stehen an einem flachen, mächtigen Steinquader.

„Er legte die Hand auf den Stein und sprach mit den Hohen", sagt Karl-Heinrich erneut. „Tatsächlich, Er hat die Stätte ihres geheimnisvollen Waltens wahrgenommen. Ist es denn möglich, daß Er hier war?"

Eine Christus-Erscheinung ist es, die Karl-Heinrich über die Maßen verwundert, er sieht sie am Stein stehen in einem großen schönen Strahlungsfeld. Wer ist es? Ist es der Christus von damals, jener Jesus, den Karl-Heinrich erschaut? Oder sieht er einen anderen Vollendeten, vielleicht einen Indianer von einst, auf den sich der Christus-Geist gesenkt haben mag, in dem er ebenso aufgeleuchtet ist und der vielleicht tatsächlich irgendwann einmal an diesem Stein gestanden hat? Oder ist es Bildnis schlechthin, die Verheißung einer Zukunft? Ist es die Wiederkehr des Einen?

Erscheinungen der inneren Schau sind orakelhaft. Dem Augenblick, der gerade umschließenden Umwelt scheinen sie verwoben zu sein, und doch können sie völlig unabhängig sein davon, und es kann sein, daß erst eine Zukunft, in ganz anderen Seins- und Umweltbezügen sie entschlüsselt. Erscheinungen innerer Schau, so sie mehr sind als Wunsch- und Angstgespinste gehören einer Überzeitlichkeit an, die der Mensch, erfaßt vom Zeitgefühl des pochenden Augenblickes, so leicht und so schnell mißdeutet. So eindeutig erscheint es und kann so vieldeutig sein; so nah erscheint es und kann doch sein so fern.

Eindeutig jedoch ist ein Herzenswunsch von mir und nah ist er in seiner Erfüllung. Karl-Heinrich nämlich sagt, er erfahre gerade, ich, Hanns-Günter, könne hier oben eine Einweihung erfahren, wenn ich indianischem Vorbild folgend, hier oben eine Nacht verbrächte. Ob ich das wirklich wolle, fragt mich Karl-Heinrich. Ob ich wirklich ohne Angst sei? Offensichtlich ist er etwas besorgt wegen der Verantwortung, die er damit übernimmt.

Natürlich will ich es, und Angst habe ich auch nicht; vielleicht wegen meines Vertrauens, vielleicht aber auch wegen meiner Harmlosigkeit und Unwissenheit. Sogleich jedenfalls frage ich bejahend an, wann, in welcher Nacht ich hier oben sein soll? Da heißt es, in der Nacht vom Sonnabend zum Sonntag.

MERKWÜRDIGKEITEN UND VORBEHALTE

Donnerstag, den 29. Mai 1975

Im Halbdunkel des Raumes, unter einer Empore stehend, fällt mir ein Mann auf, hager und doch kraftvoll im Körperbau, mit einem seltsamen Brennen in den Augen. Es ist Günter Moser, der schon vor Jahren aus dem württembergischen Deutschland ausgewandert ist. Er gehört zur Bruderschaft. Als selbständiger Handwerker, als Maler- und Tapezierermeister hat er in den vergangenen Monaten abends und an Wochenenden für die Bruderschaft gearbeitet, mitgearbeitet an dem Tempel der

Bruderschaft, wie es offiziell und weihevoll heißt. Der anspruchsvolle Begriff ist geistig gemeint und ohne alle architektonische Verpflichtung für den Neubau, der kein Bauwerk ist mit Säulen und Kapitellen. Ein schlichtes, allerdings beachtlich großes Haus mit üblichen Türen, Wänden und einem spitzen Dach ist unter fachkundigen Händen entstanden.

Günter Moser führt uns durch die Räume, durch einen großen Versammlungsraum, ein Meditationszimmer, einen Schulungsraum, die Bibliothek. Als wir zum Mittagessen in Jennys Häuschen fahren, schneit es. „Es wird noch weiterschneien", sagt Karl-Heinrich. Ihm kommen Bedenken, ob ich die Nacht am Devils Head verbringen kann.

Um 17 Uhr sind wir schon wieder im Tempel, eingeladen zu einer meditativen Versammlung der Bruderschaft. Karl-Heinrich hat es freilich vorgezogen, wegen Unpäßlichkeit auszubleiben. Er fürchtet neue Missionsaufträge von Missis Whitby; vielleicht etwa, daß sie ihm gar noch ganz Europa übertragen will.

Im Vorraum des Tempels geraten Annelies und ich in ein allgemeines Beschäftigtsein. Mäntel werden ausgezogen und seidenschillernde Gewänder angezogen. Bis zu den Füßen hängend wirken die Kleider seltsam. Offensichtlich drückt die jeweilige Färbung den erlangten beziehungsweise vergebenen Reifegrad aus, eine Stellung, wie es scheint, in der hierarchisch geordneten Gemeinschaft. Als wir in den Saal daneben eintreten, sind die ersten zwei Reihen nur von goldgewandeten Frauen und Männern besetzt, in den weiteren Reihen folgen solche mit silbernen und weißen Umhängen. Wir beide, nur im Gewand der Alltäglichkeit, nehmen in der letzten Stuhlreihe Platz.

Vorn steht ein Tisch, mit Blumen und brennenden Kerzen geschmückt, davor sind zwei Stühle aufgestellt. Auf den einen setzt sich nun ein Mann im goldenen Gewand, Worte beginnt er zu singen, offensichtlich tibetanische Mantras, dann folgen gemeinsame Atem- und Sprechübungen, dazwischen wieder

Gesänge. Alles läuft gekonnt und einstudiert ab, dennoch — mich berührt es nicht.

Liegt es an der Perfektion, an der asiatischen Fremdartigkeit religiöser Exerzitien? Daran wohl doch nicht. Etwas Unnatürliches, etwas Künstlich-Gewolltes an all dem ist es wohl, das befremdet; auch die Absichtlichkeit, der Geltungsdrang, die spürbar sind, als Missis Whitby im hochpriesterlichen Gewand erscheint, sich auf den zweiten Stuhl niederläßt und im Duft der Blumen, im Glanz der Kerzen offensichtlich eigene, medial empfangene Botschaften verliest.

Vorbehalt und beharrlicher Abstand bleiben, auch am Abend, als wir bei Familie Moser zu Gast sind. Während uns Ute, seine hausbacken-liebenswürdige Frau mit deftig schwäbischer Hausmannskost bewirtet, ergeht sich Günter rauschhaft in Geisteshöhen. Der ganze Bücherschrank, voll der merkwürdigsten, schillerndsten Vorstellungen über Gottes- und Schöpfungsgeheimnisse ist bald vor uns ausgebreitet, und in Günters Augen ist wieder das unheimliche Brennen; es ist ein Feuer, das zu verzehren droht.

Freitag, den 30. Mai 1975

Ungewißheit bleibt — angesichts des erneut gefallenen Schnees. Wird morgen die Autofahrt zum Devils Head überhaupt möglich sein, denn ohne Fahrzeug ist der Weg einfach zu weit. Karl-Heinrich äußert verstärkte Zweifel. Mir kommt es beinahe vor, er tut es sogar mit einer gewissen Erleichterung. Ob er sich wirklich Gedanken wegen der Gefahren in der nächtlichen Wildnis macht? Eigenartig ist nur, daß ich überhaupt keine Ängste habe. Vielleicht bin ich auch zu ahnungslos, ganz im Gegensatz zu Karl-Heinrich, der diese Wildnis als erfahrener Jäger kennt.

Von Jennys Häuschen aus gehen wir am Vormittag auf einem Pfad entlang, stapfen im Schnee an tiefhängenden Bäumen vorbei. Bald ist das Häuschen erreicht, eine verwitterte Hütte, auf der der Schnee lastet. Holzstämme sind seitlich geschichtet, geschnittene

Holzstücke zum Hacken bereitgestellt. Keine Strommasten führen zur Behausung hin, keine Klingel oder Glocke fordert an der schweren Holztür zum Besuch auf. Wir, die Ankömmlinge, spüren eine Abweisung, dennoch wagen wir es, einzudringen. Ich klopfe an.

Erst rührt sich überhaupt nichts, nach erneutem Anklopfen hören wir schlurfende Schritte im Innern, dann erscheint im sich öffnenden Spalt der Tür das stoppelige Gesicht eines alten Mannes, in dem mürrische Unwilligkeit gegen eine erwachende Neugier kämpft. Den Einbruch versuchen wir wortreich mit der Feststellung zu entschuldigen, wir hätten erfahren, er zähle zu den wenigen noch lebenden Menschen, die Dr. Doreal gekannt hätten. Er könne uns sicherlich etwas über ihn sagen.

Eine Antwort geben, das will er offensichtlich, wenn er auch keinerlei Anstalten macht, uns nach drinnen zu bitten. Die eigenwilligen Gewohnheiten des Einsiedlers lassen eine Hemmschwelle entstehen. Über seine altersschwach hängenden Schultern hinweg sind sie erahn-bar im Raum hinter ihm in einem Stillleben von Wirrnis und Melancholie.

„Ja, ja", sagt er mit tonloser Stimme, er habe Dr. Doreal gekannt. Der sei jahrelang in Tibet gewesen, ein großer Mensch und Heiler war er, der überall geholfen habe. Aber religiöses Theater habe er nicht gewollt.

Antwort ist ihm das genug. Er nickt noch einmal; der Versuch eines Lächelns rührt sich um den Mund von störrischer Vereinsamung; dann schließt sich die knarrend-widerspenstige Tür. Zu Lebzeiten Dr. Do-reals, so hatten wir erfahren, sei der Mann noch Mitglied der Bruderschaft gewesen.

Karl-Heinrich erstaunt es, daß es seit heute Mittag zu tauen beginnt, plötzlich und tropfend. Wird die Nacht auf dem Devils Head doch möglich? Ich habe eigentlich wider alle Witterungsumstände nie daran gezweifelt. Am Abend nehme ich die letzte Mahlzeit ein, denn vor einer solchen Nacht, so will es indianischer Brauch, muß gefastet werden. Das Bildnis des Christus ist mir in diesen Tagen immer wieder gegenwärtig, ich sehe ihn, seine leuchtend große Erscheinung, sehe ihn an jenem Stein, hoch auf dem Devils Head.

Sonnabend, den 31. Mai 1975

Es taut weiterhin, der Schnee weicht wässrig werdend der gleißenden Sonne. Die Nacht in den Bergen ist nicht mehr gefährdet. Ich esse nichts mehr, trinke nur noch Tee.

Karl-Heinrich hatte heute einen Kontakt mit der Wesenheit von Dr. Doreal, die gab sich, so meinte er, kritisch zu der Gemeinschaft, die sich auf ihn beruft. Wir drei seien die ersten, die ihn wirklich verständen. Wir wundern uns darüber, weisen das von uns. Wir kennen nicht annähernd all seine Schriften, geschweige denn, daß wir sie studiert hätten. Aber offensichtlich ist das gar nicht entscheidend. Das Lob — daß es uns nur nicht überheblich werden läßt! Auch Dr. Doreal erfuhr das Geschick der Gründer und Erneuerer, ob es im kleinen Umfeld ist oder im großen, ob es gar um Religionen geht oder „bloß" um kleine Gemeinschaften: denn jegliche Verwirklichung ist schwer und oft nur langwierig möglich; unerwartet und unbedacht sind die Hemmnisse und Hindernisse des alltäglichen Lebens.

Am Nachmittag fahren wir zum Devils Head. Unterwegs, auf der Hochebene, von der aus die Felsenriffe schon zu sehen sind, machen wir noch einen Spaziergang. Auswirkungen des Fastens verspüre ich in erhöhter Empfindsamkeit. Gegen 18 Uhr verabschiede ich mich am Parkplatz unterhalb vom Devils Head von meinen Freunden. Während sie zurückfahren, steige ich langsamen Schrittes hinauf in die kommende Nacht.

DIE NACHT DER EINWEIHUNG

Devils Head — Nacht zum Sonntag, dem 1. Juni 1975

Es dämmert; in seiner Breite, in seiner Schwere ist der Steinquader noch deutlich zu sehen. Das kleine Bäumchen auch, das gerade wie ein Stock und oben mit buschiger Laubkrone aus einer erdhaltigen Gesteinsritze emporgewachsen ist. Im Spalt eines Felsens, sich rücklings erhebend, sitze ich. Schützende Schichten, eine Regenhaut, Lederfelle, eine sitzartige Tasche habe ich unter mich gelegt auf den schneebedeckten Boden. Eingemummt in mehrfach übereinander gezogener Kleidung sitze ich allseitig wattiert, mit verschränkten Beinen da.

Das Herz schlägt ruhiger in der Geborgenheit des Felsens. Die geradezu halsklopfende Aufregung weicht, die schon beim Hinaufstieg in die Höhe des Devils Head aufgekommen ist. Da spürte ich, schnellen Schrittes gehend, wie das Herz schlug, drängend bis zum Halse. Nicht beachtet hatte ich, daß ich ein Fastender bin. Ich mußte stehenbleiben, einige Atemzüge warten, ehe ich langsam weiterging, geruhsamer vorbei an Bäumen, Steinen, abgründigen Felswänden.

Oben angelangt, in der windwehenden Höhe, fand ich die Stätte nicht mehr, fand ich den Steinquader nicht mit dem Bäumchen darauf, wo Karl-Heinrich die Erscheinung des Christus gesehen hatte. Irgendwo stand ich verloren an einem baum- und felsbestandenen Hang, und das Herz begann wieder zu klopfen, getrieben von einer Angst. Die Angst, das war mir in aller Unbedingtheit bewußt, durfte mich weder in diesen Augenblicken noch in der bevorstehenden Nacht erfassen. Die Angst ist die größte, die eigentliche Gefahr, so sagten es weise Männer dem jungen Indianer, der ins Ungewisse der Wildnis ging, um dem Großen Geist zu begegnen. Nicht Tiere, große oder kleine sind es, nicht Nöte und Entbehrungen.

Ich wußte nur und weiß, daß ein Entschluß, nach Fügung und Prüfung gefällt, nur im Vertrauen verwirklicht werden kann; einem Vertrauen, das Ängste bändigt. So sprach ich zu mir selbst, als ich da oben in der Wildnis, in der Ungewißheit suchte, und die Angst wich, und weitersuchend, von einer anderen Seite des Hochgeländes vorstoßend, befand ich mich plötzlich an der angestrebten Stelle.

Der Steinquader vor mir ist belebt von kleinsten, moosartigen Flächen, wechselnd mit dem starren Grau des Gesteins. Still ist es, die Winde haben sich gelegt; regungslos das Bäumchen vor mir, emporgewachsen aus dem Gestein. In Erwartung der Nacht — wie oft hab‘ ich in den vergangenen Tagen an die Stätte hier oben gedacht, und die Vorstellung ist lebhaft gewesen vom Christus, der sich da gelehnt hat an das Gestein. Nun sitze ich tatsächlich davor, der Tag neigt sich seinem Ende zu und nichts, aber auch gar nichts ist mir gegenwärtig von irgendeiner Erscheinung.

Die Unruhe weicht allmählich, alle Aufregung legt sich, wandelt sich in Zustände feiner Erregung. Das Herz, fast schon ohne Angst, ohne Furcht, schlägt ruhiger, antwortet nur rege, empfindsamer auf alles - auf die Schallwellen, auf die Worte, die von draußen hereindringen. „Tom, where are you?" höre ich rufen, jenseits des Steines, hinter den dunklen, hohen Bäumen. Die Stille ist wider Erwarten unterbrochen, das webende Schweigen allmählicher Dämmerung. Touristen sind doch noch zu später Abendstunde heraufgekommen. An den Stimmen, dem gelegentlichen Hin und Her der Worte vermag ich zu verfolgen: sie, es sind wohl zwei Personen, sie gehen hinauf auf den Gipfel. Seitlich vom Pfad, abseits in die Wildnis treten sie nicht, ahnungslos um einen, der wachend dort sitzt. Still ist es wieder, doch wird die Stille gestört von der Erwartung ihrer Rückkehr. Nicht lange dauert's, da höre ich sie wieder, schnelleren Fußes steigen sie hinab.

Die Dämmerung verdichtet sich; undeutlicher, schemenhafter wird der Stein vor mir und seine felsige Schwere beginnt sich zu verlieren. Wie ein Schatten, ein lastender Schatten nur, liegt er nun vor mir, und das Bäumchen ist zum dunklen Stab geworden und seine Krone zum Schattengewebe.

Hin- und herrückend, da irgend etwas von unten drückt, mich halb erhebend, um die Unterlagen zu glätten, in der augenblicklichen Ablenkung meiner Aufmerksamkeit durchzuckt mich ein Schreck, eine Angst, ein Schatten war's, sich bewegend, dann erstarrt. War es ein Tier? Ein Raubtier doch in der Höhe, ein Raubtier sprungnah nahe ...? Die Angst, übermächtig, zusammenschlagend über mir? ... doch fasse ich mich, sammle mich im Innersten, schaue nicht nach rechts, nicht nach links, sitze bewegungslos wieder, kaum gelehnt an das rückwärtige Gestein... selbst wenn es da wäre, irgendwo seitlich von mir, so wären die Atemwellen, ruhig verströmend ohne die Verzerrung der Furcht, der einzige wirkliche Schutz. Nicht die Schlange tötet, besagt eine indianische Weisheit, sondern die Angst vor ihr; denn Angstvibrationen sind für die augenschwache, aber wellenhochempfindliche Schlange Signal zum Angriff...

Die Gefahr läßt mich reglos werden, im Vertrauen in mein Geschick. Um mich ist Stille und Nacht; ich höre nichts, keine Regung ringsum, nur der Wind weht immer wieder auf, ist mir dem Atem gleich eines un-erfaßbar großen Wesens. Ich will nicht Störung sein, der ich sitze, gelehnt am Fels, nicht Störung sein in einem Daseinsreich, in das ich eingebrochen bin. Nicht nur um des eigenen Schutzes willen in der sich vertiefenden Nacht, sondern ebenso aus einer Ehrfurcht vor dem Leben, das hier webt und waltet, bitte ich die Wesenheiten der Natur, dieser Stätte, mich aufzunehmen in ihre nächtlichen Daseinskreise. Die große Erwartung an die Nacht, immer wieder gehegt in den Tagen zuvor —, unvermittelt läßt sie das Herz schneller schlagen. „Der Christus — ob er mir erscheint? Ob er die Seele anrührt in leuchtender Zuwendung?"

Meine Sinne sind wach, überwach, und doch in einem Übergang. Ist es der vom Tag zur Nacht? Mehr eine Abwendung ist es, um einer In-wendung willen, als müsse eine Welt verblassen, hinwegdämmern, um einer anderen willen. Ich sehe sie noch die Bäume, die Felswand dahinter, aber alles verliert sich, beginnt sich aufzulösen in dunkelschweigendem Grund. Es erscheint, wie wenn ich hinwegsänke, mein Bewußtsein schwände wie der helle Tag. Aber einmal ist es das steif gewordene Bein, das mich zurückruft, ein anderes Mal der beharrlich lästige Druck des felsigen Bodengrundes. Nur Augenblicke sind es, dann spüre ich, wie es wieder alle Sinne bindet — jenes Innere, das fein-waltende Innere.

Erregung erfaßt den Geist, und ein großes, erhebendes Gefühl. Hingabe ist es, Hingabe an Gott, die mir das Wesen öffnet... die erhobenen Arme, die Gestalt eines Kelches lasse ich sie bilden; Kelch will ich sein, wie die Blume, die sich dem Himmel öffnet, Kelch will ich sein... in Erwartung offen...

Luftströme höre ich ziehen und rauschen in der Höhe der unendlichen Nacht, hoch über den mächtig schattigen Riesen, den Bergen, unter der endlosen Offenheit des Alls. Wie der Atem des Geistes muten sie an und Antwort sind sie mir, der atmenden Seele.

Jedoch: die hohe Erwartung erfüllt sich nicht; in der umwaltenden Nacht leuchtet ein Christus nicht auf, offenbart sich nicht dem Menschen, der sich ihm öffnen möchte. —Unerwartetes geschieht: plötzlich ist er da, sitzt er mir am felsigen Platz gegenüber. Ein Indianer, klar zeichnet sein Umriß sich ab in der sich offenbarenden Nacht, auch die große, ragende Feder, die er am Haupte trägt. Er schweigt, kein Wort vernehme ich, keinen Ton. Er ist nur da. So sitzen wir uns gegenüber — eine atmende Weile. Übergangslos aber ist er dann verschwunden, er, der eben noch dasaß, straff und doch gelassen, und ich nehme wahr, erfasse, spüre, daß er in mir ist. Ich selbst er bin, ich selbst ein Indianer bin, er sich da rührt, sich streckt in seinen Gliedern, sich da niederkauert in einer Spalte des Felsens, als sei er gerade vom sonnengezierten Tipi, dem Zelt seines lagernden Stammes hinaus in die herrliche Wildnis gestiegen, sitzend auf dem Berg, auf seinem in ungeheurer Weite und Tiefe geschichteten Gestein.

Indianer bin ich und Weißer zugleich!

Wandlungen geschehen in der Flüchtigkeit von Augenblicken, werden zu daseinsbestimmender Dauer. Der Jugend späte schwärmerische Weichheit, ihre schwelgerischen Neigungen vergehen in einer Nacht, vergehen in einer aus Tiefen sich gründenden Festigkeit. Eine Nüchternheit, Klarheit und Härte erfassen mich, durchdringen mich in allverwandelnder Macht, als genügten Atemzüge zu lebensverändernder Prägung, Atemzüge einer besonderen Nacht. Herbheit und Härte, Nüchternheit und Klarheit — sind sie unerläßlich im Leben, fügt sich aus ihnen in geheimen Kammern des Herzens der Kristall, in dem das Licht erstrahlt?

Etwas Unfaßbares, Schweigend-Leuchtendes, Blitzhaft-Strahlendes verwandelt mich, verwandelt die Umwelt... wirkt wie in einem Kristall des Herzens, wirkt wie in Kristallen des Berges. Sekunden sind's, in denen das Gestein des ungeheuer sich lagernden, des ungeheuer tiefen Berges, eben noch dunkel verschlossen in felsiger Mauer, sich nun öffnet; aber nicht wie ein Tor, sondern sich selber verwandelnd, ganz, als sei das Gestein im Innern des Berges, als seien die mächtigen Schichtungen des Felsgiganten nicht dunkelmassig, Blicke verwehrend, sondern durchsichtig wie Kristall, als sei da ein gewaltiges, schichtenreiches Gefüge, geradezu eine Architektur aus Bergkristall, in der plötzlich so Helles, so Schnelles wirkt.

Licht ist es, energetisch sich verdichtend in aufstrahlender Mächtigkeit, dann wieder wandernd, kaum verfolgbar rasend, plötzlich wechselnd in den Bahnen, allgegenwärtig, dann wieder hier und dort in der Höhe und Tiefe der kristallinen Gefüge wie Blitze aufleuchtend. Der Gigant, der Berg, starr und still aufragend in der Landschaft, birgt Licht, geheimes, lebendiges

Licht; ungehindert von irgendwelcher Räumlichkeit und Dichte waltet ein Unfaßbares in seinem Innern.

Dunkelheit ist in mir, die schwarze Wand eines Zwischenspiels: eine Scheibe dann, groß und schön, eine Scheibe glänzend, matt im goldenen Ton, eine Scheibe wie aus Bernstein erschaue ich. Sie schwebt und glänzt auffallend merkwürdig zur Einheit geworden im Ebenmaß ihrer Rundung. Aus unterschiedlichsten Teilen ist sie zusammengesetzt, unregelmäßig, geradezu winklig ineinander verhakt sind die reliefartig hervortretenden Stücke, so daß sich auf der Oberfläche unterschiedlichste Formen abzeichnen. Es ist, als solle veranschaulicht werden, daß nur solche Unterschiedlichkeit und Vielgestaltigkeit sich zu solch ebenmäßiger Einheit fügt und Wandlung, und das in plötzlicher, in pulsierend-leuchtender Dynamik, denn die Scheibe, eben war sie mir noch gegenwärtig im matt-schimmernden Gold des Bernsteins, denn die Scheibe, eben gab sie sich noch im Ebenmaß der starr-vielgestaltigen Einheit, da leuchtet sie auf; überhell und übermächtig ist sie zur Sonne geworden, zur lebenden Sonne, die nun strahlt... strahlt... wie für immer strahlt.

Unbestimmbar, irgendwie noch ein Übergang, ein Wechsel noch: eine Gestalt erscheint, wie aus Kristallen gebildet, flächig anzuschauen, leuchtet sie in einem milden Licht. Geometrische Strenge ist auffallend an ihr, ihr kleinflächiges Dreieck-Gebilde ruht auf einem großflächigen... Formausdrücke von Weiblichkeit gehen davon aus, an eine weibliche Wesenheit gemahnend, an eine Urmutter, an eine Frau? Aber das Bildnis, gerade erschienen, verblaßt schon wieder. Erlahmt ist die Kraft innerer Sammlung, das Spannungsfeld innerer Schau, verronnen die Zeit der Offenbarung... Nichts mehr — nur allmählich holt der Blick gewohntes Bewußtsein zurück, das sich wiederfindet, sich erinnernd in erster Orientierung. Ich blicke, blinzle mit den Augen, schaue um mich. Die Sinne, eben noch

entrückt in ein Inneres, beginnen sich nach außen zu richten. Den Felsquader sehe ich nun deutlich vor mir, den Felsquader mit dem kleinen, stockartig ragenden Bäumchen.
Wie hell der Stein ist... verwundere ich mich. Wird es denn schon Tag? Und Erleichterung erfaßt mich bei dem Gedanken, die doch so lange währende Nacht könne fast vorüber sein im grauenden Morgen. Wie schnell wäre sie vorübergegangen!

Quälende Steife ist in den Beinen. Die Füße sind eiskalt und das Gesäß, allmählich werde ich es mit Beklemmung gewahr, ist wie umklammert von Kälte und Nässe. Unbehaglich und lästig ist das, immer mehr wird mir mein Zustand bewußt, immer mehr erfasse ich meine Umwelt, und ernüchtert erkenne ich, daß es der Mond ist, der da Helligkeit verbreitet, die Helligkeit seiner widerleuchtenden Scheibe. Am Himmel ist der Mond aufgegangen, und noch für lange Stunden unterwegs da droben.

Der Sinn für Zeit ist wieder erwacht, die Lästigkeit ihrer zähen Dauer erfahre ich, im Schnee am Felsen sitzend, in dieser allseitigen Unbequemlichkeit. Keine seherische Schau entrückt mich mehr... ich sehe nur noch, was mich umgibt: den Steinquader mit dem Bäumchen einige Meter vor mir, Bäume im Hintergrund, den Himmel über mir, spüre den Felsen, an dem ich kauere, hinter mir, und den Körper und viele seiner Stellen, wo es zieht und zwackt und drückt. Mal strecke ich die Beine aus, mal ziehe ich sie an, wenn der Druck des Körpergewichtes zu stark wird, suche Entlastung durch Verlagerungen. Nur, wo sind sie, die noch ungedrückten Punkte auf dem arg strapazierten Sitzfleisch?

Auf die Uhr schaue ich nicht, bemühe mich nicht, im Halbdunkel die Zeiger auf dem Ziffernblatt auszumachen, denn es träfe mich schon, wenn die Nacht noch jung wäre. So sitze ich da in Ergebenheit und reger Selbstbeeinflussung. Irgendwann, so lehrt es die Grunderfahrung aller lichtabhängigen Geschöpfe, folgt der Nacht der helle Tag, und so muß es doch Morgen werden.

Aber die Nacht scheint zu verharren, nur der Mond wandert gemächlich, als habe er Zeit. Zwischen Bäumen sehe ich ihn matt glänzen, unterwegs ist er in einer Ewigkeit von Nacht, die da sich dehnt und dauert... dauert...

Als der Mond schließlich doch verblichen ist, als ein Hauch von Morgengrauen um mich ist, schaue ich endlich auf die Uhr. Es ist 4 Uhr 30. Es wird noch Stunden dauern, denke ich, ehe mich die Freunde unten mit dem Auto abholen, aber ich vermag einfach nicht mehr zu sitzen. Langsam erhebe ich mich, umständlich, stehe unbeweglich noch wie erstarrt eine Weile, ehe ich Schritt und Boden fassend, langsam zum Parkplatz hinabsteige.

IM STROM DES GEISTES

Montag, den 2. Juni 1975

Der Sommer flimmert in der Atmosphäre, sonnenhell — überall blüht es. Kleine Kakteen, putzig stachelige Käuze in steinig-sandiger Erde, sind in der Zierde ihrer Blüten, Sträucher rot entflammt im Kleid unzähliger Dolden. Felsbrocken ragen empor am Abgrund des Berges, dort, wo der Blick sich weitet, ausschweifen kann über die Lande, wo grüngelbe Grasmatten und Hügel sich dehnen, wellenhaft bis an den hellen Horizont.

Wir stehen auf dem Gottesberg, dem god-mountain, in unmittelbarer Nähe der Bruderschaft gelegen. Der Gottesberg ist die erste Erhebung, mit der das Hochland der Rocky Mountains beginnt, vor uns, nach Osten hin liegen die Plains, erstreckt sich die endlos erscheinende Prärie. Klarheit und Weite um mich, Klarheit und Weite in mir; mit wacherer Aufmerksamkeit schaue ich den Tag und doch in bisher unerlebter Gleichzeitigkeit ist die Nacht, ihre Nachwirkung mir gegenwärtig, ist mir gegeben die Welt des Äußeren wie des Inneren.

Untrüglich waren die Sinne daseinsmeisternder Indianer. Sinnestäuschungen waren lebensgefährlich in einer Natur, die von

Extremen geprägt ist, einer Natur, die ohne den Schutz von im Norden querverlaufender Gebirge von krasser Gegensätzlichkeit ist — heißer Sommer und eisig kalter Winter. Die Wirklichkeit, Fähigkeiten und Fertigkeiten des praktischen Lebens, waren zur Daseinsmeisterung ebenso unerläßlich wie die sich immer wieder erneuernde Begegnung mit dem Großen Geist. Aufs Äußere der Welt zu schauen wie in ihr Inneres — das war großen Indianern gegeben und doch war es ihnen, blieb es ihnen die eine ganze Erde, die alles trägt und nährt und der eine Himmel, der alles umschließt und die eine alles erstrahlende Sonne.

Als ich gestern im Morgengrauen hinabstieg vom Berg, waren mir die Gesichte der Nacht nicht gegenwärtig. Etwas mühsam, auf versteiften Beinen war der Abstieg. Unten angelangt, noch vor 6 Uhr morgens, hatte ich über zwei Stunden zu warten, ehe die Freunde mit dem Wagen kamen. Ein Frühstück genoß ich nach zweitägiger Unterbrechung, in tiefen Schlaf versank ich für Stunden, ehe ich mich erinnerte, gerufen von fragender Überlegung — dann, sich immer mehr vergegenwärtigend in lebendiger Bildhaftigkeit, stieg die Nacht mir auf. Hatte sich ihr Sinn erfüllt? Bei der Begrüßung, nach dem langen Warten unten am Parkplatz des Devils Head, muß ich Karl-Heinrich wohl zweifelnd angeschaut haben; er glaubt die Frage jedenfalls bejahen zu können, meinte aber, der Sinn dessen werde mir erst in Monaten, vielleicht erst in Jahren bewußt werden.

Ein Glück ist in mir, so still und doch so stark, und eine Nüchternheit zugleich, eine Schlichtheit. Eine Freude ist in mir, so bewegend, so leuchtend, eine Freude an allem, was da blüht, was da ist, was da fließt unter der Sonne, Bäume, Berge, Bäche; eine Liebe ist in mir wie eine große Umarmung — alle Geschöpfe, die ganze Schöpfung eines in der Liebe? Ist's die Fülle des Lebens? Ist's sein überströmender Segen? Liebe allverbindend im pulsierenden Kreislauf der Allverwandtschaft mit der Schöpfung, mit Mensch, Tier und Pflanze. Heiterkeit regt sich, erquickend wie ein Quell', und lautere Wahrhaftigkeit senkt sich ins Herz, und es vergehen die Komplexe der Bedeutsamkeiten, verwehen die Sogfelder der Ichbefangenheit, vom Ehrgeiz beherrscht, von Eitelkeit oder gar Machtsucht, und ein Klarblick, ein Durchblick weckt neues Verständnis für Schicksale, Irrtümer, für die Umwege des Lebens.

An die Bruderschaft muß ich denken, die am Fuß des Berges eine ins Hochland entrückte Heimat geschaffen hat. Ist meine, unsere Einstellung ihr gegenüber zu kritisch? Vielleicht gar ungerecht, ohne Ahnung und Ermessen um die Probleme und Unzulänglichkeiten des Daseins, die die alltägliche Arbeit am Menschen, in einer Gemeinschaft mit sich bringt? Die nüchterne Einschätzung der Bruderschaft, ganz im Sinne der Worte, die Karl-Heinrich von der Wesenheit Dr. Doreals übermittelte, ist nötig. Es ist das Wissen, die Weisheit gar, um die Vorläufigkeit unserer Zeit. Vorläufig sind wir alle, jeder auf seine Art oder Unart, und so ist es rege Dankbarkeit, die mich in diesen Augenblicken gegenüber der Bruderschaft bewegt; sie hat uns Unterkunft gegeben und Impulse.

Hart am Abgrund stehe ich, leicht gelehnt gegen einen mächtigen Fels, der einer Säule gleich aufragt! Wie herrlich weit ist der Blick über die grün-gelblichen Hügel, die wie die Wellen eines Meeres anbranden am Fuße der Rocky Mountains, durch deren Gräser der Wind fährt, stürmisch oder lind. Im Du zu stehen mit der Schöpfung, im Kreislauf mit dem großen Wir, ja, das ist Daseinsfülle, ist Erfüllung im Dienst, Glied zu sein, Glied sein zu dürfen in einer Kette, Teil zu sein in lebendiger Anteilnahme an einem übergreifenden Ganzen. Oh — möge mir solche Lebenseinstellung bleiben auch in den dunklen, den schweren Stunden.

Alles Geschaffene, die Hügel da, das Gras, die Berge und die Flüsse — alles Lebendige, die Pflanzen und Tiere —, sie alle sind nicht nur da für sich, sind da und verbunden, verwoben in einer Daseinsgemeinschaft. Um Abhängigkeiten, um lebensentscheidende Wechselbeziehungen, um Symbiose, um Kreisläufe wissen wir aus den Wissenschaften, aus Biologie, Geologie, Physik. Was wissen wir aber um den subtileren Austausch zwischen allem Seienden? Was wissen wir um den Kreislauf der Geistes-, der Seelenströme in der Schöpfung?

Die Schöpfung — ist sie nur da für den Menschen? Ist der Mensch nicht da für die Schöpfung? Steht er nicht im Dienste Gottes an der Schöpfung? Und kann Gott etwa nur ein Begriff sein, nur ein philosophisches Prinzip, da die uns erfahrbare Schöpfung bebt in gewaltigster, sich regt in zartester Lebendigkeit?

Als Naivität des Naturkindes belächelt, als schamanistischer Aberglaube verunglimpft, als Märchengleichnis verniedlicht, das wurde und wird die Schau des indianischen Menschen, sein Umgang, seine Art der Begegnung mit dem Großen Geist. Aber ist das Geisterhafte, das Gestaltenreiche indianischer Gottesbeziehung entscheidend? Ist's nicht der Strom schlechthin des Geistes, das Phänomen solch lebendiger, lebensprägender Wechselbeziehung zwischen Gott und Mensch? Ist nicht die Bereitschaft das Entscheidende, die wahrhaftige und unbedingte Bereitschaft, im Dienste eines Ganzen zu stehen und so die Wiederkehr des Einen zu erfahren?

Nach der Nacht, nach ihrer Einweihung bin ich mehr denn je bestärkt in der Wirklichkeit des Geistes, wenn auch das Geheimnis bleibt. Nur wer sich ganz hingibt, hinzugeben vermag, wird vom Ganzen erfaßt, durchdrungen von seinem ehrfurchtsgebietenden Sein über aller Lebendigkeit, das ihn sprachlos macht, wortlos in übermächtig-stiller Anrührung. Zutiefst wahr, im höchsten, im tiefsten Sinne ist es, in der Erde die Lebende zu sehen, zu erfahren; unser aller Mutter, die alles trägt, birgt und nährt, die alleserhaltende Mutter. Wie aber haben Menschen ihr unvergleichliches Antlitz verheert?

Ein Ernst, schwer und tief, ist da, verdrängt in lastenden Augenblicken die Heiterkeit. Aber die Sonne leuchtet, überall blüht es, selbst die kleinen Kakteen, die stacheligen Käuze sind sanft und leuchtend in der Zierde ihrer Blüten. Etwas Unfaßbares ist in der Atmosphäre, überall und im vielfältigsten Widerhall beschwingt es mit Zuversicht!

Meine Freunde, Annelies und Karl-Heinrich, die meine versonnene Verschwiegenheit bemerkt haben und achten, sind mit mir an einen Stein getreten. Wir berühren ihn gemeinsam, da werden uns Dreien, die wir morgen zurückfliegen ins alte Europa, Worte des Abschiedes und des Ausblickes gegeben.

„Geführt seid ihr worden an Stätten, wo sich Himmel und Erde nahe sind, Ihr scheidet nun, doch Ihr kehret zurück."

AN MIMIR'S BRUNNEN

DER „HIMMEL" DER TIEFE

Wenn ein Bergmassiv, ungeheuer lastend in Schwere und Starrheit, sich vor dem seherischen Augen wandelt, wenn das Innere des schier unendenden Gesteins anmutet wie Kristall, wenn in der Weitläufigkeit seiner Schichtungen Energien aufleuchten, Kräfte in Strahlenbündeln sich ballen, rasend wechseln wie Geistimpulse in den Labyrinthen eines Gehirns, was soll es, was kann es bedeuten? Ist die Erde beides? Materie und Geist zugleich? Ist sie zugleich Diesseits und Jenseits? Ist's nicht nur ein Märchen kindhaften Glaubens? Gibt es ein Inseits der Erde? Gibt es einen Himmel der Tiefe?

Brauchen die Schöpfungsmächte die Körperwelt des Irdischen? Sind die Elemente, ob Feuer, Wasser, Luft und Erde, — wie auch immer verwoben und gestaltet zu unterschiedlichster Substanz, sind die Stoffe dieser Erde, sind ihre Körper und Welten Träger, sind sie Gefäße, sind sie leitende Träger eines allesdurchdringenden Geistes, eines allerneuernden Stromes?

Gewiß ist: in unentwegtem Austausch, unentwegter Wechselbeziehung, im unentwegten Kreislauf besteht die Erde. So lebendig, so gesund ist sie wie die Regsamkeit ist ihrer Kreisläufe. In der Undurchschaubarkeit ihrer Vielgestaltigkeit und Vielschichtigkeit ist sie Ordnung und Wunder zugleich, eines im Höchsten und Tiefsten, eines im Kleinsten und Größten, eines in seiner Allverwobenheit unergründlichen Zusammenspiels. Und der Mensch steht mittendrin, sollte mitten in solcher Allverwobenheit sein und wahrhaft leben.

Einst war dem Menschen die Tiefe der Erde ebenso heilig wie die Höhe des Alls. Zeiten kamen und gingen, Äonen schicksalsverdunkelnder Entwicklung, und die Tiefe wurde dem Menschen zur Finsternis und flammend rot war ihm die Glut ihrer Höllen.

Sucht der Mensch, dessen Auge eher noch wandert unter Sternen am Himmel, sucht der Mensch noch die Tiefe? Was ist ihm das Innere der Erde? Was ist ihm die Tiefe ihrer Tiefen?

Neue Antworten fand der moderne, der wissenschaftlich orientierte Mensch. Die Erde, die sandig-steinige, die klebrig-dunkle, in die sich der Mensch mit handgeführtem Werkzeug allenfalls Hunderte von Metern hineinzugraben vermochte — ihr Panzer der Undurchdringlichkeit erweist sich in der Gegenwart, kilometertief durchstoßen von gewaltig rotierenden Bohrern, dünn wie die Haut des menschlichen Körpers. So dünn ist die Erdkruste, gemessen am Gesamtvolumen des Planeten, und wie eine Verhöhnung ist's menschlicher Vorwitzigkeit, — die Erdkruste ist dennoch viel zu tief, als daß sie der Mensch mit seiner Technik zu durchstoßen vermöchte.

Was in den Tiefen der Tiefe ist, was da vor sich geht, ist nicht mehr mechanisch, ist nur noch mittelbar mit dem Echolot der Wellen erfaßbar. Ausgesandt, in anders unerreichbare Tiefengründe der Erde ist die Reaktion der blitzschnellen Wellen auf getroffene und durchwanderte Tiefenregionen deutbar, läßt es Schlüsse zu über das rätselhaft Innere. Die Antworten der Wellen, in eine Graphik auf Papier umgesetzt, machen die Schalen, die Schichtungen des Planeten sichtbar: zuerst die Erdkruste, die Haut der Erde, dann fast 3000 Kilometer tief und mehr als dreiviertel des ganzen Erdvolumens umfassend der gewaltige Erdmantel; ehe dort, wo der Druck der Tiefen immer stärker, immer unvorstellbarer wird, das Innerste des Inneren beginnt, der zweifache Kern der Erde. Metallisch fest in unfaßbarer Dichte soll er sein, der innere Kern, wenn die Wissenschaft die Antworten des Echolotes richtig deutet, flüssig dagegen soll der äußere Kern sein, flüssig in glühenden Urgewalten.

Ein Atomreaktor ist die Erde im Schutz des schirmenden, inneren Mantels; ein Atomreaktor ohne tödlichen Abfall; eine Schöpfung in der Vollendung, in der lebensermöglichenden, lebenserhaltenden Bändigung von Urgewalten. Trotz aller Erklärungsversuche ist es Geheimnis geblieben, was den Reaktor Erde in Gang setzt und warum gerade in bestimmten Bereichen des Erdmantels, warum gerade da im Prozeß des radioaktiven Zerfalls das Magma pulsiert; die hitzezüngelnde Glut. In feurigen Adern durchzieht sie den Mantel der Erde, steigt empor bis in die Erdkruste, wo sich riesige Seen aus Feuermasse ausbreiten, die hier und da an der Oberfläche ausbrechen, ausgestoßen werden mit eruptiver Macht aus dem aufragenden Gestein rauchender Vulkane.

Geheimnis ist auch der Erdmagnetismus geblieben, mit den Polen im Norden und im Süden. Beim Versuch der Wissenschaft, das offensichtlich Unerklärbare zu erklären, muß ein Vergleich herhalten. Ein riesiger Dynamo sei die Erde, und ihr metallischer Kern sei ihr gigantischer Magnet. Der elektrische Strom, der im Erdinnern fließe, dieser Strom werde durch die Erdrotation quasi um den metallischen Kern gedreht und der Magnetismus baue sich auf, bilde seine weitgreifenden, alles ausrichtenden Felder der Anziehung und Abstoßung. Nicht nur das erdumspannende, das erddurchdringende, in Nord- und Südpol zusammenfließende Netz magnetischer Linien werde dadurch bedingt, sondern ebenso der weit ins All hinausgreifende Strahlungsgürtel. Wie eine riesige Acht, in den Weltraum gezeichnet, so mutet der größte der Strahlungsgürtel an, und die Erde selbst ist sein Schnittpunkt, sein Knotenpunkt als Planet.

Schwebend, unentwegt unterwegs im Kosmos steht die Erde über die weitbögigen, sogenannten Van Allen-Gürtel im energetischen Austausch mit dem All. Gleichsam über ein immaterielles Feld empfängt sie, was von der Sonne kommt. Schon auf der Wirklichkeitsebene der Physik, dort, wo noch Erscheinungen der Weltenphysis experimentell meßbar sind, ist die Doppelnatur des Seienden gegeben. Materielles ist unerläßlich begleitet von Immateriellem, Körper der Stofflichkeit von gemeinhin unsichtbaren Strahlungs- und Schwingungsfeldern, und all das in unterschiedlichster, wechselnder Spielart ein und derselben Grunderscheinung. Im Vergleich zum weit ins All ausgreifenden Strahlungsgürtel wirkt die Erde wie sein Knotenpunkt, wie seine Verdichtung in der Leibhaftigkeit des Planeten. Die Erde selbst aber ist in sich beides; ein riesiger materieller Körper und ein riesiges immaterielles, ein elektro-magnetisches Feld. Ob es kleinste Atomteilchen sind, die unbestimmbar, ständig wechselnd sowohl Partikel als auch Welle sind, ob es die Erde als Ganzes ist, Phänomene jener Doppelnatur treten auf allen Seinsebenen auf. Leben ist Polarität im Austausch solcher Seinshälften. Wenn solches meßbar, feststellbar ist auf der Wirklichkeitsebene der Physik, müssen dann nicht auch religiös-philosophische Urbegriffe und Urbeziehungen unseres Daseins, wie Körper und Geist, wie Mensch und Gott, wie Gott und Welt in neuer Erkenntnis, in neuer Schau gesehen werden?

Eingestanden: nicht meßbar ist Geist, nicht meßbar ist Gott. Aber der Mensch, so er sich wirklich mit seinem ganzen Wesen öffnet, vermag ganzheitliche Gewißheiten des Sichtbar-Unsichtbaren zu erlangen. Der Mensch gar als ein Organ Gottes, als Träger und Mittler von Geisteskräften im Kreislauf der Schöpfung: welche Größe des Auftrages, welcher Segen, aber auch welches Schicksal, welcher Fluch, wenn der Mensch der Egozentrik erlegen, solche Bestimmung verdrängt. Und dennoch: durch das Labyrinth der Jahrtausende und ihrer Irrfahrten zieht sich ein Faden, durch die Vielfalt und Verworrenheit der Menschheitsüberlieferungen hindurch leuchtet klar die ureinfache Wahrheit des Seins.

Dasein, das ist Gegensätzlichkeit der Seinspole, die dennoch in Einheit verwoben sind. Sein ist unentwegte Vereinigung und Trennung. Sein ist Kreislauf der Erde, Sein ist Kreislauf des Himmels, Sein ist Kreislauf zwischen Himmel und Erde. Sein ist Wechsel in Beständigkeit, Sein ist Beständigkeit im Wechsel. Inneres wird Äußeres, Äußeres wird Inneres. Sein ist Leben wie auch Tod, Sein ist Dasein im Diesseits, Sein ist Wegsein im Jenseits, Sein ist Ankunft und Abschied, und Ankunft ist Abschied und Abschied ist Ankunft. Sein ist Kreislauf zwischen Diesseits und Jenseits, Sein ist Kreislauf der Kreisläufe in der alles umschließenden Hohen Acht, dem Ursinnbild der Einheit und Wechselbeziehung von Himmel und Erde.

Himmel und Erde - das sind die Urpole einer urtümlichen Seinserfahrung. Heilig war einst der Himmel, heilig war einst die Erde. Heilig war die Höhe, war die Tiefe, und heilig waren die Weiten umlichteter Horizonte. Heiliges Gebot war das Gleichgewicht zwischen Himmel und Erde. Indianer lebten und vollzogen es auf ihre Weise: im ganzen Leben, im Alltag der Gewohnheiten und im Kultus der Daseinsüberhöhung und -vertiefung, in Ritus und Tanz, im Geist der Ehrfurcht und des Dienstes galt es das Gleichgewicht zu halten zwischen Himmel und Erde, im Schöpfungshaushalt seiner Kreisläufe; immer wieder zu halten das Gleichgewicht der Welt, die Symmetrie der Welt; der Welt, die in der Neuzeit aus dem Gleichgewicht zu kippen drohte, fiel oder gar schon längst gefallen war in der schauervollen, der ungeheuerlichen Vision, daß eine Sonne stürze.

Noch bis ins vorige Jahrhundert war den Ureinwohnern beides heilig: der Himmel und die unversehrte Erde, die der weiße Eroberer noch nicht betreten hatte. Überall dort, in den Weiten des Kontinentes, ob es die Stätten der Höhe waren, die aufragenden, sternennahen Berge, die Stätten umwaldeter Quellen und klarer Seen, die dunkelnden Höhlen im Schoß der Mutter Erde: überall da strömten noch verlebendigende Kräfte, überall da, wo Himmel und Erde ineinandergreifen, wo Diesseits und Jenseits sich berühren und durchdringen, wo der Mensch in Demut, im Dienst am Ganzen zwischen Himmel und Erde steht, ganz gleich, ob sich sein Geistesauge richtet in die Höhen des Seins oder in seine Tiefen...

MENSCHLICHE HALBHEITEN

Die Scheinwerfer tasten sich über die Straße. Dunkles, das bei zügiger Fahrt entgegenkommt, wird erhellt, um Sekunden später zurückzusinken in die Dämmrigkeit der Landschaft, in der schon die Ahnung ist des sich lichtenden Tages.

Wir drei: Annelies, Karl-Heinrich und ich, die den Ruf Manitous vernahmen und die ihm folgten in seinen Kontinent, in die Seinssphäre der roten Seelen, sind am frühen Morgen auf einer Straße mitten in Deutschland unterwegs, unterwegs im Auto in einem Landstrich waldreicher Berge und Hügel, mit Bächen und Flüssen, unterwegs auf Straßen, die im Verlauf der Fahrt schmaler werden, ins Abseits von Feldwegen führen. An Wiesen vorbei, die noch nebelverhangen sind, an Stämmen hochragender Bäume vorbei, streben wir drei einer verborgenen Stätte zu, einer kleinen Waldlichtung, umstanden von hohen, dunkelschönen Tannen.

Ein Turm steht da, inmitten der Lichtung; eine Treppe windet sich an der Außenwand empor, einige Stufen hoch, ehe sie im Innern des Turmes mündet. Steil führt das Treppengerüst einer Spirale gleich nach oben, auf die ringartige Plattform mit dem großen Ausstiegsloch inmitten. Da stehen wir in der Höhe der Tannenspitzen, wo zuweilen Vögel zwitschern in schwankenden Zweigen, sehen den Himmel über uns, den schmalen Wiesengrund unter uns am breiteren, am ausgewölbten Fuß des Turmes, hören Winde säuseln in Tannenspitzen und Zweigen, hören sie rauschen im ringsum sich ausdehnenden Wald.

Karl-Heinrich als landwirtschaftlicher Berater in der Gegend öfter unterwegs, vernahm eines Tages den Ruf der Stätte, so wie es ihm zuweilen in den Landen ergeht, wenn sich ihm irgendein Zeichen kündet, ein Ton, ein Signal. So fand er die Stätte, und wir, wir haben schon mehrmals hier oben gestanden: in Morgenstunden des heiteren Frühlings, wenn die Tannenspitzen sich regten im Hellgrün allerorts entsprossener Triebe, in den

Morgenstunden des nebelfallenden Herbstes, wenn nässende Dunstschwaden in den Tannen waren und füllig die lang-prallen Zapfen.

Jedoch immer, wenn wir oben sind auf dem Turm, nahmen wir jahreszeitliche Umstände mehr beiläufig, eher am Anfang oder am Ende unseres Dortseins wahr. All unsere Aufmerksamkeit ist auf ein Inneres gerichtet, eine Tiefe, die sich merkwürdig kundgetan hat in einer Wesenheit von sich wandelnder Gestalt, und die schon mehrmals zu uns gesprochen hat mit orakelhaften Worten. Im Kreise stehen wir immer, wenn es geschieht, oben auf dem Turm. Die Hand geben wir uns dann zuerst und in unserer Mitte, aufgelegt auf der emporragenden Treppensäule, liegt die Kugel aus widerspiegelndem Bergkristall.

Beim ersten Male, da wir oben standen, alle Sinne inwärts gewendet in sprechende Tiefen schauten, da verwandelte sich nach einem dunkelschweren Widerstand der Treppenaufstieg, seine kreisrunde Ausstiegsöffnung in einen Brunnen. Wasser sah Karl-Heinrich zuerst, tiefe, klare Wasser, die aufstiegen und die in der schimmernden Klarheit des Elementes Welten spiegelten; und eine Erscheinung, eine Gestalt wurde sichtbar, seltsam zwergenhaft anmutend in der leichten Beugung des feingliedrigen Körpers, erschien sie mit langem, schlohweißem Bart, und aus dem hohen Haupte, bedeckt von einem runden, spitzen Hut, schauten stechend klare Augen, in denen die Macht war eines allesdurchdringenden Blickes.

Geiserich nannte er sich bei jener ersten Begegnung. Auf riesige Folianten, offensichtlich in Leder gebunden, deutete er hin mit seltsam aufblitzenden Augen. In Stabreimen sprach er dabei, schnell mit hellem Geiste, so schnell daß Karl-Heinrich oft nicht zu folgen vermochte. „Gern gebe die Gabe ich weiter - die Lehren der Alten", den Satz vernahm er ganz.

Auf Wände verwies er, auf Wände, die ausgefüllt waren mit riesig-endlosen Schränken, auf winzige Blättchen deutete er hin mit gestisch sprechendem Finger; auf unzählige Blättchen wies er, die in den Fächern der endlosen Schränke lagen. Seelentupfer seien es, sagte er bedeutsam, Menschen zeichneten sich da ab, Fahrten und Irrfahrten ihres Lebens. Immer wieder, in den Abständen der Zeit, sollten wir drei an den Turm kommen, sollten wir drei Wissen und Einsichten schöpfen an der Urquelle.

Die Gnade seines Lebens, die vergeude der Mensch, heilig-heiligendes Mitschöpfertum an der Schöpfung sei ihm gegeben. Er aber zerreiße sich in der Uneinheitlichkeit seiner Widersprüche, verliere sich in der Unstetigkeit seiner Ablenkungen, lasse sich verlocken und verleiten von eintägigen Wünschen, eintägigen Absichten, eintägiger Befriedigung. Er nutze nicht das Leben, steigere es nicht in der Spannkraft eines großen Bogens; schwächlich und selbstgefällig erliege er der Ungeduld und ihren eigenmächtigen Anmaßungen. Auf Abwege begebe er sich, in Sackgassen verliere er sich, aber er gehe nicht den langen Pfad seiner Vollendung.

Eine Halbheit sei der Mensch, gleiche der Halbheit eines Kreisbogens, wenn er geboren werde. Der Halbkreis sei ihm mitgegeben in der Anlage seiner Wesensveranlagung. Die Ganzheit seines Daseinskreises solle er erlangen, einer Vollendung Spur erreichen im herzschlagenden Leben auf Erden.

Wie sich die Erde mit ihrem Schutzschild abschirme gegen schädigende Strahlungen aus dem All, so solle es der Mensch mit dem Schutzschild seiner Aura tun, die Hydra der Einfälle und Einflüsse bewältigen, sie sondern, im Innern verarbeiten. Gleich einer Vase sei der Mensch, an deren Außenrundung sich die klaren und wahren Bilder niederschlagen des gemeisterten Lebens.

Innen aber sei der Mensch Gefäß, Gefäß dem lebendigen Geist. Vollbringe der Mensch solche Vollendung, ganz gleich welcher Art und Bedeutung, so erlange er wahre Freiheit, den Schrecken verliere der Tod, nur noch großer Wandler sei er im ewigen Kreislauf, im Übergang in ein anderes Sein.

Seht die Tiere, so sprach Geiserich, Arten gibt es, die spüren, alt geworden die Nähe des Todes und geben sich ihm hin wie einem Schlaf. Elefanten gehen in die Sümpfe und ergeben sich in Frieden dem großen Vergehen.

Der Mensch aber hanget im Krampf der Angst an seinem Körper, in den Übergang des Todes ergebe er sich nicht. Er schrecke davor zurück, ein Gefangener seiner Verblendung und Furcht, er nehme lieber auf sich Erstarrung und Siechtum, den Tod des erloschen-verlängerten Lebens, als daß er in der Reife der Zeit den Tod als Vollender erwarte, als den Übergang. Der Mensch verdränge den Tod, weil er das wahre Leben verdränge. Untrügbar aber sei die Wahrheit: Fortschritt der Seele, Läuterung, Wandlung sei nur möglich im blutvoll-wahrhaftigen Leben; sterbe der Mensch, dann falle das Leben, seine spannungsvolle Polarität zusammen in ein bleibendes Sein und Wandlung sei erst wieder möglich in einem neuen Leben.

Geiserich sprach nicht so, Wort für Wort, doch ganz und gar sprach er im Sinn all der Worte. Schlüsselsätze sagt er, knapp und herausfordernd, in Frage stellt er Denkgewohnheiten, erstarrt im Zwang der Dogmen. Neue Horizonte eröffnet er, neue Zusammenhänge wirft er auf. Sätze orakelhaft und widersprüchlich sagt er, zum Ergründen nötigend: „Der Mensch ist nur ein Schatten seines wahren Selbstes." „Nicht sterben, nicht leben kann der Mensch." „Im Tod ist er, was er im Leben geworden.“

DAS GEBET — ANDERS GESEHEN

So sprach sie, die eigenartige Wesenheit, so spricht sie, wenn wir drei ihre Begegnung erfahren, hier oben auf dem Turm. Und in der aufdämmernden Schlüssigkeit eines neu angestoßenen Daseinssinnes erinnere ich mich, daß wir zutiefst nachdenklich geworden, Fragen stellten bei der ersten Begegnung.

Ein Geschehnis, seine Schreckensbilder waren mir noch brennend im Sinn: fliehende Menschen, gehetzt von Landsknechten. Erstaunt und betroffen zugleich hatte es Karl-Heinrich erschaut, hatte er den dunkel-schweren Widerstand der Stätte erfaßt, bevor sich die Seelen-Wasser glätteten, bevor der Turm zum spiegelnden Brunnen wurde.

Männer, Frauen, Kinder aus umliegenden Dörfern in die Wälder geflohen, zum schützenden Turm hin und dennoch hingemordet, grausig gefoltert, geschändete Frauen, Mädchen im Dreißigjährigen Krieg, irgendwann in der entsetzlich langen Zeit, als Europas Mitte ohnmächtig zum Schlachtfeld wurde, als die Fronten verfallen waren und räuberische Soldatenbanden die Lande verunsicherten. Damals sei es geschehen, so wurde es Karl-Heinrich kund, der Bann des unbewältigten Grauens, er läge noch auf der Stätte, die wir ahnungslos betreten hätten.

Die Schrecken des Sterbens, wirkend über den Tod hinaus? Aus tiefen Abgründen eines ungeheuerlichen, eines zum Banne gewordenen Geschicks waren die Indianer aufgestiegen. Worte der Erlösung hatte Karl-Heinrich damals gehört, nun erneut Ähnliches am Turm und gemeinsam hatten wir sie gesprochen und Lösung schienen sie zu bewirken, Lösung vom über Jahrhunderte wirksamen Bann... eine Befreiung vielleicht den qual- und leidumschatteten Seelen.

Solches Schicksal war mir brennend im Sinn und dazu die beunruhigende, unheimliche Frage: Haben wir Menschen nur den Tod verdrängt, haben wir nicht auch das Jenseits der Toten ins Vergessen geschoben? — So begann ich, mich vortastend ins uralte Neuland der In-seits-Welten, zu fragen, als wir oben standen auf dem Turm, die Kugel aus Bergkristall in unserer Mitte.

„Können Lebende den Verstorbenen helfen?"

„Im Kreislauf sind alle, Lebende werden Verstorbene sein, Verstorbene die Lebenden. Warum die drei Tage nach dem Tod eines Menschen, bevor sein Leichnam bestattet wird? Warum die uralte, von Euch vergessene Sitte, für den Verstorbenen im Hain der Ahnen einen Baum zu pflanzen?

Die Lebenden brauchen die Ahnen, und die Ahnen die Lebenden. Die Seele, verwirrt oft nach dem Tode, wie oft bedarf sie des seherisch-priesterlichen Geleits zur Brücke hin, wo sie der Seelen-Engel empfängt.

Tut es in Liebe, gebet Eure Odkraft, Eure Lebensenergie, aber bleibet nicht im Banne schmerzfesselnder Trauer."

Die uralten Totenkulte fielen mir ein, an die Beigaben der Nahrung mußte ich denken, die einst mitgegeben wurden den Verstorbenen auf ihrem Weg ins Jenseits. So frage ich nach:

„Warum gaben sie Nahrung mit den Verstorbenen?"

„Seht nicht das Äußere, seht das Innere. Nahrung ist Sinnbild und Kraft zugleich. Kraft sollt Ihr geben den Verstorbenen, so bleibt Euch, den Lebenden, der Rat der Ahnen.

Kraft sollt Ihr geben dem Alleinen der Schöpfung!

Kraft sollt Ihr geben dem Gott in Euch!

Kraft sollt Ihr geben dem wegweisenden Gewissen!

Der uralte Sinn ist es des Gebetes ... Des Gébet." — Erstaunt über die veränderte Betonung des Wortes, die den Sinn des Wortes so grundlegend verwandelte, fragten wir:

„Gébet — was heißt es, wenn das Gebét zum Gébet wird?"

„Gebet Euch Gott, öffnet Euch dem weisen Wesen des Innern, gebet Euch in Dankbarkeit für das Dasein und begleiten wird Euch Segen auf Eurem Wege, im Bund mit dem Höheren werdet Ihr vollenden können den Kreislauf Eures Lebens, wird der Halbkreis sich erfüllen in einem vollendeten Kreis."

„Warum ist solche Vollendung des Menschen wichtig?"

„Das Eine hanget am anderen im untrennbaren Zusammenhang. Organ ist die Menschheit der Gottheit, aber das Organ hat sich verweigert seinem Schöpfer", das sagte Geiserich zu uns und Karl-Heinrich gab es wieder, und die Schwere einer ungeheuren Schicksalshaftigkeit war spürbar in den Worten, und Sätze folgten, sich in der Erinnerung formend im Wehklang eines tiefen, unermeßlichen Bedauerns:

„Warum habt Ihr Menschen das Heil verdrängt, das doch ist Diesseits und Jenseits zugleich. Warum habt Ihr Menschen verdrängt, die Wesen und Mächte der Höhe und Tiefe, die doch eins sind in Gott?"

Einst, in einer Urzeit, so erscheint es, da war der Mensch Geschöpf und Schöpfer zugleich, da blieb er Kind, da er Meister wurde und doppelgesichtig war er; gleich dem Janushaupt schaute er in Diesseits und Jenseits, in Demut und Herrlichkeit zugleich war er Mittler zwischen Himmel und Erde, Wandler der Kräfte, die da strömen und kreisen zwischen Höhen und Tiefen. So hielt er, Kind Gottes und dennoch Meister, das Weltnetz in Händen, so hielt er die Waage ... einst, einst war es wohl so, bevor ihm entglitt das Weltnetz, die Weltenwaage fiel aus dem Gleichgewicht. Und erneut brachen sie hervor die Sätze der unermes-senen Tragödie:

„Warum, warum habt Ihr Menschen die Mächte der Wurzeltiefen verbannt? Warum wurde die Nacht der Tiefe zur höllischen Finsternis? Warum gabt Ihr auf den Himmel der Tiefe? Die Wurzelmächte, die Schar unzähliger Scharen, hätte die Menschheit genährt zu aller Wohlergehen. Das Märchen von den helfenden Zwergen —, habt Ihr es jemals verstanden?"

Die tiefgründig-schicksalsschweren Worte hatten wir drei Menschen vernommen. In tiefer Nachdenklichkeit gingen wir davon und blieben tagelang befangen in ahnungsvoller Verwunderung.

BEBENDE ERDE UND BEBENDER MENSCH

Ein anderes Mal - der Herbst ließ dürre Blätter fallen - da standen wir wieder oben auf dem Turm, und wieder war die Öffnung des Treppenausstieges gleich einer wässrig-schimmernden Brunnentiefe und wieder erschien Geiserich. Aber nicht auf Bücherwände, nicht auf Karteischränke wies er, auf Wasser deutete er, die trugen Bilder. Mit gestisch betontem Arm und spitzem Finger wies er auf sie... Ein Baum stand da, riesig, erschreckend riesig und hoch, und gewaltige Stürme fuhren in seine Krone und Blätter, unzählige Blätter fielen ...

„Die Erde bebt, die Menschheit bebt, und im Schüttern der Schöpfung wird sichtbar und wirklich der Geist, und er wird sein wie Blitze erhellend die Finsternis... und alles Fallende, alles Stürzende wird Humus sein, den Blättern gleich. Seht die Erde, im Blitzschlag des Geistes erneuert —, aus zerstörter Krume quillt neues Leben hervor."

Schwer trage die Natur an der tödlichen Bedrängung des Lebendigen — und doch, schon seien Pflanzen, Tiere offen dem Neuen, einfach seiend und dadurch wahrhaft lebend und dadurch offen den Strahlungen einer neuen Strahlung, den Schwingungen einer neuen Schwingung. Die Natur, die Schöpfung Erde stände schon in der Wandlung, die dem Menschen, dem unstet, zweifelnd — suchenden Menschen noch bevorstehe ... Erfaßt vom Neuen, bäume sich die Erde auf gegen Verheerungen von Menschenhand. Gleich dem menschlichen Körper, so sei auch die Erde von einem Nervensystem durchzogen, unendlich feine Fäden reichten überall hin... Aber zerrissen sei das Nervennetz an vielen Stellen, in vielen Bereichen und Krebsgeschwüre wucherten da in verhängnisdüsterer Störung... Aber dagegen kämpfe an der gesamte, noch heile Erdkörper mit allen neu-erstarkenden Kräften.

„Ihr Menschen werdet die Folgen spüren, ein jeder im Großen und an sich selbst."

„Wie sollen wir das verstehen?" fragte Karl-Heinrich damals, als er zusammen mit uns zum zweiten Mal auf dem Turm stand, als er dort geschlossenen Auges sehend war.

Und Geiserich antwortete: „So wie die Erde Kämpfe im Großen erfahre, so werdet Ihr Kämpfe an Eurem Körper erleiden. Beben werde die Erde und schwanken, Bäume und Felsen werden stürzen, Wolkenkratzer und Fabrikschlote, Fluten werden sich auftürmen, die Glut der Lava werde hervorbrechen aus den

Tiefen; eine Zone der Eruptionen werde sich gleich einer Linie über das Antlitz der Erde ziehen."

„Wann wird es sein? Wird es noch zu unseren Lebzeiten sein?" Ich frage es, beuge mich leicht, Antwort erhoffend vor ans Geländer, oben auf dem Turm am Treppenausstieg.

„Ein Datum ist es nicht, es ist eine Folge von Geschehnissen. Erstarret nicht im Schrecken, das Schreckliche ist nur Übergang. Seid in der Zuversicht des neuen Lichtes. Der Sonne zu wird sich aufrichten die Erde, der Sonne zu wird sich aufrichten der Mensch. Bedenket den Zusammenhang zwischen Mensch und Erde. Der Mensch ist untrennbar verwoben mit der Mutter Erde, im Heil wie im Unheil ..." von der Stätte solcher Eröffnungen — wieder gingen wir hinweg, zurück in den Alltag, in unsere Alltagskreise von Beruf und Familie. Am Wissen der großen Andeutungen trugen wir schwer, jeder auf seine Weise. Ich aber, der Redakteur und Journalist, dessen Beruf das Erfragen ist, begann die schicksalsgewichtigen Aussagen überdenkend, anzuzweifeln, ob der Name jener sich kundtuenden Wesenheit wirklich nur Geiserich ist. Zwar mag der Geysir, so erwog ich, in dem Namen verborgen sein, die Quelle der Tiefen, die aufschießt im kraftvollen Wasserstrahl. Aber mein forschender Sinn dachte, ob der Name des Geiserich nicht einen anderen verhülle, einen von vertrauterer, von noch tieferer Bedeutsamkeit.

Frühling war es. Die Sonne stand schon leuchtend über dem Horizont. Die Tannen hatten sich verjüngt in zart-grünen Trieben. Die Natur erwachte im Morgen singend-zwitschernder Vögel, da waren wir drei zum dritten Male auf dem Turm, zum dritten Male schauten wir hinab in seine mauerumschlossenen, seine sich wandelnd-verwandelnden Tiefen.

Geiserich erschien, deutete lebhaft auf das grünende Erwachen des noch jungen Tages und begann langsam zu sprechen ... und Karl-Heinrich wiederholte, mit kurzen Stockungen horchender Aufmerksamkeit:

„Eins zu sein
mit Tier und Pflanze,
ist das Ganze,
dieses wisse
und dann strebe
und erhebe
Dich zu Gott."

Die Stimmen der Vögel, die Stimmen der Tiere — einst waren sie dem Menschen Stimmen der Schöpfung. Tag und Nacht waren sprechend im steigenden und sinkenden Lichte, sprechend war die Sonne und der Baum, der sich im Winde regt. In Allverwobenheit mit der Natur war der Mensch, in Allbeziehung lebte er, wirklich seiend, im pochenden Kreislauf des Blutes, und sein Blut war rein und tief, und so schaute der Mensch in Tiefen der Schöpfung hinein, ins Werden ihrer Vergangenheiten, ins Werden ihrer Zukunft.

„Blut, Ihr wißt es doch, Blut ist ein ganz besonderer Saft. Es gleicht dem Magma, das die Erde durchzieht."

„Was war in der Vergangenheit? Was war am Anfang der Schöpfung?"

„Am Anfang", erwiderte Geiserich, „war Moor, Moor und Nebel. Und die Hand Gottes kam und da, wo sie berührte, da begann es zu sprudeln, und Blut quoll und das Leben war in ihm, und das Leben en wickelte sich aus ihm. Ein winziges Tröpfchen davon ist noch in jedem Geschöpf."

„Ist der Mensch ein Geschöpf der Erdentwicklung, entstammt er bloß der Evolution der Arten?" —

„Geschöpf ist er der Erde, Geschöpf ist er des Himmels. Ihr sprecht vom Gottesfunken, der im Innern leuchtet... Im Kreislauf müssen sein Blut und Gottesfunke... Gottesfunke und Blut im Geiste der Liebe ..."

Urplötzlich war es wieder gegenwärtig, bei Geiserichs Worten erinnerte ich mich an den See, an den Bärensee in den Rocky

Mountains. Gegenwärtig war mir, wie wir drei dort oben an den Steinen gestanden hatten, wie wir wissend und unwissend zugleich, einer inneren Führung folgend, jenen Kreislauf im Menschen umgestellt hatten. Und ich hörte die Worte wieder in mir, Worte, die wir damals gesprochen hatten.

„Wir leiten um den Kreislauf im Menschen, bisher war er so eingestellt, daß das Licht des Hohen Geistes nicht in den Kreislauf des Menschen eintreten konnte. Der Mensch aber der Zukunft wird die Sonne wahrhaft erschauen."

So frage ich, eingedenk der herausfordernd seltsamen Worte: „Wie aber ist der Kreislauf vor der Umkehrung? Wie ist der Kreislauf, der den hohen Geist ausschließt?"

„Verstand und Trieb — der Kreislauf im Ungeist der Selbstsucht."

„Sind alle Menschen davon geprägt?"

„Nein, aber die Menschheit steht und lebt im Banne dessen."

„Sind Worte nicht Schall und Rauch? Wie können wir mit bloßen Worten den Kreislauf umkehren?"

„Am Anfang war das Wort, das wahre Wort ist Geist, ist Licht, ist alles durchdringender Ton... Nichts seid Ihr allein, doch alles seid Ihr im Bunde mit uns in der Höhe und Reife der Zeit... Bilder sollt Ihr bilden im Bunde mit uns, Tonbilder des Innern. Alles Neue beginnt so ..."

„Wie wird es sich auswirken?"

„Scheiden werden sich Mensch und Masse, der Mensch aber bleibet nach Tagen der Reinigung, Ihr kennt die biblische Geschichte vom Roten Meer, von dem Zug der Gerechten durch das geteilte Meer. Aber erkennt Ihr den wahren Sinn des Gleichnisses?

Das Meer des Blutes, in dem die Menschheit lebt — das ist das Rote Meer und seine Teilung, das ist die Scheidung der Großen Wende. Der Mensch scheidet sich von der Masse und zu neuen Ufern geht der Mensch im Zuge der Gerechten."

„Wer gehört zu den Gerechten?"

„Jeder, der wahrhaft Mensch ist, der da folgt der wahren Stimme in sich und den Pionieren einer neuen Zeit. Pioniere sind sie, ihrer Völker, ihrer Rasse..."

„Da es so weltweit ist, bist Du bereit, uns Namen zu nennen?"

Von den Gelben, sprach Geiserich, und er sagte, nicht Mao Tse Tung, der chinesische Politiker, sei es gewesen, durch die Selbstverfallenheit, die Selbstvergottung sei er gefährdet... ein anderer sei es, der hinter ihm gestanden habe, der ihn gewiesen habe... und Karl-Heinrich buchstabierte so etwas wie Hsi Sing, unsicher, ob er den fremden Namen richtig vernommen hatte...

Von einem alten, sehr alten Mann sprach er, auf die schwarze Rasse angesprochen, der habe zu den Weißen rege Beziehungen, ein Heiliger sei er für die Schwarzen und nur verhalten, in ehrfürchtiger Scheu werde sein Name gesprochen ... Ohmba... Ohmba nur flüsternd werde er gesagt...

Und Geiserich sprach von der „Butterblume", einer herzensklaren Frau und besondere Anteilnahme war spürbar, durch Schriften und Aufrufe sei sie in kleineren Kreisen bekannt... sie sei Pionierin der Roten Rasse...

„Und die Weißen, wer ist Pionier der Weißen?"

Karl-Heinrich schwieg. Wir warteten in der Stille des leuchtenden Morgens. „Er schweigt", sagte er, „nur Dunkelheit sehe ich, und in der Dunkelheit den Umriß eines Schattens." Und fort fuhr er nach einer Weile des Schweigens. „Ah ... eine Perlenschnur sehe ich nun, wunderschön, sie schimmert wie eine Lichtspur in der Dunkelheit. Jede Perle", so sagte er nun, „vertritt einen Vorläufer, einen Wegbereiter dessen, der da lösen wird den gordischen Knoten der Weißen, der da einen wird Europa in der Mitte, die sich wiederfindet. Es ist die Wiederkehr des Einen."

„Wann wird das sein?"

„Ein Buch, ein riesiges Buch schlägt er auf, und die Seiten, die offen liegen sind rot... sind rot... und er weist auf die beiden

Seiten... er weist auf sie... dies wird die Stunde sein... die Stunde der Großen Wende ..."

Ergriffenheit, übermächtig, Verwunderung, sie hatten in mir gewirkt, hatten mich noch aufmerksamer gemacht. Mit erregtem Geiste der Erscheinung Sinn ergründend stand ich da. Blitzartig durchschossen mich Gedanken, wurden zu Bildern, lebenden Bildern uralter Überlieferung. Wasser kamen auf im Quell sprudelnder Eingebung: ein Brunnen tief umschloß die Wasser, eine Gestalt saß daneben, und wenn ihr weisheitsmächtiges Auge auf den Wassern ruhte, dann spiegelten sich darin die Welten der Welt, kund tat sich auf gläsern schimmernder Fläche das Wissen der Erde, das Wissen um ihren Erdenlauf...

Gab nicht Odin, Vater des Menschengeschlechtes sein eines Auge hin um des Wissens der Tiefe willen? Ist Odin nicht überliefert als der Einäugige, als der, der da schaut mit dem linken Auge nach außen in die irdische Welt, mit dem rechten aber, dem entschwundenen Auge schaut er nach innen. Ist so der Mythos der Einäugigkeit zu deuten? Oder ist er kosmisch zu verstehen? Odin als Schöpfungsvater der Himmel, der hingab das eine Auge, um zu erfahren, zu erleben der Erde Tage und Geschicke? Wäre dann nicht sein eines Auge die Sonne, leuchtend im All und nicht sein anderes die Erde, der blaue Planet....

Zurückgelehnt hatte sich Karl-Heinrich an die uns umschließende Mauer, hier oben auf dem Turm. Er stand versonnen da, in schweigender Abwesenheit. Hinter ihm, nahe heranreichend und beinahe mit ausgestrecktem Arm greifbar, waren die Tannenzweige im hellen Grün frischer Triebe. Noch zarter muteten sie an im Sonnenlicht.

Heller noch war der Mittelpunkt unserer Dreierrunde, aufblitzend eine erstrahlende Mitte, die all unsere Aufmerksamkeit fing. Ein wenig hatte ich mich vorgeneigt, der Kristallkugel zu, die wie immer bei solchen Zusammenkünften auf dem emporragenden Treppenpfahl lag und da ruhte, und die eben widergeleuchtet hatte im Einfall der höher steigenden Sonne.

„Wer, Geiserich", so frage ich mit einer Stimme, die gedämpft war in der Spannung einer Tiefgründigkeit, „wer bist du wirklich? Wie ist Dein wahrer Name? Nur Mimir, der Weise am Brunnen der Erdes-tiefen, nur er scheint mir so wissend zu sein wie du. Bist Du Mimir?"

„Er richtet sich auf." Karl-Heinrich, der eben noch schwieg, in sich versunken dastand, richtete sich selber auf, in wachsendem Erstaunen ahmte er nach, was er mit seinem dritten Auge gewahrte. „Er richtet sich auf... Geiserich, der sonst gebeugt, leicht gebeugt erschien, er erhebt sich ... schaut wie in unendliche Weiten ... Mimir, so nannten mich die Menschen einst... Here Mimir nannten sie mich..."

Begeisterung, jäh durchfuhr sie uns, Freude, erhellende Freude bewegte uns, und eins, uns einig im Glück solcher Begegnung sprachen wir drei wie mit einer Zunge.

„Here, Mimir, wir grüßen dich, Here Mimir, wir danken Dir."

Da sagte er es erneut, mit erneuter Betroffenheit nahm es Karl-Heinrich wahr, daß erneut gefallen war der ungeheure Schatten.

„Warum habt Ihr Menschen uns verbannt? Seit Jahrtausenden aus Eurem Sinnen und Trachten verbannt? Helfen wollten wir Euch? Euch fördern? Warum habt Ihr uns aus eurem Dasein verbannt?"

„Wie findet der Mensch zu Euch?"

„Laßt fallen die Gerüste Eures Verstandes, sie vergittern Euch das Auge, bewahrt Euch den Verstand, aber klammert Euch nicht an seine Gerüste... überwindet Zerrissenheit und Teilung, die Euch Menschen beherrschen. Zeit, Eure Zeit... welch ein Greuel.

Das Ei — das seiende Sein hat der Mensch verloren... das Z zerreiße nur, und das T, es teile. Also nehmet das Z hinweg und das T am Ende, und das Ei des Seins liegt vor Euch. Das Ei, das da heißt: es ist, es ist, es ist."

An jenem Frühlingsmorgen waren wir drei Menschen zutiefst vom Ereignis erfaßt und geprägt hinweggegangen.

„Welch ein Bild war das"? immer wieder, in noch fassungslosem Erstaunen, wiederholte Karl-Heinrich die Worte. Irgendwie klein habe er Geiserich vorher gesehen, aber als Mimir erkannt und angesprochen, da sei er, der sich Aufrichtende, so anders geworden ... Irgendwie größer sei er ihm plötzlich erschienen, übermächtiger, unfassbarer.

ANFECHTUNGEN DER SKEPSIS

Es war offensichtlich. Die märchenhafte Gestalt mit dem weißen Bart und den kristallhaft stechenden Augen war Karl-Heinrich in ihrer Faßbarkeit entrückt worden. In eine Unfaßbarkeit war sie aufgegangen, in den Urgrund eines nur erahnbaren Zusammenhanges.

„Eine Urwesenheit der Wurzelmächte ist es, eine Urwesenheit, die alles schaut, was gewesen ist, und das, was werden wird", das sagte er noch und ein Erstaunen, eine herb-verhaltene Ehrfurcht schwang in seiner Stimme.

Eine Urwesenheit, die alles schaut, was ist. In Tagen und Wochen danach gingen mir die Worte, ging mir die Begegnung nicht mehr aus dem Sinn. Immer wieder, kürzer oder länger, erregter oder geruhsamer, kämpfender und drängender in der Auseinandersetzung, ringend schließlich und grübelnd gar kreisten meine Gedanken um die Erscheinung der Tiefe.

Zuerst war's Begeisterung über das Erkennen und über den Widerhall der Urwesenheit - die Freude darüber war der Anstoß zu Überlegungen. Jedoch dann in der Redaktion der Tageszeitung, am Schreibtisch, dort, wo sich die Nachrichten häufen aus Politik und Wirtschaft, aus Städten und Gemeinden, wo Bürgerwünsche und -klagen gesichtet und veröffentlicht werden, wo über Pläne zur Infrastruktur, über ihre Realisierung berichtet wird, wo Kopf und Hirn der Redakteure Spektren der Aktualität reflektieren, wo Geistwesen im Bewußtsein des Feuilletonredakteurs ihr mythisches Haupt nur auf der Theaterbühne erheben, nur als Kunst und Gleichnis, nur als Gestalten der Phantasie oder überholter Menschheitsnaivität, da, im Spannungsfeld solcher Anfechtung entbrannte ein Kampf, ein von Zweifeln getriebener, peinigender Kampf.

Here Mimir, den wir so unmittelbar, so wirklich erlebt hatten, nur eine Fiktion, ein Traumbild nur, gespenstisch und flüchtig wie Nebel? Mich quälten solche Gedanken und doch offen für neue Erkenntnis und Deutung, rang ich mit meinem ganzen Wesen darum, mir wissender und nüchterner, mir kritischer die Wirklichkeit und Wirksamkeit solcher Schöpfungsmacht zu erschließen, in Ehrfurcht und Zuwendung bleiben zu können zu Here Mimir.

Die Kollegen schwiegen; wie konnten sie sich auch äußern, da mein Mund hermetisch verschlossen war, dennoch — die Gedanken ihrer Einschätzung glaubte ich zuweilen hinter selbstsicherer Stirn zu lesen, die leicht spöttische Verwunderung etwa über den sonderbaren Kauz in ihren Reihen, ein Lächeln verhaltener Ironie umspielte dann ihre Lippen.

Das naive Kind, unzweifelhaft erfüllt vom Märchen solcher Begegnung — längst war ich's nicht mehr im vorgerückten Alter, im beruflichen Umkreis einer allbrüchigen Intellektualität, wenn ich auch oben auf dem Turm wie entrückt war und wurde in den Zustand der Kindheit, so wurde ich hier, in der Redaktion, immer wieder jäh aus ihm herausgerissen. Versunken in tiefem Sinnen, in grübelnder Schwere, noch gebannt auf den Sessel am Schreibtisch saß ich dann öfter noch da, wenn die Kollegen längst schon gegangen waren. Den Kontrast, das Umfeld der Redaktion brauchte ich immer wieder für lösend-erlösende Erkenntnis.

Zweifelnd dachte ich eines Tages: die Bilder, die Karl-Heinrich mit innerem Auge gesehen und geschildert hat, gehören doch eigentlich der Welt des Menschen an. Die riesigen Bücher, die lederschweren Folianten, die das Weltenwissen des Here Mimir enthielten, waren aufgereiht in schier endlosen Regalwänden. Und Mimir selbst stand davor wie ein hochgelehrter Bibliothekar, wenn auch in der Seltsamkeit des spitzen Hutes, des schlohweißen Bartes, der gestisch betonenden Hände. Offensichtlich aber wie eine leibhaftige Gestalt, der es zuzutrauen ist, daß sie Bücher herauszuziehen vermag, sie schlichtweg aufzuschlagen. Und was ist mit den Kärtchen, die da aufbewahrt werden in Riesenschränken? Was ist mit der Unzahl der Blätter, in die da eingraviert sein sollen die Daten von Menschenseelen? Gemahnen sie nicht eher an ein simples Einwohnermeldeamt?

Warum so schlichte Bilder, warum solche Einfalt der Darstellung? Welcher Erwachsene ist so naiv, als daß er Bibliotheken, Karteischränke in Erdestiefen wähnen könnte, benutzt gar von einer irgendwie gottähnlichen Wesenheit? Wäre da nicht der Computer das zeitgemäßere Bild? Ein Riesencomputer etwa, in dem sich das gesamte Wissen der Menschheit speichern ließe, so winzig sind die Chips, die elektronischen Steuerungselemente geworden. In schier unzählbaren Folgeketten, in unüberschaubarer Dichtigkeit der Anordnung könnten sie alles fassen, was dem Menschen faßbar ist in Daten, in Formeln, in Schrift und Bild.

Und wie mit dem Zauberstab so könnten Finger, die über Tasten gleiten, jegliche Frage stellen, und die Antwort erschiene mit Lichtschrift geschrieben auf dem grün-schimmernden Bildschirm des Terminals, ja, wenn's nicht die Kosten, wenn's nicht die Zweckmäßigkeit verwehrte, verquickt mit einem Video-Archiv könnten aus Vergangenheit und Gegenwart die Größen und Flitterwesen der Weltöffentlichkeit gestenreich auf dem Zauberschirm der Technik erscheinen.

Warum also die Einfalt, die Altertümlichkeit solcher Bilder? Grübelnd, in der Schwere und Lähmung gefangen ungelöster Fragen, saß ich wieder am späten Abend in der vereinsamten Redaktion, versonnen, immer wieder nachsinnend, ehe mir im Lichte aufdämmernder Einsichten mehr und mehr Beweglichkeit der Gedanken wurde und die Erleichterung erster Antworten. Der zweidimensionale Bildschirm, so überlegte ich, auf dem die Dreidimensionalität der zeiträumlichen Welt flimmert, sie ist dem Menschen selbstverständlich und dennoch, genauer betrachtet, ein Phänomen. Warum sollte es da nicht eine Schwingungsebene der Erde geben, auf der sich alles speichert, alle Vergangenheit, alle bisherige Entwicklung, auf der sich zu spiegeln vermag das dreidimensionale Geschehen der Erde?

Wir wissen doch, Physik ist nicht nur Lehre von den Körpern, sondern ebenso von Strahlungen, Schwingungen. Wir wissen doch, daß im Erscheinungsspektrum dessen gleitender Übergang ist und schnellste Wandelbarkeit. Ton ist Schwingung, Schwingung ist sichtbar zu machen im Bild; Licht ist Strahlung, Strahlung sind Wellen, Wellen sind Formen.

Licht, Strahlung, Schwingung, Ton und Form: alles in Gleichzeitigkeit und dennoch sich gesondert zeigend, alles verwoben, einander bedingend, Kehrseite jeweils des andern Phänomens im unerschöpflichen Ergänzungs- und Wechselspiel mit den Körpern! Wieso sollte da die so einzigartig lebendige Schöpfung Erde nicht ein Trägerfeld der Spiegelung und Speicherung haben?

Das Argument dümmlicher Selbsteinschätzung — wagt es sich noch zu erheben? Die Natur habe nun mal keine Leinwand, auf der die Filme der Erinnerung flimmern könnten, keinen Bildschirm mit angeschlossenem Computer. In der Tat, die Schöpfung Erde hat all das nicht, nicht solche Apparatur aus Eisen und Plastik, Synthetik, wirksam mit Elektrizität und elektro-magnetischen Feldkräften. Die Schöpfung Erde arbeitet nicht mit Mechanik, mit elektronischer Kybernetik und Automatik. Die Schöpfung Erde lebt, indem sie arbeitet, auf allen Seinsebenen ist sie ein unvergleichliches System dynamischer Lebendigkeit.

Ist es nicht bloße Nachahmung des Vorbildes Natur, ist es nicht oft sogar stümperhafter Abklatsch, was wir Menschen umzusetzen vermögen in Instrumente, Maschinen, Baugefüge? Ist es in der Natur nicht unvergleichlich besser, das heißt lebendiger gelöst? Die Architektur des Grashalmes etwa, der schwindelerregend hohe Bau, der dennoch im Gegensatz zu jeglichem, maßstabgerechten Bauwerk des Menschen, aus der Beweglichkeit seiner Lebendigkeit standhält dem Wind.

Unvergleichbarkeit im Einzelfall, Unvergleichbarkeit im Ganzen! Allerneuernder Atomreaktor ist die Erde in ihrem bergend schöpferischen Inneren, und unvergleichlicher Vielfalt gibt sie in ihrer Biosphäre den Pulsschlag des Daseins, und in der ins All ausgreifenden Ionosphäre baute sie auf ein Schutzschild vor tödlicher Strahlung und gleichzeitig ist's der uns überspannende Himmel in der Herrlichkeit seiner Bläue. Und zierlich, auf feinen, farbgetupften Schwingen und pünktlich die steigende Sonne kündend, ist es die Uhr der Natur, wenn die Vogelarten, genau, in sich stets wiederholender Reihenfolge ertönen lassen den Ruf des Morgens.

Das Unvergleichliche des Lebendigen bleibt, insofern hinken Vergleiche, ob altertümliche oder moderne. Auch der Computer als zeitgemäßerer Speicherer bedarf, was computerversessene Kreise gern vergessen, des Menschen, der Programme entwickelt. Wirklich autonom ist der Computer bei aller Selbststeuerung und Leistungsvermögen auch nicht; so oder so bleibt die Grundbeziehung von Meister und Werk. Möglicherweise aber ist es sogar eine tiefgründige Bild-Pädagogik, die Mimir an ledergebundenen Folianten erscheinen läßt und an Riesenschränken mit unzähligen Kärtchen.

Die Einfachheit der Bilder könnte erstens den schwierigen Prozeß der medialen Übermittlung wesentlich erleichtern, und zweitens, in ihrem altertümlichen Gepräge geradezu herausfordernd betonen, was der moderne Mensch verdrängt hat oder in überzeugender Weise nicht mehr zu erleben vermag: die Allgegenwärtigkeit der Schöpfungsmächte, die Allgegenwärtigkeit einer Seinsebene, die verwandt sein mag in Auswirkungen mit dem elektro-magnetischen Feld der

Erde und doch rätselhaft anders ist als dieses erd-physikalische Phänomen; einer Seinsebene, auf der die Erdentwicklung, die Evolution des Lebendigen nicht nur gespeichert ist, in Zeichen, Bildern, Gleichnissen; einer Seinsebene, auf der sich das Weltgeschehen nicht nur spiegeln mag, sondern die die eigentliche Bild-, Gestalt- und damit Welt-gebende Schöpfungsmacht ist.

Here Mimir also eine Schöpfungsmacht, in der Chiffre sich zeigend einer Mythe? Aber dann wäre seine Gestalt im spitzen Hut, dem schlohweißen Bart eben nur eine Gestaltung, eben nur eine Spielart seiner Erscheinungsmöglichkeiten? Was aber mag die ihm eigentümliche Schöpfungsmacht sein?

Zum überwältigend-ergreifenden Gleichnis werden die einfachsten und zugleich erhabensten Geschehnisse; das strahlend weiße, das helle Sonnenlicht, das sich auf Erden bricht in die wirkmächtigen Schöpfungsfarben des daseinsbildenden Regenbogens. Eines Tages sah ich einen solchen Regenbogen und offenbarend sprach er zu mir. Ist Mimir eine Schöpfungsfarbe Gottes? Ist er das Rot etwa des Lichtes, das sich weltenbildend bricht in die glühenden Magmatiefen der Erde, aus denen oben die Vielfalt wird des farben-munteren Lebens?

Ist Mimir flammende Schöpfungsmacht der Tiefen, ganzheitlicher Teil des teilheitlichen Ganzen? — Und so wie das elektro-magnetische Feld der Erde physikalisch gesehen über die allausgreifenden Bögen der Van-Allen-Gürtel offen ist dem Austausch mit der Sonne, offen ist dem Licht ihrer Sonnenwinde, so mag die Schöpfungssphäre des Mi-mir, geistig gesehen, offen sein der Allsphäre des heilig-einen Lichtes.

Dann, an einem anderen Tag, wurde mir andere Offenbarung. Im Wald stand ich, umgeben von schweigend dunklen Bäumen. Stille war die Nacht und oben am Himmel funkelten die Sterne. Da war es mir, als erschiene mir Mimir in Unendlichkeiten des Innern. Als ein ungeheures Feld der Macht, der Potenz, der Kraft nahm ich ihn wahr, von Adern durchzogen, die wie Wurzeln wirkten, starr und doch wie Blitze zugleich, kristallhaft tief und unermeßlich dicht, erflammend in Brennpunkten energetischer Bündelungen. Mimir, das ist Mimir, die Bewußtheit dessen war in mir.

Die Nacht auch in den Bergen Amerikas, wieder war sie mir gegenwärtig in solchen Stunden, die Verwandlung des Felsmassives zu einem tief sich schichtenden Kristall, wieder waren sie mir vor Augen, die Lichtpotenzen, aufgleißend und wechselnd... Ist das die Wirkmacht Mimirs? Durfte ich sie, durfte ich ihn so unpersönlich erfahren? Einsichten waren es, ins Geheimnis des Daseins, Tiefenerfahrungen, die Gewißheiten werden ließen, mir nach all den Anfechtungen die Ehrfurcht bewahrten, die seins-erschauernde.

In meinem Sessel, inmitten der Redaktion saß ich wieder mal zu mitternächtlicher Stunde, längst waren die Kollegen gegangen. Nur der Nachtdienst vorne im ersten Großraum der Nachrichtenredaktion war wie immer noch da, prüfte noch, sichtete, änderte für die allerletzte Fassung der Zeitung. Die Schwere ungelöster Fragen, sonst hatte sie mich in den Sessel gedrückt und eine Lähmung hatte mir die Sinne verspannt und die Glieder, aber an diesem Tag wich der schlimme Zwang, wich das Ungeheuer der Hydra gleich, das trotz aller Antworten sich tieferschreckend erneuerte in endlos neuen Fragen; der Zwang wich zu der einen Antwort, der alleslösenden, alleserklärenden Antwort, der Zwang zu solcher Antwort, die es gar nicht gibt, er wich... und wundersame Entspannung wurde mir und ein Lächeln ging mir durch die Seele und über mein Gesicht.

Ich sah ihn wieder, ich sah ihn wieder inmitten der Redaktion, zu mitternächtlicher Stunde. Ich erschaute ihn wieder, Here Mimir die zierlich-hohe Gestalt mit dem schlohweiß-wallenden Bart und den stechend-durchdringenden Augen. War es nur die Erinnerung, die ihn mir in kollegenleeren Redaktionsräumen vergegenwärtigte? Nein, es war nicht bloße Erinnerung, denn ich sah es, glaubte es in seinen Augen zu sehen — ein Lächeln, gerade in diesem Augenblick.

Here Mimir, Urerscheinung der Tiefen? Wie regte sich das Herz, wie gern sah ich ihn wieder als Gestalt, nicht bloß als ein Feld der Mächte, der Kräfte, der Energien, als die Erscheinung eben einer Urwesenheit, die sich aus Tiefen der Unfaßbarkeit abzeichnete und mit der Zwiesprache möglich ist, Begegnung und Bündnis.

Seine ureigene Tiefe, seine ureigene Höhe muß der Mensch wieder-finden, trotz und gerade in der Übermacht der Veräußerlichungen muß er sich seine ureigene Innerlichkeit erschließen in welchem Phänomen, in welcher Zwiesprache, in welcher Weise es auch sei, ob als Erscheinung, ob als Gewissen, ob in der schlichten Herrlichkeit des inneren Friedens; nur in errungener, in lebendiger, in wirklicher Wechselbeziehung mit dem Gottes-Inneren, nur in solchem Bündnis wird der Mensch der Schöpfung Erde wieder gerechter, wird das Verhängnis abgewendet, das im Computer lauert, wenn er zum Gott-Götzen des Menschen wird.

„Der ganze, noch gesund gebliebene Körper der Erde", so hatte Here Mimir gesagt, „bäumt sich auf gegen die Krebsschäden, verursacht von Menschenhand." Er und sein kleines Volk, die kleine, unzählige Schar, sie seien unentwegt tätig an den Störfeldern der Erde. Wie ungeheuerlich, so hatte er es immer wieder betont, das Bedauern über das einst in unbestimmbarer Vorzeit verlorene, über das gebrochene Bündnis mit dem Menschen. Wie ungeheuerlich waren und sind die Folgen menschlicher Eigenmächtigkeit, die Teufelskreise von Jahrtausenden. Die tieferen, verwickelten Zusammenhänge immer mehr erfassend erschrak ich vor der Wahrheit: wie unbegreiflich achtlos, wie bedenkenlos geht der Mensch mit der Erde um, die ihn trägt und ernährt.

LICHTE UND DUNKLE PROPHETIE

Der Morgen graut, erhellt die Umwelt, blasser wird das Licht der Scheinwerfer auf entgegeneilender Straße; das große Licht der Sonne, in ersten rotleuchtenden Strahlen blitzt es über dem Horizont, fällt durch die Windschutzscheibe ins Wageninnere, fällt auf uns, ins Gemüt, doch da ist Schatten.„ Seht nicht so schwarz, so düster", sagt Annelies. Sie, die im Glauben und Vertrauen so Starke, sitzt vorne im Auto neben dem steuernden Karl-Heinrich. Der nickt wohl mit dem Kopf. Er ist wortkarg wie ich, der ich hinten im Wagen bin. Ein Schatten fiel in uns, Prophezeiungen sind es, düsterer Art, die Ankündigung einer drohenden Weltkatastrophe ist es, die uns befangen hält, beunruhigt.

Angekündigt waren sie wirklich, in riesigen BILD-Zeitungs-ähnlichen Lettern - Sturmfluten, Erdbeben, Kriege. In einem Blatt, aufgemacht wie eine Tageszeitung, wurden die Schrecklichkeiten tatsächlich verbreitet wie neueste Nachrichten des Weltgeschehens. Mit Jahres- und Monatsangaben versehen, eigentlich fehlte nur noch Tag und genaue Uhrzeit, im Voraus war angegeben, wann und wo das Fürchterliche zu erwarten sei und das im Ausmaß weltweiter Ereignisse. Ein heftig aufsteigender Widerwille hatte mich gehindert, mir irgendwelche Einzelheiten zu merken. Irgendein Yogi aus Indien war es jedenfalls, das weiß ich noch, auf dessen Zukunftsschau das alles beruhte.

Freilich, die marktschreierischen Schlagzeilen irgendeines Blättchens, das Katastrophen zum Geschäft macht, können uns, die beiden Männer, nicht aus der Fassung bringen. Seit Jahrzehnten vertraut, im Umgang mit Phänomenen der sogenannten Übersinnlichkeit sind wir gereift an Irrtümern, an Fehleinschätzungen. So ist unser Gemüt nicht wie Espenlaub, das beim leisesten Anhauch zittert. Jeder hat ein gewisses Gespür entwickelt, das zu sondern vermag das Unwahrscheinliche vom Wahrscheinlichen, denn in Zeiten des Umbruchs, im Umfeld der Verunsicherungen und Unbeständigkeit erheben sich die Ungeheuer traumatischer Ungewißheiten, bilden sich aus die Phantome des Schreckens, von der Existenzangst des Menschen genährt.

Von solcher Panik erfaßt sind wir nicht, aber getrübt sind wir vom Nebel des Ungewissen, von der Sorge um die große Gefahr. Wir wissen es doch, wir wissen es als Erdenbürger der in Atomgiganten gespaltenen und gefährdeten Welt, wir wissen es als Geschöpfe dieser umweltgeschädigten Erde, wir wissen es als Menschen einer Menschheit, denen die Macht der Technik zur Ohnmacht wird, wir wissen es, daß sich eine Wende vollzieht von kaum ermeßbarer Tragweite. Solcher Zeit und Raum umstürzende Prozeß beeinflußt eben doch das Gemüt, und ausgelöst von manchem Anlaß pocht eben doch die unterschwellige Unruhe der Zeit im Herzen.

Schatten also liegen über Karl-Heinrich und mir, gerade an diesem sich lichtenden Morgen. Annelies, die Unbeschattete, spürt es, will uns ermuntern, mit der Zuversicht der Verheißungen erhellen. So sagt sie mit Ernst, als wir aus dem Wagen steigen, und doch auch, auf die Sonne weisend, die sich gerade über dem Horizont erhoben hat, mit lustig flatterndem Humor: „Von der Sonne, vom neuen Licht ist doch gesagt worden, von der großen Sonnenwende, die bevorsteht — und ihr steht da... so wie'n Käpt'n auf 'nem untergehenden Schiff."

Wir hören's, allein ein Lächeln will nicht gelingen. Erneut stehen wir drei auf der kleinen Lichtung des Waldes, erneut gehen wir, gedrängt von drängenden Fragen auf den Turm zu, der schon im Licht des jungen Tages steht. Einer nach dem anderen steigen wir die schmalen, geländergeschirmten Stufen hinauf, die an der Außenmauer des Turmes entlangführen, ehe wir im Innern des Gemäuers verschwinden, die enge, eiserne Wendeltreppe hinaufldettern und oben angelangt sind.

Der Himmel über uns ist wolkenlos, noch bleich, doch es dämmert auf seine Bläue. Regungslos in der Stille des Morgens sind die luftigen Spitzen der Bäume, hoch auf dem Turm sind sie uns nahe in vertrauter Nachbarschaft. Doch eine Bewegung da, ein leichtes Wiegen eines Zweiges, eben huschte ein Vogel dort, sitzt schweigend nun auf einem anderen Zweig und bleibt stumm. Vorbei ist die Zeit des werbenden Gesanges; der Sommer hat sich in seinen Früchten erfüllt, nahe ist der sterbensschöne Herbst.

Die Augen hat Karl-Heinrich gesenkt, geschlossen in Anspannung und Aufmerksamkeit, das innere Auge zu öffnen. In einem Bogen, gleich einer großen Linse, so hat er es einmal geschildert wie es ihm erscheint, spanne es sich von der Stirn über die Mitte der Augen bis hin zum Zwerchfell, bis hin zum Sonnengeflecht, dem unendlich feinen Geflecht des Nervensystems. Wirbel bildeten sich da in Zonen des Tastens und Empfangens, es sei als ob Wellen, gesendete Wellen empfangen würden, sichtbar würden im Bild auf dem Bogen der imaginären Linse.

„Er ist da", sagt Karl-Heinrich mit tonloser Stimme. Noch gespannter lauschen wir beide, die Zuhörenden, aber Karl-Heinrich schweigt wieder; dann jedoch beginnt er zu erzählen, von Prophezeiungen düsterer Art, erwähnt auch den asiatischen Yogi und seine Katastrophen ...

„Lange, lange haben wir gewartet..." beginnt Karl-Heinrich, leise, flüsternd fast gibt er Gehörtes wieder... „auf den Menschen, auf den Menschen haben wir gewartet... auf den Menschen, der in die Verantwortung tritt für das Ganze im Bunde mit uns... lange, lange haben wir vergebens gewartet, zum Parasiten wurde der Mensch ... in Gefahr ist die ganze Erde... sie wehrt sich mit all ihrer Macht..."

„Treffen die Prophezeiungen des Yogi zu?", frage ich, da ich spüre, daß Karl-Heinrich um gezielte Antwort ringt.

„Ein düsterer Mensch ahnt Düsteres, ein Lichter ahnt Lichtes", antwortet Here Mimir.

„Wurde Euch nicht gesagt, auf dem Berg am großen See, die Zeit der Sonnenwende stände bevor? ... Im Lichte müßt Ihr sein, leben und gehen, den Lichtkern Eures Wesens wiederfinden, um das Kommende zu bestehen ..."

„Was kommt auf uns zu?"

„Sagte ich nicht, daß das Magma der Erde gleich dem Blut der Menschheit ist? Sagte ich nicht, daß die Erde beben wird, aber es wird nicht das Beben des Todes sein, sondern ihrer Neugeburt. Sagte ich nicht, daß die Menschheit verwoben ist mit der Erde, daß ihr Blut aufflammen wird in Erneuerung? Aufbrüllen wird die Natur, aus den Händen schlagen wird sie dem Menschen das Schwert."

„Wann aber wird das sein?" fragt nun Karl-Heinrich. „Warum dürfen wir nicht Genaueres erfahren, damit wir mehr erkennen. So tapsen wir doch im Dunkeln herum, tastend nur, Schritt für Schritt."

„Seid froh, daß es so ist. Geht getrost Schritt für Schritt, nur so könnt Ihr erahnen, erfühlen, erkennen das Unsagbare."

Aber da bricht die oft erlebt-erlittene Erfahrung aus ihm hervor, widerstrebend zwar erst in der Verhaltenheit seines Wesens, dann doch in der Bitterkeit der Worte spürbar. „Aber", so sagt er im Ton eines gedämpften, Antwort erhoffenden Vorwurfes, „wir passen doch gar nicht in diese Zeit hinein von heute. Wir tun doch Dinge, die wirklich nicht normal sind."

„Seid nicht gefangen von der Zeit; sagte ich nicht: lasset das Z weg, das zerreißt und das T, das teilet. Seid im Ei des Geistes."

„Was heißt es, im Ei des Geistes zu sein?"

„Das Licht ist es, der Lichtkern Eures Wesens, der sich entfalten kann und muß um Euch, gleich einem schimmernden Strahlungsfeld, der Euch zum Flammenkleid werden soll, reinigend in stetiger Erneuerung. So seid im Ei, im Flammenkleid des Geistes und Ihr werdet die Zeit in ihren Anfechtungen bestehen. Ihr werdet wahrhaft die Sonne sehen und frei sein von den Bedrängungen der Zeit, frei von der Angst und ihrer Panik."

Aber - das Aber des bohrenden Einwandes erhebt sich immer noch in Karl-Heinrich: „Wir tapsen doch voran – ohne Wissen und Gewißheit, wir tun es doch bloß im Glauben."

„Glaubt Ihr, so erlangt Ihr Wissen für die nächsten Schritte. Glauben und Wissen im Wechsel, in stetiger Erneuerung, so findet den

Weg Ihr des wahrhaftigen Lebens. Öffnet Euch, seid im Bunde mit uns, in der Zwiesprache mit uns, so sehet Ihr die Zeichen im Alltag.

Wir schweigen, wir Männer in einiger Betroffenheit, während Anneliesens Antlitz strahlt in Zustimmung und Freude. Dennoch im Gegensatz zu ihr regt sich Widerspruch in mir, wenn auch unausgesprochener. Ob Here Mimir die schicksalhafte, die lebensvertiefende Schwere eines solchen Bundes nicht ermißt? Irgendwie müssen wir doch im Umkreis unseres tagtäglichen Lebens damit fertigwerden? Sicherlich, für ihn ist solche Zuwendung Gnade, eine Gnade für den Menschen; sicherlich, die Schwere solcher Zuwendung mag sich wandeln durch Vertrauen und Zuversicht, durch Bewältigungen und Meisterungen sich verwandeln in geistesleuchtende Leichtigkeit. Aber schwierig, immer wieder schwierig ist die Entwicklung, und lang, lang ist der Weg.

DAS RAD ALS SCHICKSAL

Ohne Widerhall bleiben die tonlosen, die schweigend erwogenen Gedanken oben auf dem Turm. Here Mimir übergeht persönliche Schicksalshaftigkeit! Oder durchschaut er das Selbstmitleid in solcher Klage? Will er statt dessen den Ausgriff auf leuchtend-neue Ziele? Überaus lebendig, mit blitzend regem Geiste eröffnet er Zukünftiges, deutet er hin auf anstehende Tate.

„Eben sah ich ihn noch", sagt Karl-Heinrich überrascht und etwas verdattert dazu, „eben sah ich ihn noch stehen mit sprechender Geste. Jetzt ist er plötzlich verschwunden. Ich sehe Bilder, ich sehe die Schar des Mimir, ich sehe die kleine Schar, ich sehe sie rucksackbepackt... aha, sie verreisen."

„Was aber", fragt Karl-Heinrich nun verständnislos, mit vergebens verhehlter Unwilligkeit, „was soll nun das bedeuten?"

Erneut erscheint Here Mimir und antwortet: „Wir reisen Euch voraus."
„Wieso?"
„Wir ziehen Euch voran zum See in den fernen Bergen."
„Warum sollen wir Euch folgen?"
„Ihr habt einen Prozeß ausgelöst, Ihr seid einbezogen in einen Prozeß, der weiterer Geistesimpulse bedarf."
„Wieso erneut wir? Wieso gerade wir? Was können wir schon bewirken?" erwidert Karl-Heinrich mit einem Anflug von Verzweiflung.
„Spürt Ihr denn nicht, in Euch fließt das Blut von morgen. Wüßtet Ihr um das große Bildnis, das der Schöpfer ersonnen, das große Bild, an dem Ihr mitwirken dürft, Ihr ginget in die Knie..."
„Du weißt, daß Du Widerhall findest in uns", mit diesen Worten falle ich in die Wechselrede ein. „Aber warum müssen wir nach Amerika folgen? Kann das Notwendige nicht hier, an dieser Stätte geschehen?"
„Atlantis ist in Amerika lebendiger. Der Geist der Roten Atlanter, ihre Geistmasse wirket dort."
„Warum ist das so?"
„Das Magma der Erde liegt dort höher, die Erdkruste ist dort dünner. Und die Menschen dort, die Ihr Indianer nennt, sie lebten noch bis ins vorige Jahrhundert in Allverwandtschaft mit der Schöpfung, ehe die Weißen kamen und sich in Amerika fortsetzte, was in Europa vor Jahrtausenden begonnen hat."
„Was begann einst in Europa?"
„Der Geist Etznaels war es, mit dem es begann."
„War Etznael ein böser Geist?"
„Nein, im Gegenteil! Er wollte die Menschheit fördern. So sann er, so suchte er, da wurde ihm ein Plan vorgelegt und der leuchtete ihm ein. Etz-nael erkannte nicht die Absicht dahinter."
„Wer hegte die Absicht?"
„Die Düsteren, die sich absonderten vom Licht."

„Wie kam es zur Absonderung?"

„Vom Wahn sind sie befallen, vom Wahn selbstherrlicher Selbstsucht."

„Wie erlangten die Düsteren Macht über den Menschen?"

„Es gelang ihnen, den Kreislauf der Lebensströme umzudrehen, ihn im Ungeist der Macht kreisen zu lassen um Hochmut und Begehren. Der Plan, den sie Etz-nael unterschoben, sollte vorantreiben die Absichten der Dunkelheit."

„Ahnte Etz-nael das alles? ... und worauf lief der Plan hinaus?"

„Etz-nael ahnte es nicht. Fortschritt sollte der Plan bringen, Fortschritt durch Ackerbau und Handwerk. Etz-nael wollte Fortschritt und Erleichterung durch die Technik. Aber er sah nicht voraus, welch ungeheure Macht aus der Technik erwuchs. Welche Habgier, welcher Neid übermächtig wurde in Gegensätzen der Völker und Volksschichten und in entfesselten Kriegen. Der Ungeist... immer mehr beherrschte er des Menschen Geist und Seele. Den Bund gab der Mensch auf mit uns."

Karl-Heinrich schweigt und wieder spiegelt sich das Tragische in seinen Zügen, das Urbedauern des Here Mimir über den verlorenen Menschen, über den verlorenen Menschensohn. Jedoch er spricht weiter, gibt erneut... in zögerndem Unbegreifen wieder das gerade Vernommene.

„Der alte Gott... widerstrebend ließ er es los... das Rad, denn er liebte seine Menschen... er wußte, was da ins Rollen der Geschichte kam... er wußte, durch welches Grauen und Grausen die Menschen gehen würden..."

„Wer ist der alte Gott? ... Und warum ließ er los ... das Rad?"

„Das Rad ... das Rad ... er ließ es los, ... weil der Mensch längst schon zu eigen..., zu eigenmächtig geworden war... er ließ es los, weil sich der Mensch selbst zum Schicksal werden mußte... so verlort Ihr Menschen den alten Gott in der Geschichte ... ihn, dem die Völker viele Namen gaben... aber seit eh und je ist er der El-o-heim, der El-o-him... seit eh und je."

„Das frei-gegebene Rad... wann und wie wirkte es sich aus?"

„Vor Eurer Zeitrechnung schon begann es ... erste kleine Anfänge damals in der Technik des Rades... Sie, die Ihr Römer nennt, vollendeten für Ihre Zeit seine Nutzung. Langsam dann rollte das Rad des vom Tier gezogenen Fahrzeugs ... ehe es eigentlich begann, damals vor 200 Jahren, ehe sich in Europa die Räder schneller drehten im Anstoß der Dampfkraft, der Explosionskraft... immer schneller, immer stärker, immer schneller im welterobernden Europa ... und dann, schon bald in Amerika... in kontinentalen Räumen wirkte es sich aus... das Räderwerk der Fahrzeuge und rotierenden Maschinen.

Die Welt... sie zittert nun im Schwung entfesselter Räder... spürt Ihr es nicht, wie die ganze Welt vibriert? ... Seht ihr es nicht, das Rad der Dunkelheiten, das Rad der Verhängnisse, immer schneller rasend, je mehr der Menschen Gedanken darum kreisen... in den Drehwirbeln des unstillbaren Begehrens, einer unbändig-zwanghaften Dynamik, zeugend von Geschlecht zu Geschlecht den Menschen selbstherrlicher Selbstsucht, den herrisch-dünkelhaften Sklaven der Reize und Befriedigungen, die Masse der Wesenlosen .. .

Immer hektischer, immer drohender alles das ... über den rollenden, den allesbeherrschenden Rädern ... soghaft sich ballende, kreisend dichter und dichter werdende Düsternis ... unheilschwanger die ungeheuren Wirbel des ungeheuerlichen Soges ... "

Karl-Heinrich stockt... atemlos, und perlender Schweiß rinnt ihm über die Stirn ... und ich erstaune über die Wortgewalt der Rede.

Im Schweigen hat sich Karl-Heinrichs regloses, beinahe maskenhaft durchtöntes Gesicht wieder gewandelt, unübersehbar ist es, ein Wechsel ist eingetreten, der Redefluß ist unterbrochen. Ein wundergleiches Erstaunen malt sich in seinen Gesichtszügen, Karl-Heinrich, mit dem inneren Auge erschaut er wohl wieder Bilder, nach Worten sucht er, als er zu schildern beginnt:

„Da über den Rädern, den Rädern der Technik, über dem düster rasenden Geschick... nicht mehr verdeckt der Himmel, nicht mehr verdeckt die Sonne... Im Blau des Himmels dreht sich, erstrahlt ein Rad... so golden, so herrlich... eine schwebende, eine alleserstrahlende Macht.

Die alte Gottheit, die das Rad losließ, loslassen mußte... zögernd einst im Wissen um die Blutspur der entbundenen Räder... die alte Gottheit sieht nach Welterschütterungen die neue Gottheit des neuen Äons auf dem kreisenden Rad der Sonne..."

Er, Karl-Heinrich, gezeichnet von den Anstrengungen der Übermittlung, hat erst eine Weile geschwiegen, hat erst eine Weile dagestanden, oben auf dem Turm, gelehnt an die umrandende Mauer... Noch steht er in der Wirkung des sprechenden, des bildernden Stromes einschießender Übermittlungen, noch sagt er mit gedämpfter Stimme, bemüht sich selber zu schonen...

„Da ist sie wieder... die kleine Schar des Here Mimir... sie alle... sie verreisen... den Rucksack auf dem Rücken... wir verlassen die verbrannte Erde, sagen sie, wir sehen uns wieder in der Gemeinschaft, die keine Grenzen kennt..."

„Kehrt Ihr nicht mehr zurück?"

„Wenn ein anderes Licht leuchtet über dem Land, das Euch Heimat ist, kehren wir zurück... aber folget uns erst; mitzuwirken habt Ihr am großen, neuen Lebensbild der Schöpfung..."

Die Augen hat Karl-Heinrich geöffnet, in die Sonnenhelle des längst erwachenden Tages blickend, hat er sie sogleich wieder geschlossen. Nun blinzelt er mit den Lidern, ist bemüht, die Augen an das Licht zu gewöhnen. Gerötet ist er im Gesicht, überanstrengt, leicht fiebrig wirkt er in der Phase der Umstellung. Er schnauft ein wenig, holt tief Atem, stößt ihn mit befreiender Erleichterung hinaus, als weiche endlich ein Druck von ihm, als löse sich die große Spannung...

„Sie alle verreisen, den Rucksack auf dem Rücken", sagt er noch einmal, aber nun wiederholt er nur noch, was er eben noch erschaute...

„Was glaubt Ihr", sagt er nach einiger Zeit der Erholung, „was das für eine Turbulenz hervorruft in den Tastzonen".

Die imaginäre Linse, denke ich, die sich im Bogen innerer Schau spannt von der Stirn bis zum Solar Plexus.

„Ein ganz natürlicher Vorgang ist das", beginnt er nun. Es scheint, als spreche er zur Selbstberuhigung mehr mit sich selbst, denn zu uns, den beiden Freunden. Nur keine Spinnerei. Auf der Hut vor ihr in einer gewissen, unwägbaren Sorge, ihr zu verfallen, versucht Karl-Heinrich Geschehnisse dieser Art zu versachlichen, sie geradezu zu technisieren:

„Empfang und Wiedergabe, wie bei einem Gerät, das ist es", sagte er und ist sichtlich zufrieden mit dieser Erklärung. „Der Mensch ist nun mal Empfänger, er ist auch Sender, nur auf den rechten Knopf muß er drücken für die Umschaltung nach drüben."

Wir beide, Annelies und ich, die wir wie immer auch unsere Kraft gegeben haben, nicken verständnisvoll. Auch wir sind mitgenommen, erschöpft, so stehen wir noch eine Weile oben auf dem Turm im Lichte der spätsommerlichen Sonne, im atmenden Schweigen der Tannenspitzen, in denen grün die schon dicker gewordenen Zapfen hängen.

Vorsichtig, geradezu übervorsichtig tasten wir uns hinab, die Wendeltreppe hinab, inmitten des Turmes. Vergewissernde, abstützende Hände gleiten draußen an der Außentreppe über das Geländer entlang, ehe wir wieder unten stehen, auf der kleinen, grasbewachsenen Lichtung... benommen noch, etwas tatterich noch.

Als wir jedoch das Auto erreicht haben, als wir eingestiegen sind, hebt Annelies urplötzlich, zu neuer Munterkeit erwacht, eine Tasche hoch und lachend, herzhaft lachend sagt sie: „Jawohl... jawohl... wir reisen.

DIE HERABKUNFT DES ALLEINEN

ANKUNFT IN SALT LAKE CITY

Salt Lake City — Montag, den 29. August 1977

Spät am Abend ist es, übernächtigt sind wir vom Flug, strapaziert wie Berufstätige, die die Nacht über gearbeitet haben. Übermüdet betreten wir die Empfangshalle des Flughafens, die noch hell erleuchtet, aber schon menschenleer ist. Mit dem allerletzten Flugzeug des Tages sind wir gekommen; da wackelt der Dicke vor sich hin, er schnarchte geradezu eruptiv während des Fluges; dort stolziert die Lady, die darüber näschenrümpfend hinter'm Modejournal wegtauchte.

Allein finden wir drei uns wieder am langgestreckten und öd wirkenden Schalter der Autovermietungen. Einiges gibt es zwar noch auszufüllen und zu unterschreiben; dennoch, das in der Heimat erstandene Billett ist schnell eingetauscht in einen Straßenkreuzer, der metallic-blau im bleichenden Licht einer Neonlampe steht. Zwar haben wir noch einige Mühe mit dem ungewohnten Gepäckschloß des Autos, schließlich jedoch sind die Koffer verstaut, langsam anrollend tasten wir uns im Lichtfeld der Scheinwerfer in eine erneute, seltsam herausfordernde Unternehmung. Wir, Annelies, Karl-Heinrich und ich, fahren durch Salt Lake City, durch die Hauptstadt des Mormonenstaates Utah. Unsere zweite Amerikareise hat begonnen.

In der Tat; diesmal ist der Flug zur Strapaze geworden. Mit einem Charterflugzeug ging es von Düsseldorf aus nach New York. Wegen eines Streikes der Londoner Flugkontrolleure mußte die Route jedoch geändert werden: nach Zwischenlandung und Zollabfertigung in Bangor, der Stadt im nördlichsten US-Staat am Atlantik, kommen wir mit stundenlanger Verspätung in New York an. In nervenzehrender

Ungewißheit, ob wir das Anschlußflugzeug noch erreichen, verstrichen tickende Minuten, wechselten unstet unsere Blicke vom Zifferblatt der Wanduhr zur klappenverhangenen Luke der Gepäckausgabe.

Da rollte das Fließband an, die ersten Koffer tauchten auf. Der sonst oft zeitraubende Umstieg vom transkontinentalen zum inneramerikanischen Flughafen gelang, nicht zuletzt und dank eines bärenstarken Schwarzen, der von hastig zugesteckten Dollars motiviert uns den Weg bahnte zum nächsten Flugzeug. 22 Uhr war es schließlich, als wir in Salt Lake City landeten, 6 Uhr morgens nach mitteleuropäischer Zeit.

Der zweite Auftrag zur Amerikareise, aus Sphären der Innerweltlichkeit, ist durchsetzt von Aussagen seltsamer Tiefgründigkeit. Nicht Manitou, der Große Geist der Roten Rasse, ist es, der uns herüberruft, Here Mimir ist es diesmal, jene gestaltenhaft-gestaltenlose Macht der Tiefe, die uns orakelnde, gleichnis-verhüllte Worte mitgegeben hat. Vom Seelenmagma der Menschheit hat er gesagt, wie die Lavaglut der Erde sei es in Aufruhr, Geistesmacht, mit Bildern lenkend und bildend müßte da ausgelöst und wirksam werden, im Prozeß der unentwegt schöpferischen Schöpfung... Mitwirkende seien wir bei der großen Neugeburt, deshalb erwarte uns erneut der Bärensee, die Geistesmächte dort... sie erwarteten uns.

DIE WECKRUFE DES NEUEN

Dienstag, den 30. August 1977

Salt Lake City haben wir am Vormittag verlassen. Eine zermürbende Nacht, gestört von der Nachwirkung des Fluges und der dröhnenden Klimaanlage des Motels, haben wir endlich überstanden. Ein genüßliches Frühstück mit Kaffee, mit köstlichem Pan-Cake und Ahornsirup haben wir uns noch gegönnt, dann sind wir, vom Auftrag gedrängt und von erwachten Erwartungen, in den Norden, hinaus in die Berge gefahren.

Flüchtige Eindrücke nur hatten wir von der schmuck-sauberen, geordneten Hauptstadt des Mormonenstaates... Blicke aus der Ferne noch auf den riesigen Tempel, einen hohen Mitteltrakt mit turmüberhöhten Seitentrakten, aus hellem Granit errichtet, ein seltsam-phantastisches Bauwerk, das wie eine Fata Morgana des Glaubens im aufsteigenden Lichte der Sonne stand.

Längst hat sich vom Auto aus der Ausblick geweitet über die Hochebene hin, die nur spärlich besiedelt ist, dann über den Salzsee hin, der meerhaft anmutet und silbern widerblinkt. Nach einer Autostunde verengt sich allmählich das Blickfeld. Seitlich der Straße ragen steile Felswände empor. Durch Schluchten fahren wir in ihrer schattigen Tiefe, bevor das Gelände beständig ansteigt im Verlauf der sich höher und höher schlängelnden Gebirgsserpentine. Die Hochebene des Bärensees, so haben wir vor der Fahrt aus der Karte geschlossen — in vier bis fünf Autostunden müßten wir sie erreicht haben.

An einem Gebirgsbach, der dröhnend herabstürzt aus Felsenhöhen, rasten wir. Über uns ein wolkenloser, hellblauer Himmel, eine strahlende, alleserwärmende Sonne. Endlich, denke ich erleichtert, unter solchem Himmel zu sein; nach der langen Anreise, nach all den wolkenverhangenen Tagen und Wochen in der Heimat. Ich begebe mich abseits von der Wucht stürzender Wasser, lasse mich dort, wo Rinnsale fließen, es an Steinen gluckert, auf einen Felsblock in der eitlen wie ungeduldigen Hoffnung nieder, ein Hauch von Sonnenbräune könne sich schon über mein Bleichgesicht legen.

Warum der erneute Auftrag, in die Rocky Mountains zu gehen? Wieder einmal denke ich nach darüber, während ich erschöpft daliege, mich angenehm erwärmt fühle von der schon hochstehenden Sonne, vom Felsen unter mir. Eben diese Frage, bereits in Europa haben wir sie gestellt. Antwort haben wir erhalten, die eigenartig, ja seltsam ist, Antwort, die sich nicht gefällig in gewohnte Weltlogik fügt, Antwort, die unversehens wieder zur Frage wird.

Den Menschen brauchten sie, der unterwegs ist, der in der Offenheit bleibe für den Dienst; den Ton seiner Stimme brauchten sie, er müsse widerklingen am Berg über dem Bärensee, in Wellenkreisen sich ausbreiten. Aber sind wir, die Gerufenen, solche Meister? Und sind wir nicht ohne Macht und Einfluß in der Welt? Verebbt nicht der Ton unserer Stimme kläglich im Wind?

Aber - gut - wenn es denn sein soll und sein muß, warum denn gerade in Amerika? Warum gerade dort in der Einsamkeit der Berge? Sind Geistesmächte nicht allgegenwärtig, können sie nicht überall, unabhängig vom jeweiligen Ort sich mitteilen dem hörwilligen Menschen, ihn zur Mitwirkung rufen? Vielleicht sind es in Wirklichkeit persönliche Gründe, oder schlicht reale Umstände, die die Reise bedingen? Karl-Heinrich zum Beispiel hat sich in ein Netz von Verpflichtungen gebunden; da ist die große Familie, ist die über zweihundertköpfige Schafsherde, die neben dem Beruf versorgt wird und dann im Urlaub um so mehr Zuwendung und Einsatz erfordert. Beinahe einem Wunder gleicht es, und erhöhten Einsatz der Daheimgebliebenen bedingt es, daß Karl-Heinrich überhaupt verreisen konnte.

Wir wissen nicht, was uns erwartet, was wir erfüllen sollen. Aber vielleicht ist es nur dort am See, nur in der Abgeschiedenheit einer urhaft-einsamen Natur möglich? Vielleicht sind wir nur dort in der Freizügigkeit der Urlaubszeit abgelöst, abgelöst genug von Bindungen des Alltags? Persönliche Lebensumstände jedenfalls spricht Here Mimir nicht an. Anderes hat er gesagt. Atlantis, so hat er gesagt, sei in Amerika gegenwärtiger. Und tiefgründige Erklärung hat er gegeben: das Magma, die Lavaglut des Erdinnern sei in Amerika näher der Erdkruste. Die roten Atlanter, lebend und seiend in den Strahlungsfeldern seiner ungeheuren Glut, hätten bis in die Neuzeit ein Urvermächtnis von Atlantis bewahrt: Mittler zu sein zwischen den flammenden Tiefen und dem großen Licht der

Sonne, Mittler zu sein zwischen Himmel und Erde. In Ehrfurcht vor dem Großen Geist und seiner Schöpfung hätten sie bis in die Neuzeit hinein gelebt und die Ehrfurcht, die Verantwortung vor ihm hätte ihr Dasein bestimmt und gestaltet.

Am Wasser, am Rinnsal, widerfunkelnd zwischen dem Gestein huschte etwas dahin. Da im Licht, einen Augenblick nur... eine Eidechse ... blitzschnell ... mein Blick, suchend gleitet er am gluckernden, widerleuchtenden Rinnsal entlang, über's nackte Gestein hin... die Eidechse ist weg, spurlos im Fels verschwunden. Das kleinste, das unscheinbarste Tier schon konnte Indianern zur Offenbarung des allesdurchdringenden, des allesgestaltenden Großen Geistes werden. Hatten es die Indianer leichter, in der Ehrfurcht vor der Schöpfung zu bleiben, weil ihr Dasein einfacher war, sie Tag und Nacht umfangen waren von Mutter Erde? Hatten es Indianer leichter, sich der Verantwortung für die Schöpfung zu stellen, weil sie nur kleine Völkerschaften waren und um sie Weite war und Fülle?

In flammenden Feuern stieg ihre Verehrung auf. Und der Rauch aus der rotsteinigen Pfeife, der Rauch, dem Odem gleich des Großen Geistes, in die Höhen, in die Tiefen, in die vier Weltrichtungen wurde er gestoßen, und der Pulsschlag der Trommeln, pochend in den Weiten, den Höhen und Tiefen der Lande, und die endlosen Gesänge im tanzenden Rhythmus der Füße; alles war Widerhall des Menschen gegenüber der Schöpfung, alles war Antwort dem Großen Geist.

Gefäß des Wakan Tanka, des Großen Geistes war für die Prärieindianer das gehörnte Bisonhaupt, sein bleichgesichtiges Skelett inmitten des Kult-Kreises, zeichenhaft in magischer Verlebendigung war es bemalt mit Gegensätzen des Daseins, die in Einheit immer wieder überwunden, immer wieder gemeistert werden mußten... wie Tag und Nacht, Kälte und Wärme, Himmel und Erde. In den Mittelpunkt des Kultkreises gesetzt war das Bisonhaupt, weil das Urtier alles gab; Nahrung, alle Materialien für die

Dinge des täglichen Lebens, in den Mittelpunkt gestellt war es als Ausgleich für das unentwegte Opfer. Aber Indianer jagten nur, um zu überleben.

Die Eroberer jedoch fuhren daher in stählernen Salonwagen. Vom Plüschsitz aus, von Tischen aus, auf denen Sekt in Gläsern perlte, schossen sie todesmächtig mit Feuerwaffen und Abertausende, Abertausende der wehrlosen Bisons sanken danieder. Auf den Schlachtfeldern der kurzweiligen Erbarmungslosigkeit verdarben gestürzt-verrenkte Kadaver; unverwertet oft, allenfalls ohne die Zunge - dem kulinarischen Leckerbissen. Und die Vögel des Todes, Schwärme von Geiern, unentwegt kreisten sie darüber, fielen hernieder... alles zerstückelnd, allesverheerend gemeinsam mit Sonne, Wind und Regen. Millionenherden wurden vernichtet, leer wurden die Weiten der Plains und Prärie, und der Trommelschlag unzähliger Hufe, der große Donner des Bison verstummte. Eine Ungeheuerlichkeit von Frevel, eine Unfaßbarkeit von Wahnwitz war geschehen. Das Herz der Indianer zitterte in ohnmächtiger Wut, in unsagbarer Traurigkeit, entflammte noch einmal in todesmutigem Kriegertum.

Es geschah, was schon seit Jahrhunderten auf dem riesigen Kontinent geschehen war: Im Zwang der Tragödie, der Kriegsheere stießen Menschen unterschiedlichster Kulturkreise aufeinander, schlachteten einander ab, traten sich als Feinde weiße und rote Atlanter gegenüber, nicht wissend, daß sie einen gemeinsamen Ursprung haben ... und die, die nicht nur die Unmenschlichkeit beklagten, sondern auch das Gemeinsame dunkel ahnten, waren ohnmächtig bei der Allmacht des Wahnsinnes.

Argumente hatte er genug der Wahnwitz, Gewissen und Herz einschläfernd in verständig einleuchtender Nützlichkeit. Die unstet wandernden Bisonherden zu vernichten, bedeutete Weideraum zu schaffen für Rinder und damit Lebensraum für Neuansiedler, sicherte den dampfenden Fortschritt des westwärts sich ausbreitenden Eisenbahnnetzes, entzog den wilden Nomaden die Lebensbasis, die unverbesserlich, brandschatzend und mordend in abergläubischer Rückständigkeit verharrten.

Die Bisonhaut überspannte nicht mehr die heilige Trommel, dröhnte nicht mehr wider im Pulsschlag des Großen Geistes, sie dreht sich zum Treibriemen geworden um ratternde Maschinen.

Bereits in der zweiten Hälfte des 19. Jahrhunderts, gerade im Aufbruch des Industriezeitalters entstand in den Vereinigten Staaten von Nordamerika ein Großmarkt von kontinentaler Dimension. Von Küste zu Küste schließlich, vom Atlantik bis zum Pazifik, ein ungeheurer, verlockender Raum, der nicht nur Landwirtschaft in neuen Größenordnungen ermöglichte, sondern bei der schier unerschöpflichen Fülle der über- und unterirdischen Bodenschätze eine von Grenzen und Traditionen ungehemmte Mechanisierung und Industrialisierung.

Unbegrenzte Möglichkeiten eines Kontinentes, der ein Staat wurde, gerade im atemberaubenden Fortschritt der Technik. Einwanderungswellen von Millionen Menschen; the American Way of Life wurde Realität in geschichtsmächtiger, weltverändernder Dynamik; eröffnete den Kühnen, den Tüchtigen, vor allem aber den Gerissenen eine neue, sich mehr und mehr von Skrupeln enthemmende Freiheit persönlicher und unternehmerischer Selbstverwirklichung. Phantastische Lebensträume von einzelnen, von Gemeinschaften, der Bedrängung und Not Europas entwichen, wurden Realität.

Der Erfolg als Selbstzweck, unabhängig von Folgen, glänzend, blendend den einzelnen und Gesellschaften, wurde allesbeherrschend. Geld und Wirtschaft, die ihn sicherstellten, immer beherrschender — trotz unentwegt beteuerter, unentwegt beschworener Menschheitsideale, trotz eines demokratischen, auf Gewalteilung beruhenden Staatssystems. Der Lebenssinn verengte sich auf die Kreisläufe der Wirtschaft und ihre individuelle und körperschaftliche Machtentfaltung; Kapital, der Kampf um Märkte, die ungeheure, welt- und umweltverändernde Profit- und

Machtstrategie der Wirtschaftsdynastie entschied in Wirklichkeit über Krieg und Frieden, machte nur zu oft Politiker, Gremien des Staates zu willfährigen Vollstreckern.

In Nordamerika, in den zur Supermacht aufgestiegenen Vereinigten Staaten, vollendet sich in weltumspannender Rückwirkung der Teufelskreis der Materialisierung, der in der Idee in Europa begonnen, der in erschreckender, atemberaubender Dynamik Europas Geschichte geprägt hat. Das Tabu des Archaikums, die Ehrfurcht vor der Schöpfung als einer geist-lebendigen Einheit in Vielfalt, die Allverantwortlichkeit des Menschen ihr gegenüber — im Europa der Neuzeit ist es längst schon von der Ratio verdrängt, als der Mensch mittels seiner Technik mehr und mehr zum Herrn der Erde wird, als europäische Mächte mehr und mehr die Weltgeschichte bestimmen.

Der Urring des Allheiles war gebrochen, der allheiligende Kreislauf von Himmel und Erde gestaltete nicht mehr allumfassend den menschlichen Alltag. Entrückt war die große Verheißung in die Herzen der großen Einsamen, in die Zeugnisse ihrer Kunst oder ihres bekennenden Lebens. Daseinsbestimmende Epochen der Welteinschätzung, das waren: die Schöpfung als Jammertal, als Objekt; Gott entrückt in fernste Jenseitigkeit und Unwirklichkeit, die Schöpfung erniedrigt zur Nichtigkeit des bloß Vergänglichen. Beute wurde der Planet, eroberungswerte Ausbeute dem Menschen und seinen Staaten, die mit immer räuberischeren Techniken Macht und Selbstherrlichkeit begründeten.

Europa mit dem ohnmächtig gewordenen Heiligen Römischen Reich Deutscher Nation als einem übernationalen Reich der Mitte, Europa mit den um so machtvolleren Königreichen der Peripherie, unterwarf sich meer- und landerobernd die Welt. Und die Scheinheiligkeit von Glaubensmissionen ging grausige Bündnisse ein mit der Gier nach Geltung und dem gleißend blinkenden Metall.

Teufelskreise der Verhängnisse: Kriege, immer wieder Kriege — in Europa wie in eroberten Kolonien. Fürsten und Könige unterdrückten Landsleute, saugten sie aus, verkauften sie als Soldaten um neuester Prunkschlösser willen und Feste, um der glitzernden Spiegel willen in Sälen und Kammern, wo sich die Eitelkeiten ergehen, die Spiele der Selbstherrlichkeit und sich steigernd erschöpfender Lüste und wo die Ränke der Intrige blitzt.

Massenmorde der Kolonialmächte und Eroberer, Massenversklavungen und Massendeportationen, schiffsverfrachtet von Kontinent zu Kontinent. Eine grausige Kehrseite der geschichtlichen Triumphe Europas und ihres mythenverbrämten Glanzes.

Europa für Jahrhunderte weltunterwerfend, in diesem Jahrhundert in zwei selbstzerstörerischen Weltkriegen selbst unterworfen, gespalten noch immer, in den Bannkreisen, in der Nukleargefahr der Supermächte von Ost und West, ein ganzer Planet in der Gefahr der Selbstzerstörung durch Technik und Industrie, eine in Milliarden wuchernde Menschheit, lebensunfähig geworden ohne Technik und Industrie, die Schöpfung Erde in Todesbedrohung durch Atomspaltung des Geistes wie der Bomben und Reaktoren...

Welche Errungenschaften, welche Schrecklichkeiten, welche atemberaubenden Entwicklungen an Abgründen, immer tieferen, gähnenden ungeheuren Abgründen. Der Schauer eines tiefen, unermeßlichen Bedauerns, wieder weht er mich an; das Urbedauern des Here Mimir über den Menschen, der eigene Wege ging und geht. Die Teufelskreise der Verhängnisse, eine Linie der Weltgeschichte... ist das die Entwicklung der Eigenmächtigkeit, die Here Mimir vor der Abreise in der Heimat, oben auf dem Turm angesprochen hat, der Ablauf der Menschheitsgeschichte, die sich auf Technik, ihre Macht und Götzen gründet mit all ihren Folgen für die Schöpfung Erde.

Das Urwissen von der Allverantwortlichkeit des Menschen für die Schöpfung Erde — indianische Völker hätten das Vermächtnis der Urzeit bis in die Neuzeit gelebt, bevor ihr Geistesfeuer im verheerenden Sturm der weißen Eroberer erlosch...

Die Schmerzensschreie des Unterganges, so hat Here Mimir gesagt, seien Weckrufe des Neuen. In Schmerzen werde das Neue geboren. Im Banne des Wissens sollten wir vollführen die Reise, nach langer Nacht erhebe sich wieder die Sonne.

Ich taumle, noch benommen vom Strom der Gedanken, schwanke leicht, als ich mich, gerufen von den drängenden Freunden erhebe, mich zu ihnen und zum Auto begebe. Geradezu erleichtert bin ich, daß sich Karl-Heinrich fraglos ans Steuer setzt — dem Bärensee entgegen.

Ohne Ahnung sind wir, was dort geschehen soll, dort am Abgrund der Höhe, am plattenmächtigen Gestein. Wir wissen nur, daß wir dort ein großes, blutrotes Tuch ausbreiten sollen, daß wir eine Kugel darauf setzen sollen aus spiegelnd klarem Bergkristall.

Aufruf zum Großen Thing

Garden City — Dienstagabend, den 30. August 1977

Gus Rich, der Gentleman mit dem feinsinnigen Lächeln, hat uns wieder aufgenommen. Seine Verhaltenheit im Umgang mit uns ist geblieben, dennoch seine Freude ist spürbar. Erneuter Gastgeber für uns, das will er wohl unbedingt sein, obwohl ihm die Rolle diesmal einige Skrupel und Schwierigkeiten bereitet. Annelies nämlich hat er notgedrungen in einem Raum unterbringen müssen, der auf Dauer an amerikanische Freunde vermietet ist.

„Sollten sie kommen", erklärt er ihr mit einem Anflug von Peinlichkeit, „dann müssen Sie leider umziehen — in mein Haus in Garden City." Sagt es, bittet höflich, aber ohne Umschweife in seinen Wagen. Wenige Minuten später stehen wir vor einem kleinen, reizenden Haus, werden freundlich hineingebeten, mit Aufmerksamkeit durch die stilvoll gestalteten Räume geführt. Bewegender Einblick dabei in die familiäre Sphäre; eine junge Frau mit dem

Liebreiz beseelter Schönheit schaut uns an. Ihr Bildnis im erlesenen Mahagonirahmen hängt an der hellen Wand, und Gus Rich sagt leise, ergriffen: „Das ist ein Jugendbildnis meiner Frau..." schweigt, stockt und fügt dann noch hinzu, wenn auch mit verebbendem Ton ... „Sie ist schon vor Jahren gestorben." Ihr viel zu früher Tod ist noch immer Schicksal, das nachwirkt und das schmerzt.

Gus Rich, im Augenblick, in Herzschlägen des Bewegtseins offenbart er sonst verborgene Empfindsamkeit, ist er wie entrückt in eine verklärt-wehe Vergangenheit. Aber er, ein Mann der Selbstdisziplin, ja der Selbstmeisterung faßt sich wieder, und nur mit Erstaunen, mit lebhafter Bejahung vermag Annelies seine Frage zu beantworten, ob ihr nötigenfalls solche Unterkunft genehm wäre. Gus Rich gibt uns auf seine Art zu verstehen, er nimmt uns als Freunde auf.

Außer sich vor Freude, in Ausrufen und Gesten, gibt sich Mary Stephen. Quirlige Betriebsamkeit hat sie gleich nach der Begrüßung erfaßt, und unternehmungslustige Gedankenblitze wetterleuchten in ihren Augen. Einladungen kündigt sie an, bei sich im kleinen Häuschen am See, vielleicht bei befreundeten Mormonen, auf jeden Fall aber zum Gottesdienst in der Kirche von Garden City. Mary Stephen — ihre Stimme überschlägt sich geradezu, ganz im Gegensatz zu ihrem um so schweigsameren Mann. Er steht, an der Hüfte behindert, schwerfällig unbewegt, im Türrahmen ihres Häuschens. Der quicklebendigen Mary ist offensichtlich der Sommer mit ihm, doch ein wenig zu lang, zu ereignislos geworden.

Aber nun bietet sich kribbelnde Abwechslung an: Für sie, für ihre Glaubensbrüder und -schwestern, für den kleinen Ort Garden City ist's wohl eine kleine Sensation, daß die drei Deutschen wieder da sind. Und die Neugierde, erneut nach unserer Ankunft angestachelt, mag fragen unter ihnen: Warum sind die wohl zum zweiten Mal hierher gekommen?

Mittwoch, den 31. August 1977

Früh am Morgen, da der Himmel und die Wasser wieder ihre Bläue finden, bin ich am See gewesen, habe Schuhe und Socken ausgezogen. Das Wasser am nackten Fuß — warm fühlt es sich an, vom heißen Vortag her, von der Sonne eines dauerhaften Sommers. Jedoch, behutsam tastend über den steinigen, tiefer werdenden Grund spüre ich Kälte; sie rötet mir die Füße.

Wirbel, Wellengänge sind um mich, den Watenden. Unbewegt sonst die Wasser, regungslos der See. Der ungeheure Spiegel im Blau des morgendlichen Himmels; Blau in Blau und doch gewandelt im jeweiligen Element.

Atmosphäre hell luftig, endlos weit; Wasser dicht und doch fließend, tief und dunkel. Das gewohnte Widerspiel von Himmel und Gewässer — an diesem Morgen ist's mir die sprechende Offenbarung, ergreifend und bewegend schön, als hätt' ich's noch nie gesehen. Ob's die Erwartung ist des aufsteigenden Tages? Nach Westen richtet sich mein Blick, hinaus ins Gebirge; dort, wo sich der Berg erhebt. Noch heute, noch an diesem Vormittag wollen wir ihn aufsuchen, wollen wir an jener steinernen Stätte sein zu erster Vorbereitung... uns im Innersten sammelnd, uns einstimmend ... auf das Werdende...

Seltsam, daß ich hier inmitten der Rocky Mountains bin, im Licht des Morgens am Ufer, im Wasser barfüßig wate; die Seele so hochgestimmt ist. Seltsam, da doch für mich, im Vorurteil der Unkenntnis, Amerika New York war, der Kontinent grausig öder Großstädte, der Kontinent lärmender Monotonie, endloser Fließbänder... aber da, wo so atemberaubend schnell sich Industrialisierung vollzog, können da ebenso atemberaubend schnell Veränderungen, Wandlungen gar, eintreten? Ist Amerika solch eine Weltregion? Dort, wo noch vor hundert Jahren ganze Völker die Trommeln des Großen Geistes schlugen? Seltsam, daß sie auch mich gerufen haben die dröhnenden Trommeln... da ich früher doch, in der Jugend im Abstand war, in abwertender Reserve war, hörte ich von Medizinmännern und vom Tam-Tam ihrer

Rituale... Seltsam, die Irrtümer im Leben; und dann treten Entwicklungen ein, so überraschend und völlig anders...

Vom Waten, vom bewußten Fußbad habe ich genug nach zehn Minuten ... nicht nur die Füße, auch andere Körperzonen regt es an, wenn Steine die nackten Sohlen drücken, ihre Kanten etwa am großen Zeh, am Ballen die Punkte treffen, die im Nervenreflex sich auswirken auf den Nacken, auf die Schilddrüse... angeregt bin ich überhaupt, an Seele und Geist... erregt bin ich von der Erwartung, denn der Tag, der erste oben am Berg, ist heraufgekommen...

„Die Windboten — wir senden die Windboten in alle Himmelsrichtungen ..." Erst verhalten, Inneres ertastend, dann aber klar und bestimmt, spricht Karl-Heinrich die Worte aus. Wir, die wir nach über zwei Jahren wieder auf dem Berg sind, hoch über dem tiefblauen See - wir sprechen gemeinsam die Worte, wiederholen sie dreimal und fügen hinzu: „Aufruf zum Großen Thing."

Über uns schreien Vögel, dunkel und nah. Dohlen sind es, die mit gespreizten Flügeln gerade über uns verharren, über dem Abgrund, dem felsigen, hinabstürzen dann, in atmosphärische Tiefen ... in Aufwinden kreisend wieder emporsteigen, über dem See, über Wäldern und Bergen. Über uns, beinahe zum Greifen nahe, sind sie immer wieder, mit schattigen Flügeln, in den Lüften gebreitet und spielerisch leicht bewegt und schnabelspreizend mit spähenden Augen wiederholt sich ihr Ruf, schrill über uns und in den Weiten.

Karl-Heinrich vernimmt ihre Rufe nicht. Er schweigt noch, aber längst hört er anderes, erneut ist seine Aufmerksamkeit auf eine Seins-ebene gerichtet, deren Schwingungen, Töne sonst nicht wahrnehmbar sind, gleichsam als habe er auf der Skala der Frequenzen schon die Schwelle überschritten, wo das Gemeinhin-Hörbare verstummt...

„Eine Fröhlichkeit... ein Lärm... munter..." sagt er zuerst, nach Worten suchend. „Ein reges, ja fröhliches Treiben herrscht..." In Andeutungen spricht er, wiederholt sie von einem Erstaunen erfaßt. „Unmengen sind es, Unmengen, die Berge voll... bevölkert die Lüfte..." Und dann fügen sich Worte und Sätze, beschreibend die deutlicher werdenden Bilder.

„Trommeln pochen im Takt der Hände... Indianer tanzen, den Boden stampfend, die Arme erhebend, seitlich schreitend im Kreis ... Die Gerufenen", Karl-Heinrich wundert sich mehr und mehr, „... die von uns zum Thing Gerufenen, sie rufen ihrerseits ... wen aber rufen sie und wozu?"

Vom Aufbruch erfaßt einer Innerweltlichkeit, berührt von einer großen Ahnung, schüttelt sich Karl-Heinrich. Zutiefst verwundert nimmt er Abstand dazu, drängt sich ihm auf die Frage, die ihn, den Bildstrom unterbrechend, unabweisbar beschäftigt. „Wer sind wir denn, daß wir solches erfahren? Wie sollen wir uns selbst verstehen?"

„Menschen seid Ihr, in denen uralt Wissen erwacht, Menschen seid Ihr, in denen uralt Walten beginnt, Menschen unter Menschen, Menschen seid Ihr im Dienste der Schöpfung Erde..." Karl-Heinrich hat nachgesprochen, was er hellhörig vernommen hat...

Die Dohlen über uns, über uns kreisend, sind zahlreicher geworden, äugen zu den still Verharrenden hinab, schreien, schrill ... immer wieder...

„Ein Bild geben sie nun. Ein Buch", fährt Karl-Heinrich fort, völlig beansprucht von der inneren Wahrnehmung. Das Buch der großen Erinnerung sei in uns, Blatt für Blatt werde es um der Zukunft willen aufgeschlagen, verlebendige es sich, um neuer Taten willen.

In sich hineinhorchend, nein, eigentlich über sich hinaushorchend, wird er lebhafter, erkennender noch... „Aha, seht einmal, so ist das... zum Thing zu rufen, bedeutet alle Dinge unter den Thing des Geistes zu stellen ... nicht hörig werden dürfe der Mensch den Dingen ... die roten Atlanter... niemals seien sie einem Materialismus verfallen, große Helfer seien sie deshalb für das Kommende..."

Und wieder sieht er, was er schon gesehen hat: „... das rege, frohgemute Treiben derer, die sich versammelt haben... Indianer... in den Höhen, im Lichte einer Sonne... nicht mehr in Abgründen, dunkel und tief... frei sind sie, die Düsternis des Geschicks... ihnen genommen ... von der Stirn genommen und die Traurigkeit aus dem Herzen. Erwacht sind sie, und eine Ahnung, die große Erwartung hat sie erfaßt..., und die läßt sie trommelnd rufen... nur die Indianer? ... Nein, Völkerschaften, wie es scheint, aus aller Welt... sie alle rufen zum Großen Thing."

Karl-Heinrich schweigt, er vermochte nicht mehr zu schauen, nicht mehr zu sagen... am Sonnabend, in drei Tagen, das hat er noch erfahren, sollen wir wieder hier oben sein ... hier oben auf dem Berg. Als wir im Wagen hinunterfahren, die gewundenen Straßen hinab nach Garden City, ist Karl-Heinrich immer noch ergriffen. „Welch' freudige Erregung", murmelt er immer mal wieder, „welche Erwartung!"

Donnerstag, den 1. September 1977

Freude der indianischen Wesenheiten? Sie alle im Aufbruch einer Ahnung, einer allesbewegenden Zuversicht? Haben die Indianer nicht alles verloren? Ihr Land von Küste zu Küste, in den Weiten eines Kontinentes? Sind sie nicht in Enge und Elend eingepfercht in den Reservaten? Ablenkungssüchtigen, satt-gelangweilten Touristen und ihrer Fotooptik zur Schau gestellt, sie und ihr federgespreizter Aufputz längst verloschener Zeiten? Haben sie sich nicht selbst verloren, die Sippe, den Stamm, ihre rote Rasse? Ist nicht ihr Antlitz zerstört von Ohnmacht und Trunksucht, haltlos geworden in Fremde und Verfremdung? Alles verloren sie, obwohl sie der Einheit lebten mit dem Großen Geist. Alles verloren, obwohl sie heroisch waren. Aber tragen auch sie eine verborgene Schuld an ihrem eigenen Schicksal?

Die Schmerzensschreie der Untergänge sind Weckrufe des Neuen! Here Mimir, der Tiefenmächtige, hat es gesagt. Dem grausigen Schicksal Weihe verleihen? Der allesvernichtenden Sinnlosigkeit doch einen Sinn? Welcher Kontrast zur Realität, zu den Realitäten der kriegs-, der krisengeschüttelten Erde — angesichts dessen Sinngebungen wie-frömmelnde Einfalt anmuten, wie Hohn gar, wie Zynismus.

Aufdämmernde Verheißung dennoch — im Morgenrot einer neuen Welt? Hoffnung, Zukunft doch für die Menschheit! Die Menschheit nicht in der Unausweichlichkeit der Selbst-, der Welt-, der Naturzerstörung? Die Allmacht des Geldes und der Gewalt, die Allmacht der Bedürfnisse, die Allmacht der Zwecke und Zwänge, die Allmacht der Spaltungen und Zerwürfnisse — doch nicht allmächtig? In der Weltgeschichte doch die Leuchtspur einer Heilsgeschichte?
Die indianischen Völker, die die Welt aus dem Gleichgewicht kippen sahen, die, Sinnbild schrecklichster Wahrheit, die Sonne stürzen sahen aus dem Firmament, sie, gerade sie in beflügelnd-beflügelter Hoffnung?

Freitag, den 2. September 1977

Die Tage steigen und sinken im Licht einer stets wolkenlosen Sonne, verstreichen in Kurzweil beim Bad im See, beim Müßiggang am Ufer und bei kleinen Ausflügen. Weniger Kurzweil, mehr Verpflichtung ist das Dinner, zu dem uns gestern abend das Ehepaar Stephen geladen hat. Mary palavert wieder unentwegt mit augenblitzendem Vergnügen, während ihr Mann gutmütig, aber schweigsam bleibt. Als Gäste bemühen wir drei uns, aufmerksam und freundlich zu sein, insbesondere ich, da ich um meine Neigung zu Teilnahmslosigkeit und Abwesenheit weiß und nicht unhöflich wirken möchte.

Mary hat es jedenfalls geschafft, der einen Geselligkeit eine weitere anzuhängen. Flugs hatte sie sich anerboten, durch eine leichtfertige Bemerkung von Karl-Heinrich ausgelöst, uns heute ins mondäne, benachbarte Ferienparadies von Sweetwater zu führen. Ernüchternd einfach wie in den Pionierzeiten des Wilden Westens ist gemessen daran unser Domizil bei Gus Rich. Aber zu uns paßt's! Und außerdem: sind wir nicht auch Pioniere genannt worden, Pioniere des Geistes? Im übrigen wären wir gar nicht so kapital- und aktienkräftig wie sicherlich mancher Sweetwater-Besucher, der morgens in die Wirtschaftsbörse blickend, ein Vielfaches dessen verdient haben mag, was er vortags ausgegeben...

Karl-Heinrich unterhält sich gern mit Gus Rich, auffrischen kann er dabei die Spracherinnerung von zehn Amerikajahren. Gelegentlich bin ich dabei. Als schweigsamerer, vokabelsuchender Zuhörer verstehe ich natürlich nicht alles, zumal die beiden in einen gewissen amerikanischen Slang verfallen, in ganz bestimmte, nur Einheimischen vertraute Redeweisen. Immerhin - ich erfasse, daß auch Ernsteres aufkommt, so die Frage nach dem Tod. Gus Rich, der alte Mann, spricht ohne Schwere darüber.

Zwar hat er sich verändert in den zweieinhalb Jahren seit unserer ersten Begegnung; ein wenig gebeugter geht er schon, etwas mühsamer ist sein Schritt geworden, wenn er auch arbeitsam geblieben ist wie damals. Noch immer regt sich in seinen faltigen, daseinserfüllten Gesichtszügen das lebensbejahende, das lebensfreudige Lächeln. Vielleicht ist es hintergründiger geworden, weisheitsvoller noch, mit einem Hauch von Nachdenklichkeit.

Die Heiterkeit seines Wesens — wie nehme ich sie auf, auf daß sie mir meine Gedankenschwere erleichtere, auf daß sie mich lockere...

DIE GROSSE VERSAMMLUNG

Samstag, den 3. September 1977

„Eine Ordnung hat sich gebildet... in Ringen geschichtet... überwältigend ist das...", Karl-Heinrich sagt es, als wir zum zweiten Mal oben auf dem Berg stehen, er von der Schau berichtet, die sich ihm offenbart. Gewichen sei die freudige Erregung von neulich, der Aufbruch der Wesenheiten sei vorbei, geblieben aber sei die Erwartung, sie habe sich versammelt, gesammelt in einem großen Bild: all die Wesenheiten ständen da und schauten nach oben.

„Neugierig", gesteht Karl-Heinrich, „war ich schon. Als wir vorhin den Berg hinaufstiegen, da versuchte ich, schon etwas zu sehen. Nichts sah ich, überhaupt nichts. Und nun, hier oben dieser, dieser Anblick.

Heerscharen sind es ... in weiten, in weiten Ringen haben sie sich geordnet... sind es Tote, die da ergriffen sind von einem... ja, von einem heiligen Ernst? ... Indianer, Weiße, die sich bekämpften, die gefangen waren in Fronten des Krieges und doch verwandt sind im Geiste?... aber auch andere Völker sind da und mit ihnen ähnliche Schicksale... offensichtlich sind es Wesen aus aller Welt, die sich eingefunden haben, die sich zusammengeschlossen haben in gewaltigen, sich schichtenden Kreisen... bis dahin", sagt Karl-Heinrich, hebt den Arm in der Absicht, das kaum zu Schildernde mehr noch zu veranschaulichen, „bis dahin bis zum anderen Ufer des Sees."

Ich folge der gewiesenen Richtung, sehe den See da unten... in der tiefen Bläue leuchtet er wie ein gewaltig schönes Auge.

„In den ersten, den höchsten Kreisen hier oben am Berg", sagt Karl-Heinrich, indem er fortfährt, „sind deutlich Gestalten zu erkennen, Wesenheiten hoch... erhaben, die sich verbergen im Dunkelbraun einer Gewandung. Wer mögen die erhabenen Gestalten sein? ... Sie da... gerade die im innersten, im höchsten Kreis... offen ist der... sind die ersten Kreise im Gegensatz zu den nach unten folgenden... als einzelne stehen sie da in Unvergleichlichkeit... und all die andern, die sich versammelt haben in gebundenen, in verschränkten Ringen bis hinab zum Fuße des Berges ... sie alle schauen empor zu den Höchsten ... aber sie, die großen einzelnen, sie blicken nicht hinab zu den unteren ... auch sie schauen nach oben.

Schauet aufwärts ... so wie wir... Eine Erscheinung sagt es plötzlich, eine aus dem innersten Kreis. Eben stand sie noch da im Dunkelbraun des Gewandes, unversehens hat sie sich verwandelt... in einen Ritter, der ein Schwert hält in der Hand, dessen Haupt verborgen ist in einem Spitzhelm.

Seht auch Ihr nach oben, so wie wir nach oben schauen." Der Ritter sagt es erneut... die Wiederholung... ich verstehe, deute sie als Ermutigung. So wage ich zu fragen: „Aufwärts zu schauen, was bedeutet es denn wirklich?"

„Wahrhaft in der Demut zu sein, im Mut zum Dienst... " antwortet der Ritter und fährt fort:

„Betretet den Kreis nicht mehr... Seid geläutert in vier Tagen wieder hier oben, seid da... in der Stunde da, in der sich der Himmel öffnet, der Himmel sich uns zuneigt... Gebt Ton dem Geschehen. Seid tongebend, aber wisset, daß Ihr nicht tonangebend seid. Verlaßt die Stätte hier — am Tage darauf... verlaßt die Stätte, wo sich herniedergesenkt haben wird der Himmel, verlaßt sie, auf daß nichts angreifbar ist vom Kreis der Düsteren ... Ihr drei nicht gefährdet seid ... fahrt am Tage darauf hinweg ins weite Land. Mit Euren Fingerspitzen sollt Ihr berühren die Felsen, mit Euren Fingerspitzen sollt Ihr berühren die Seen, mit Euren Fingerspitzen... die Bäume... tut es, tut es im Bild der Stunde, da sich der Himmel öffnet, er sich zuneigt der Erde..."

„Der Kreis der Düsteren... wer sind sie?" Annelies fragt, ergriffen von den warnenden Worten.

„Es sind die, die da verfallen sind der Selbstsucht, die da nagen an den Wurzeln des Seins..."

„Können sie uns erspüren — die Düsteren?" Karl-Heinrich hat es innerlich gefragt, und die Antwort aussprechend, erfahren wir: „Ahnende sind sie, doch in Dunkelheiten gefangen ... Ihr Spürsinn ist niedriger als die Schwingung unserer Sphäre... Sie handelten mit all ihrer Macht, würden ihnen Ahnungen deutbar, faßbar in Personen, die sich aufhalten an einem bestimmten Ort. Seid achtsam, seid wachsam..."

Schweigen ist eine Weile, erst jetzt fällt mir auf, daß uns völlige Stille umgibt. Die Dohlen ... heute im hohen Mittag des Tages fliegen sie nicht. Karl-Heinrich, mit allen Sinnen inwärts gewendet, ist wie gebannt vom unentwegten Anblick der großen Versammlung.

„Sie schauen ... sie schauen alle nach oben ... Wen erwartet Ihr denn?" fragt er plötzlich, den die Anstrengung gezeichnet hat, ihn kraftsparend ohne Umschweife fragen läßt.

„Bezähme dich, warte!" heißt es da, Karl-Heinrich, ganz und gar Übermittler, wird sich der Rüge wohl gar nicht bewußt. Noch immer im Bann der ritterlichen Erscheinung fragt er weiter:

„Wie können wir uns heute verabschieden?"

„Ich sagte es: schaut wie wir nach oben? Verneigt Euch vor dem Höchsten, dem Unnennbaren..."

Karl-Heinrich reibt sich die Stirn, fährt sich über das Gesicht, als könne er damit Spannungen mildern, die Zwiesprache noch für Momente fortsetzen, ehe sie eine Erschöpfung beendet. Annelies erfaßt es, schnell fragt sie noch, was sie in Ehrfurcht zu fragen drängt:

„Wer bist Du, Ritter, daß Du so sprichst?"

Da hebt er das Visier seines Helmes und ein Strahl, der Strahl einer Sonne bricht hervor.

„Bald'r bin ich, der Träger des Nordlichtes."

DIE UNHEIMLICHEN DEUTSCHEN

Montag, den 5. September 1977

Sie erkennen uns wieder, die Leute von Garden City, die mollige, freundliche Frau etwa an der Kasse im Shop-Center, der gesetzte, wortkarge Mann an der Tankstelle, dann bei der Post die Hagere mit der blitzenden Metallbrille. Sie, mit den scharf geschnittenen Zügen, mit der spitzen Nase, schaut uns hinter der fensterartigen Schalteröffnung mit Augen an, die die starken Brillengläser noch stechender machen. Sind wir ihr nicht so recht geheuer? Blickwechsel augenscheinlicher, gegenseitiger Befremdung, denn ihre schmalen Schultern, die angelweit geöffnete Wohnungstür verwehren nicht den Blick auf ein Küchenchaos wirr sich türmender Haushaltsdinge. Ist sie Junggesellin, der Hausfrauliches zuwider ist, die sich vielleicht lieber Büchern widmet, all ihren Gedanken oder der Neugier?

Wieder sind sie da, die Deutschen! Warum nur? Ob sie so denkt, da sie uns so durchdringend anblickt? Tüchtige Leute sind sie, die Teutonen, zu tüchtig und unheimlich. Die Welt hatten sie entflammt in Kriegen, wie leuchteten ihre Augen in den Tagen des jähen Reiches, in den fackel-flackernden Nächten beschworener Eide. Ob sie so denkt, sie gar grausige Bilder schrecken? Filme laufen oft im Fernsehen, unterbrochen von Werbespots, Bücher gibt es unzählige, die im Schwarzweiß grausamer Düsternis die Vergangenheit aufwerfen, als sei sie noch kriegsbestimmende Gegenwart. Wehe den Besiegten, denn schon immer hatten sie alle Schuld. Wir gehen, spüren die Poststelle verlassend die Kluft der Tragödien und Schicksale, die zwischen Völkern und Menschen gähnt.

Fremde sind wir doch in Garden City, wenn auch immer mal wieder so etwas wie Wiedersehensfreude aufflackert; Spontaneität im Augenblick, doch Abstand bleibt, sicher nicht nur, weil wir Deutsche sind, sondern weil wir überhaupt irgendwie anders sind als die Leute sonst. Bei Alltagsbegegnungen spüre ich ab und zu eine gewisse Verwunderung mit hintergründiger Neugierde;

Fragen, die vielleicht aufsteigen und doch im Gaumen hängenbleiben, unausgesprochen.

Solche menschlichen, solche geschichtlichen Zwiespälte gibt es für Mary Stephen offensichtlich nicht. Unentwegt hat sie alle möglichen und unmöglichen Fragen, und ungehemmt kommen sie über ihre kirschrot bemalten Lippen. Unsere Antworten, mitunter zwangsläufig ausweichend, genügen ihr überhaupt nicht, ihre Neugierde mit geschwätziger Liebenswürdigkeit verschwistert wird nur noch reger. Geselligkeit ist Mary Stephens Lebenselixier und Auftritte in der Gesellschaft sind ihr begehrte Ereignisse. Mehr im Brennpunkt allgemeinen Interesses, ja gelegentlichen Neides steht sie offensichtlich — sie, die den Kontakt hat zu den wiedergekommenen Deutschen. Und es scheint, daß sie solche Stellung in vollen Zügen genießt. Gerade noch abgewendet haben wir die Einladung ins mormonische Gotteshaus zum gestrigen Sonntag. Annelies hat's vollbracht, mit einiger Mühe und beredter Ausrede. Der Kirchgang aber steht uns gewiß wie das Amen beim Gottesdienst bevor. Ob uns die aufgetragene Rundreise einige Tage von Mary Stephen entrücken soll? Herzhaft lachen wir auf, als Karl-Heinrich die spaßige Frage aufwirft.

Der Humor aber überlagert nur Gefühle des Ungewissen, vermag sie nicht aufzulösen. Zu deutlich war die Warnung, die Aufforderung zur sofortigen Abreise. Lauert wirklich irgendeine Gefahr? In die Sonnigkeit der Tage fallen Schatten, in die Harmlosigkeit einer Urlaubsreise Momente einer unwägbaren Bedrohung...

DIE AUFWÄRTS SCHAUENDEN GÖTTER

Dienstag, den 6. September 1977

Am Baum, am moos-zotteligen Geäst tief hängender Zweige, verharre ich. Karl-Heinrich horcht, einige Meter vor mir stehend in die lichthelle Tiefe des Waldes. Schweigen in Sekunden verharrender Bewegung. Aufmerksamer schaue ich in die Richtung geradewegs vor uns, in die Karl-Heinrich's gespannter Blick gelenkt ist. Stille ist um uns und Lichtdämmrigkeit. Zu unbequem wird mir auf Dauer die unterbrochene Bewegung, behutsam ziehe ich den Fuß nach.

Doch da im Hintergrund! So schnell, kaum faßbar! Mir war es, als huschte da eben ein Schatten... ein rötlich, schneller Körper etwa, lautlos entschwunden im Dickicht der Tiefe. „Ein Puma? Vielleicht war es eben ein Puma", sagt Karl-Heinrich und sieht, ebenfalls wie ich, in Anneliesens verschrecktes Gesicht. „Eine Gefahr sind sie nicht", sagt er, legt den Arm beruhigend auf ihre Schulter, „dem Menschen weichen sie aus, ein Glück war's schon, seinen Schatten zu sehen".

Urwaldhafte Wildnis umgibt uns. Bäume, morsch zerbröckelnd, von Moos durchsetzt, gestürzt zerfallend zwischen ragenden Riesen, die in aufsteigenden Höhen im grünen Nadelkleid der Äste stehen, hier unten im Schatten verdorrt sind im Reisig. Flechten hängen überall an den Ästen, haben sich stellenweise verfranzt, verfilzt mit Gezweig, wirken mitunter wie wunderliche Schrate. Rein, der Gast aus den Ballungszonen Deutschlands spürt's um so bewußter, rein ist hier die Luft. Die Flechten beweisen es, sie, eine Symbiose von Pilzen und Algen, gedeihen nur in klarer Atmosphäre.

Unter den Bäumen bleiben wir immer wieder stehen, verweilen wie in Andächtigkeit zuweilen. Das Licht von oben, das Dach sich verschränkender Tannenkronen, wirft Muster von Licht und Schatten auf den Waldesgrund. Auffallend licht ist es, gerade am Schattenwurf, an den Kontrasten wird einem die Helligkeit der Hochebene bewußt.

Zum Auto sind wir zurückgegangen, über Wege fahren wir langsam, auf denen sonst nur großrädrige, vorderradgetriebene Geländewagen verkehren. Der grasbuschige Untergrund — hörbar schlägt er immer wieder gegen das Bodenblech des Wagens. Unterwegs, in einer weiträumigen Senke des Geländes, qualmt weißer Rauch. Er entsteigt einem Holzwagen, der im Hintergrund steht, halb verdeckt von ausladenden Nadelbäumen. Ein Pferd grast daneben, hebt, als wir uns nähern, den Kopf mit dem malmenden Maul, läßt ihn, offensichtlich ungestört durch uns, wieder grasend sinken.

Da erschallt Hundegebell, als wir auf Meter nur der rädrigen Einsiedelei nahe sind. Aus dem Innern des lederverhangenen Wohngefährts dringt es, steigert sich noch im wachsamen Ingrimm. Da knarrt es drinnen; Schritte erst, dann schiebt sich eine verwegene Gestalt hervor, der Typ so des Wegelagerers aus Zeiten des Wilden Westens, und Augen richten sich auf uns, verengt, gespannt mit einem lauernd abschätzenden Blick.

Entschieden, dabei freundlich um Entschuldigung bittend wegen der Störung, tritt ihm Karl-Heinrich entgegen, im vertrauten Amerikanisch, ja sogar im slanghaften Ton der Region; da entspannen sich seine Lider und seine tierhaft schönen, seine braunen Pupillen. Nur die Verwegenheit bleibt des üppig wuchernden Bartes. In den ablenkenden Wortwechsel verwickelt wirkt der Mann ungefährlicher, beinahe umgänglich.

Ein Schäfer ist er, so erfahren wir, der Abertausende von Schafen hütet im Sold, oder genauer gesagt, der sie wie Wild beobachtet und hegt, denn im Sommer leben die wolligen Vierbeiner frei in wandernden Herden auf den Hochebenen und zu Roß folgt er, der US-Schäfer, ihren immer wieder neu zu sichtenden Spuren.

An einer Anhöhe, dort, wo Steine und Steinchen hinwegfliegen unter durchdrehenden Rädern, halten wir erneut an. Zu Fuß geht es weiter, noch höher hinauf auf einem Geländekamm. In Schwere und Weite, unter uns die Erde, schluchtentief dort im Osten, dann sich dehnend in Wäldern, wechselnd mit gelbkahlen Hochebenen, mit steil-klüftigen Gebirgen. Steigend und fallend die Faltungen der ungeheuren Landschaft, bis zum atmosphärischen Horizont hin in Schichtungen sich überlagernd in immer feiner werdenden

Linien. Und darüber dann die blau-unendliche Offenheit des Himmels und die alleserstrahlende Sonne!

Immer mal wieder blicke ich zurück, die bereits erstiegene Höhe zu überschauen. Der dunkel-schöne Wald — drunten am Fuße des Höhenkammes weitet er sich und hinter den schrittweise hinweggesunkenen Baumspitzen ist immer mehr der Bärensee hervorgekommen; ein Auge der Erde, das den Himmel spiegelt.

Noch steiniger ist es geworden. Aber es wächst noch Gras hier oben, fahl-gelbe Halmbüschel wehen in ruhelosen Winden. Erreicht haben wir den Gipfelpunkt des Höhenkammes. Wir bleiben oben stehen, verharren dort eine Weile, wo er sich zur anderen Seite hin senkt, abwärts und jäh.

Drei Bäume fallen auf. An einem Abgrund, einige Meter unterhalb von uns, haben sie sich behauptet gegenüber den Unbilden der Höhe. Verkleinert sind sie zwar, aber grün-buschig wächst der Erste empor, der Zweite steht schon in trutziger Stämmigkeit, während der Dritte, gespenstisch verrenkt in Stamm und Geäst, fahl verdorrend hinweg-sinkt in eine Unwirklichkeit. Natur, die im Auge des Menschen zum Sinnbild wird für unentwegtes Werden, Bestehen und Vergehen. Abwärts bin ich gegangen, einige Schritte auf die seltsamen Bäume zu. Gleichnis sind sie mir für den Kreislauf des Seins, für das Dasein im Diesseits — so im Luftdruck der ruhelosen Winde, dastehend wie ich mit verwehten Haaren. Gleichnis für ein Dortsein im Jenseits. Aber gibt es überhaupt ein Dort, einen Ort, eine Örtlichkeit des Jenseits? Ist es nicht ein Unbestimmbares? Sind es Sphären der Schwingungen, der Strahlungen, über, hinter oder in allem Seiend-Lebendigen?

Wie fahl ist das Geäst, gewichen all das Grün, die Säfte des Lebens! Wie kahl, wie dorrig der verrenkte Ast! Wo weist er hin? Was folgt dem Grün des Daseins? Was folgt dem herzschlagenden Dasein? Was einem Menschenleben, das redliche Bemühung im unentwegten Einsatz war, das eine Meisterung bestimmte, ein Opfer gar jäh beendete?

Von Toten wurde gesprochen, als von all den Völkerschaften die Rede war, die sich am Berg, am blauleuchtenden See versammelt haben. „So deutlich sah ich sie", betont Karl Heinrich, „da sind sie und doch nicht da." „Eigenartig, daß sie Tote genannt werden..." sage ich noch, ohne freilich eine Antwort von meinen Freunden zu erwarten. Wir drei spüren, daß es nicht an der Zeit ist, darüber zu sprechen, daß etwas Werdendes nicht beredet werden sollte, daß eine Scheu die Lippen verschließt.

Sie haben sich versammelt dort am Berg über dem See und doch in einem Jenseits dessen. In der Frühe des morgigen Tages sollen wir wieder dort sein. Sie warten dort in diesen hochgespannten Tagen, in Weiten des Inneren schauen sie empor, schauen sie alle empor in die Höhen der Höhe. Im Schweigen schaue ich sie, und ihre Gegenwärtigkeit weckt rege Gedanken.

Warum wurden sie als Tote bezeichnet, sie, die so ergriffen sich öffnen dem Höchsten? Sind Lebende nicht oft schon starr in Geist und Gemüt, beinahe wie Tote und diese Toten da, sind sie nicht wie Lebende? Genügen Worte noch, um zu sagen, was zu sagen wäre? Oder ist es gerade dieses eine Wort, das alles ausdrückt, auch wenn es befremdlich anmutet? Tote — ein Heer von ihnen, das sich gebildet hat, das sich aufgeschichtet hat in gewaltigen Ringen am Berg?

Tote — also müssen es einst Lebende, müssen es Menschen gewesen sein, die durch's Leben gegangen sind, durch die Geschichte, geführt, ergriffen, getroffen vom Schicksal, von Schicksalen der Zeiten.

Wie herrlich, schimmernd im Sonnenlicht, wie grün und saftig die Zweige, das Geäst des Baumes dort, des ersten, der sich am Abgrund behauptet und in den Winden!

Wie starr, verdorrt, wie fahl der dritte Baum, der hinwegsinkt im Verfall? Wie bitter, herzvergehend ist's das blühend blutvolle Leben hinzugeben... wie grausig ist das Scheiden... von den Bäumen, den Seen, den blumenduftenden Wiesen... das Scheiden aus den Armen atmender Liebe... Tote, in Kämpfen gefallen... Indianer des grausigen Endkampfes... Menschen, die verblutend hinwegsanken... aber nicht nur Rothäute... Völkerschaften der großen Erde, die der Irr-Sinn traf, die Verstrickung der Zwiste und Kriege hinweg zog aus daseinsfreudigem Leben. Und doch schauen sie empor, und doch sind sie im Zustand erhebender Ergriffenheit?

Haben sie das Licht einer Selbstüberwindung mit hinübergenommen? Sie haben ihr Leben verloren und sich doch wiedergefunden in übermächtiger Versammlung. Sie haben den goldenen Glanz der Meisterung mitgenommen in ein anderes Sein, ob es ein berühmtes oder ein unscheinbares Leben war, wenn es nur wahrhaftig war in der wachenden Führung des Gewissens.

Tote? Nein, nicht Skelette gar—gespensterhaft! Seelen, Wesenheiten der Menschheit sind es im allversammelnden Ernst einstiger Tragik, Wesenheiten im Erhobensein wahrhaft gelebten Lebens, Wesenheiten in der Weihe ihrer Daseinsbewältigung. Welche Einsicht in das Geheimnis der Schöpfung! Welcher Geist führt zu solcher, sich gipfelnder Gemeinschaft der Seelen?

Ist es Gott, in dem sich die Menschheit eint, sie sich zu einen vermag? Sie alle schauen empor... im untersten Kreis ebenso wie in den mittleren und im engsten, oben ganz oben. Urgeste des Aufschauens, des über sich Hinausgehens im Höheren, im Zustande innerster Sammlung und Öffnung, im alleserhebenden Sinn der bergesgleichen Versammlung.

Im obersten, im engsten Kreis der Wenigen aber steht jener Ritter, der sich als Bald'r offenbarte, als er sein Visier hochklappte und der lichtmäßige Strahl hervorbrach. Er, der Bald'r, steht als Einzelner unter Einzelnen da in der Aura der Bedeutsamkeit. Ist Bald'r ein Gott, eine Gestalt unter Gestalten einer Vollkommenheit? Eine Erscheinung unter Erscheinungen einer Vollendung? Als der höchsten Ebene, als der Krone der Menschheit, Einheit und gezackte Vielfalt zugleich.

Aber auch sie, die Vollendeten, schauen ergeben nach oben! Sind sie Aspekte, Asen, Götter des Unnennbaren, die als Vorbild und Inbild, als Leitbild die Menschheit führen, führen sollen durch's Dasein, durch Geschick und Schicksal in allesverwandelnder, alleserhöhender Entwicklung?

In der Verhüllung ihrer braungetönten Gewandung erscheinen sie im höchsten, im innersten Kreis, aber nur Bald'r gab sich von ihnen zu erkennen. Als der Christus in der erlauchten Runde vermißt, angesprochen wurde von Karl-Heinrich, da antwortete der lichtmächtige Ritter, rätselhaft hinabweisend bis in die untersten Ringe: „Der Christus — der Keristos — das Gerüste des einen, sich gipfelnden Menschheitsgeistes — das sind wir alle."

DAS EREIGNIS DER HERABKUNFT

Mittwoch, den 7 September 1977

„Das Bild ... das Bild ... tatsächlich, es ist lebendig! Es umgibt uns, tatsächlich. Von hohen Wesenheiten sind wir umgeben. Wir stehen an der Spitze der Großen Versammlung, an der Spitze, die wie die Spitze einer Pyramide ist... wir Drei, in denen das Blut des Herzens fließt... aber sie, sie sind in einer anderen Wirklichkeit und doch sind sie da; Gestalten... sie zeichnen sich klar ab in den ersten Ringen, werden zu Schemen, undeutlicher nach unten hin... bis... bis zum Fuße des Berges hin und aufwärts wie in einer Pyramide, aufwärts schauen sie alle.

Jetzt", Karl-Heinrich hebt den Kopf, läßt ihn ebenfalls aufwärts blickend in den Nacken sinken, „jetzt senkt sich eine andere herab ... eine Pyramide aus den Himmeln, mit der Spitze abwärts. Nur die Spitze sehe ich, herabkommend aus Verhülltem. Gläsern ist sie, die Spitze, welch ein wundervolles Blau in ihr, durchsichtig und doch unergründlich, sie senkt sich nun, sich senkend...

Enger stehen sie, die da warten, die da aufschauen, um uns herum, in den Ringen da unten. Zusammen schließen sie sich, immer mehr, immer dichter, dichter noch, enger und enger."

Karl-Heinrich stockt, aus der Bedrängung plötzlich ein Ausbruch, unwillige Abwendung im Überfordert-Sein.

„Zu nah ist es, zu mächtig... wie das aushalten... wie das in Worte fassen." Der Seufzer einer Verzweiflung und dann: „Warum müssen wir als Lebende dazwischen sein, mittendrin im Brennpunkt solchen Geschehens." Er schweigt erneut... ein Zittern in ihm, dem kraftvollen, schulterstarken Mann, der gespannt ist in bisher unerfahrene, unertragene Spannung. Vor Anstrengung fährt er mit den Händen über Stirn und Wangen, daß sich gerötete Spuren abzeichnen auf der Haut. Karl-Heinrich hat die Augen geschlossen, die eben noch geöffnet gewesen sind im Anblick des Unfaßbaren und schweigt.

Vor neun Uhr war es gewesen, als wir angelangt waren oben auf dem Berg, an den geschichteten Steinen, hoch über dem noch morgenverhangenen See. Annelies hatte es getan, so wie es uns gesagt worden war: ein großes, rotes Tuch hatte sie auf der Felsplatte ausgebreitet und in die Mitte hatte sie die Kugel gelegt, die Kugel aus Bergkristall.

Neun Uhr war es mittlerweile geworden, zur bestimmten Stunde hatten wir uns die Hand gegeben.

„Urmen duri", hatte Karl-Heinrich ausgesprochen, Worte einer fremden Sprache, die er vernommen und gemeinsam hatten wir die Worte wiederholt, dreimal in verhaltener Deutlichkeit. „Urmen duri, Urmen duri, Urmen duri! Wir bilden den Ring." Auf einen Stein hatte sich Karl-Heinrich gesetzt, das Gesicht auf die Hände gestützt, halbverborgen in ihnen, geschlossenen Auges sich versenkend hatte er sich der Innen-, der Überweltlichkeit geöffnet.

„Die Kugel... die Kugel der All-erneuerung wird wachsen, allmählich Tag für Tag, Jahr für Jahr. Die Kugel wird sich vergrößern, wird zur Erde werden, denn das Licht trägt sie, das junge Licht der neuen Erde."

Annelies — ich hatte sie gesehen, wie sie unwillkürlich auf die Kugel geschaut hatte, die seltsam Schimmernde auf dem tiefdunklen Rot des Tuches, gesehen hatte ich, wie Karl-Heinrich die Augen geöffnet auf das glänzende Gebilde geblickt hatte, auf den gläsernen Kristall, von Menschenhand zur Rundung der Kugel geschliffen. Gesehen hatte ich, wie sich sein Auge gehoben hatte in die Runde des Horizontes, wie es im unfaßbaren Anblick, im größer werdenden Erstaunen immer größer geworden war - das Auge, wie es sich dann geschlossen hatte in der Nähe, in der Umschließung der enger und enger bedrängenden Kreise.

Die Augen — immer noch hat sie Karl-Heinrich geschlossen, aber eben noch schweigend, im Gefühl einer Überforderung löst eine Eingebung, löst eine Entspannung seine Gesichtszüge.

„Hinaustreten muß ich", sagt er erleichtert, er wiederholt sich, sich in solcher Absicht bestärkend: „Ich muß hinaustreten. Von außen muß ich beobachten, von außen wie ein Reporter berichten." Die Augen geschlossen haltend, den Kopf gesenkt, ruhig geworden beginnt er erneut!

„Scharen ... ich möchte sie Geist-Kraft-Träger nennen ... sind um den Berg versammelt, verschwommen da unten wie in Schwaden... milchig im Weiß ... immer erkennbarer ... menschenähnlicher werdend in den oberen Ringen. Im Höchsten, im Innersten steht der Ritter, steht Bald'r, aus dessen Visier der Strahl hervorbrach... Keinen Blick hat er heute für uns, keine Regung der Aufmerksamkeit. Er... sie alle stehen da, gesammelt in Würde und Ernst... und sie alle schauen nach oben.

Sie alle begeistert nur ein Wille, sie alle beseelt ein Wunsch, sich dem Einen zu geben... sie, die da versammelt sind... sie haben einst gelebt, gekämpft, gelitten für das Höhere, für das Tiefere, für ein wahrhaftiges Dasein, ganz gleich, ob es unscheinbar war oder auffallend groß ... Als Lebende, als Menschen suchten, irrten sie, haben sie sich überwunden... überwinden müssen... irgendwann wohl... irgendwie im Dienst an einem Ganzen... Aber nun im Totenreich... enthoben irdischen Bindungen ist ihr Wille, ihr Wunsch, ihr Sein allein gerichtet auf den Allesvereinigenden... den Allesvereinigenden..."

Karl-Heinrich verstummt erneut, sagt dann wie entschuldigend: „Unmöglich... es zu schildern... so wie es ist, es zu verstehen. Aber es scheint... ein Heer ist es, das Totenheer des Planeten... das da angetreten ist, sich geschart hat im Ring, Kreis um Kreis, sich erhebt... ooh, seht wie klar wie schön ... zur Pyramide ist das Seelenheer geworden ... zeichnet sich fein und deutlich ab ... zur Pyramide, die da aufwärts führt, die da endet im alles vereinigenden Punkt... und alle gelebte, erlittene, zur Unbedingtheit geläuterte Glaubenskraft ist auf ihn ... ist auf ihn gerichtet…

Da... das Erwartete geschieht... auf einmal entblößen sich Häupter, es neigen, verneigen sich Gestalten, erheben sich wieder... schauen aufwärts... Ich... ich... darf ihren Blicken folgen...

Von oben, aus den Höhen", sagt er nach Worten suchend, „aus der Pyramide, die sich mit der Spitze herniedersenkt, strahlt es und von unten... leuchtet es wider... lichtdurchzuckt... alles... im Wechsel überspringend... Linien wie Blitze mächtig zitternd... die Spitze... die Spitze senkt sich zur Spitze..."

Ich öffne die Augen, sehe Karl-Heinrich geschlossenen Auges, sprachlos geworden vibrierend in seherischer Schau. Ich sehe Annelies, längst sitzend wie wir alle jeweils an einem Eckrand der Steinplatte, ich sehe sie schwanken, zum Tuch hin, zur Kugel hin in unserer Mitte, fallend schwanken ... doch sie fängt sich, und ich ... doch ich ... mir ist, als schwinden die Sinne mir ... ins Hirn schießt jäh Furcht mir, die Sorge ... im Widerstand, ganz bei mir selbst, bei mir selbst im Innersten zu sein, schließe ich die Augen ... suche ich standzuhalten der alle Besinnung nehmenden Übermächtigkeit... zu ertragen das Überstarke... das Ungeheure... das All-Erströmende...

Sekunden unsagbarer Ungewißheit... Aber was war? War es nur augenblickliche Furcht, eine schreckende Sorge? Meine Fassung bleibt... bleibt mir in der Waage. Es ist doch zu tragen, zu ertragen doch... herb ernüchtert in Entsagungen des Schicksals, geschult in Jahren, in Daseinsprozessen, die Charakter und wägend-abwägende Geistesklarheit forderten, ist mir das Innerste zu kristallhafter Nüchternheit geworden ... offen und doch ganz und gar bei sich selbst, offen einem Unfaßbaren und doch in überwacher Bewußtheit... im Zustand äußerster Enthebung und doch in wägend-schwebender Waage... Sekunden sind es wie eine kleine Ewigkeit und dann ist es mir, als sei es geschehen, als seien die Punkte eins ... die Spitzen, als seien sie übergegangen... und bewußt und unbewußt, und wissend und unwissend zugleich sage ich, sagt es in mir im Angesicht des Kommenden, des Herniederkommenden: Du bist es - DU!

Schweigen, Stille, als halte der Atem der Zeiten an, um tiefer, mächtiger wieder anzuheben...

„Gesichter sah ich erst, und dann und doch nur eins ..." mühsam bemüht sich Karl-Heinrich um Worte. „Gestalten waren es und doch nur eine, sie zuckten auf... für Augenblicke ... aber je mehr es widerleuchtete von unten ... von unten aus der Masse, um so mehr formte sich das Eine... oh, welch ein Antlitz", der Ausruf der Verwunderung plötzlich im Augenblick seiner Gegenwart, „flackernd war es erst, durchzuckt von Gesichtern... aber das Antlitz, das eine Antlitz... nun ist es da... welch ein Antlitz." Karl-Heinrich schweigt wieder, wirkt wie verklärt.

„Namen wage ich nicht zu sagen ... ich weiß keinen", fährt er dann fort... „gibt es einen oder gibt es derer namenlos viele? ... Groß, überragend groß ist die Erscheinung, und nun schaut sie hinab auf das Heer der Seelen, das da erfüllt ist, das da bewegt ist von dem einen Wunsch, von dem in Jahrhunderten, in

Jahrtausenden gewordenen Wunsch: Herr, Dein Reich komme, Dein Wille geschehe...

Gleich einer Sonne ist sein Auge ... und erstrahlt ist das Heer der Seelen... alles Grau gewichen... deutlich ist alles... herrlich... in den Farben. Auch die Wesenheiten in den innersten Kreisen... dort... dort, wo Bald'r steht, wo jene Gestalten stehen, die vordem dastanden im verhüllenden Braun eines Gewandes, sie alle haben sich verwandelt in unbeschreiblicher Herrlichkeit, Götter und Göttinnen gleich. Ich kann das nicht schildern, nicht den Glanz, nicht die Schönheit, nicht deuten die Zeichen ihrer Erhabenheit.

Da... eine Geste des Unvergleichlichen... des Einen... des Alleinen... eine Aufforderung an das Seelenheer... sich auszubreiten, sich auszubreiten ... ahh ... wie ein Teppich ... wie ein sphärischer Teppich, der sich entrollt ... vor ihm entrollt. So dehnt sich das Heer vor ihm aus, und der Alleine schreitet darüber... immer mehr Lichter... Gesichter... werden sichtbar im tragenden Heer der Wesen... und zwischen ihm und dem Unvergleichlichen... es ist Empfangen und Geben, lebhaftester, beglückendster Wechsel ist da...

Der Alleine schreitet wieder über den Planeten, getragen von einem orangenen, einem goldleuchtenden Lichtermeer, einem Lichtermeer aus Gottesfunken, die im Dienst am Ganzen Flamme wurden."
Karl-Heinrichs Stimme ist tonlos geworden, wie teilnahmslos. In der Unfähigkeit, das Gesagte zu ermessen, gibt er Worte wieder, die er innerlich vernimmt.

„Heute ist der Tag, von dem an sein Wille beherrschend wird für die Entwicklung des Planeten, getragen von der ungeheuren Glaubensmacht des Seelenheeres... der Alleine... der Allvereinigende... nach Jahrtausenden ist er wieder auf Erden.

Wie endlos die Scharen sind ... ich erkenne es mehr und mehr, da sie sich hinwegbewegen zu seinen Füßen ... Lichter ... immer mehr blitzen auf ... immer heller...

Oh ... welch ein Bild!

Einer kommt auf uns zu, offensichtlich ist er aus seinem Gefolge... es scheint, als ob er uns etwas sagen will oder wir fragen dürfen ... Je näher er kommt, desto deutlicher wird ... er ist völlig in Silber... in Hoheit ist er... geheimnisvoll leuchtend... Er tritt heran... auf Bilder weist er, auf Geschehnisse, er deutet auf Fragen, die ich in Gedanken gestellt habe, weil ich es als Mensch nicht wagte, ihn anzusprechen...

Auf Bilder weist er, auf Abläufe... auf Ereignisse wohl, die geschehen... wohl geschehen werden... Gewalten, Mächte bäumen sich auf ... ein Aufruhr dort vor dem Nahenden ... vor seinen Füßen ... dunkel, düster sich ballend wie in Wolken, drückend, dräuend ... grell in zuckenden Blitzen... werfen sich Ungeheuer auf, Ungetüme sich schauervoll weitend... Schrecken, Wirren, Angst und Not... doch sie platzen, zerbersten... fürchterlich in selbstzerstörerischer Macht, fallen hinweg, zerfallen... fallen...

Seid ohne Furcht, seid ohne Angst... der Alleine... unaufhaltsam schreitet er voran... seid ohne Furcht, ohne Angst... unaufhaltsam... unaufhaltsam schreitet er voran ..."

Nur allmählich haben wir uns wiedergefunden, uns eingefunden in die Gegenwart, den Anblick der Bäume, des sich schlängelnden Feldweges, des parkenden Autos, dessen Motor schrill anspringt, surrend uns hinunterrollt nach Garden City. Stets waren wir Drei, blieben wir Drei tagesbewußt, aber entrückt waren wir in eine andere Seinsebene. Alles war beherrscht, durchdrungen von einer anderen Wirklichkeit. Erst hat sie schwinden müssen... die Sphäre bildernder, sprechender Schwingungen... und allmählich weichend hat sie eine Art von Benommenheit bewirkt, eine gewisse, wenn auch vorübergehende Schwerfälligkeit der Sinne und Bewegungen.

Annelies kehrt um einiges erleichtert zurück... Die Kristallkugel, gläserner Mittelpunkt ihrer besinnend verinnerlichenden Gebete sollte, so wurde gesagt, oben bleiben an der Stätte. Zwischen den Steinen, in einer Spalte mit verwinkeltem, uneinsichtigen Felsgefüge habe ich sie verborgen.

Hunger - geradezu schlagartig hat er uns überfallen. Schließlich nach einiger, ratloser Suche sind es die Hamburger, des US-Bürgers Standardbrötchen, dickgeschichtet aus Hackfleisch, Käse und Salaten, denen wir uns entgegen sonstiger Eßgewohnheit widmen. Die Frau des Hauses hat sie uns persönlich in einem kleinen Lokal unten in Garden City zubereitet. Wir nehmen's als kräftigende Gunst der Stunde und lassen uns bald danach in unserem Domizil in die Betten fallen und in einen nachmittagslangen Schlaf.

DIE ENTFÜHRUNG UND DER WAHN DER TÄTER

Mary Stephen, plötzlich ist sie von ihrem Häuschen unten am See heraufgesprungen, hat uns hinweggezogen vom Abendbrottisch, uns eilends ans Fernsehgerät geholt.

Der Kinderwagen, plötzlich, als der Mercedes 450 SEL in die Vincenz-Statz-Straße einbog, stand er mitten auf der Fahrbahn; der Chauffeur, plötzlich trat er auf die Bremse der schweren Limousine und krachend prallte das Auto auf, das im Konvoi folgte. Von maskierten Gestalten plötzlich umringt richteten sich stählerne Rohre ins Wageninnere, Schüsse hämmerten und Menschen starben. Widerstrebend, trippelnd nur in eingeklinkten Fußfesseln wurde der Mann, der gedrungen-gewichtige Mann, von Gestalten hinweggezerrt, während der Chauffeur, tödlich getroffen und noch stöhnend aus dem gerammten Auto heraushing.

Montag, den 5. September 17.30 Uhr: Köln im Villenviertel Lindenthal, Friedrich-Schmidt-Straße, Ecke Vincenz-Statz-Straße. Hanns-Martin Schleyer, Präsident der Arbeitgeberverbände und des Bundesverbandes der Deutschen Industrie, ist an dem spätsommerlichen Septembertag entführt worden; drei Polizisten aus der Eskorte und der Chauffeur sind durchsiebt worden von Geschossen.

Hier im tiefen Westen der Vereinigten Staaten, beinahe schon auf der gegenüberliegenden Erdseite gelegen, großräumig bezogen auf die pazifische Weltregion, verfilzt meist im Interessen- und Werbenetz regional-privater Fernseh- und Rundfunkanstalten, ist seltener von Europa, geschweige denn von der fernen, kleinen Bundesrepublik Deutschland die Rede. Ausgerechnet heute nun flimmern Bilder aus Köln, von Lindenthal über den Bildschirm, ausgerechnet von einer Straßenecke am Stadtwald, an der ich schon oft bei Spaziergängen vorbeigegangen bin. Die Entführer, Terroristen der RAF, der Roten Armee-Fraktion, haben der Bundesregierung die Bedingung gestellt, alle öffentlichen Fahndungsmaßnahmen zu unterlassen, sonst erschössen sie Schleyer sofort, ohne daß es zu Verhandlungen um seine Freilassung komme.

Die Bundesrepublik Deutschland, wie Europa und die hochindustrialisierte Welt, seit Jahren Schlachtfeld schlimmster Terroranschläge, steht im Bann der erneuten, der ungeheuerlichen Tat, bebt im Kampf zwischen dem Staat, der Armada seiner Organe und einer fanatisierten, militärisch geführten Gruppe, die im Dschungel der Überstädterung in Guerilla Taktik eine Staatsagonie erreichen will. Menschen fiebern in Ängsten und Sorgen, oder aus bloßer Neugier auf neueste Nachrichten.

Meine Kollegen, wie ich bei einer Kölner Tageszeitung beschäftigt, werden endlose, von Hektik und Sonderausgaben bestimmte Arbeitstage haben. Nachrichtliche Wechselbäder, Tag für Tag, Abläufe duellhaft... hinterhältig. Offiziöse Verlautbarungen der Entführer, trick-und fintenreich aus dem RAF-Untergrund in die begierige Medienöffentlichkeit lanciert, sind umwittert von Erwägungen, Mutmaßungen, sensationslüsternen Gerüchten, aufgekommen im Umfeld politischer und polizeilicher Sonder- und Einsatzstäbe, die in Permanenz tagen rund um die Uhr.

Die Baader-Meinhof-Gruppe, nach zweijährigem Prozeß zu lebenslanger Haft verurteilt, gelähmt von innerer und äußerer Isolation, belebt nur vom jäh-starren Fanatismus, von der irrlichternden Hoffnung, aus dem hermetischen, eigens für die Terroristen errichteten Straf-Beton-Kasten von Stuttgart-Stammheim herauszukommen; als Tote wie einer von ihnen, gestorben erst kürzlich im Hungerstreik, oder als Lebende, freigepreßt von denen, die die hochgestellte Geisel des verhaßten Staates, der verhaßten Gesellschaft genommen haben.

Die Hydra des Terrorismus hat erneut ihr Schreckenshaupt erhoben. Erneut will sie die in ihrem Wahne faschistoide Bundesrepublik Deutschland lähmen, die sie als ein Machtzentrum des aggressiv globalen Hochkapitalismus ansehen, der mit der US-Nuklearstrategie des ersten Schlages einen neuen — wie sie sagen — Holocaust heraufbeschwört.

Die Verblendeten - sehen sie nicht die zielgerichtete Armada sowjetischer Atomraketen? Sehen sie nicht den roten Machtmißbrauch, die Machtwillklür der total herrschenden Staatspartei? Blindheit der Schwarz-Weiß-Ideologie, Engstirnigkeit des Hasses und diabolische Selbstgerechtigkeit haben zu gräßlichen Verbrechen verführt und geführt. Das Urteil wahngeistiger Anmaßung, im Besitz der alleinigen Wahrheit zu sein, hat erneut Schuldige gebrandmarkt im Amoklauf des Irrsinns, im Amok blindwütiger Verlorenheit in den Labyrinthen der Menschheits- und Weltenlage.

Vernichtung, Verfall, Verödung - das droht weiß Gott der Schöpfung Erde bei einer Menschheit waffenstarrender Hochrüstung, bei einer Wirtschafts- und Lebensweise des Verschleißes und der Üppigkeit und des endlos sich türmenden Mülls. Mir, dem erregt Denkenden, schießen Gründe ein ins Bewußtsein ... ihre Folgen ... der Raubbau der Regenwälder, der mehr und mehr die Lunge der Erde zerstört, die Umweltverseuchungen im Boden, in der Luft, in den Wassern. Verödung, traurigste und schrecklichste Verödung droht der Schöpfung Erde.

DIE MAGIE DES GROSSEN BILDES

Längst ist sie Sonne im Westen, in der Abendglut hinter den Bergen versunken, längst bin ich von der flimmernden Mattscheibe der Weltaktualität hinweg, hinweg von den Freunden, einsam und ruhelos auf und ab gegangen am Strand des Sees, aufgewühlt von den Ereignissen des Tages und ihren schlimm-grausigen Fragen.

Antwort auf's Ungeheure der Weltenlage... wie findet sie sich? Ausweg, wie wird er uns aus dem Labyrinth? Wieder schlägt es über mir zusammen gleich einer schwarzen, alles-erdrückenden Flut! Wieder bleibt nur entschlossenste Unbedingtheit! Nur der Glaube, nur bedingungslose Zuversicht trägt nach oben, gibt das Haupt frei, endlich wieder emporragend über dem Ungeheuren. Bewußt wird mir, nur der alleinige Geist, nur sein erleuchtendes, sein führendes Licht im Bewußtsein der Menschheit ist Ausweg und Rettung.

In Demut, im Mut zum Dienst, schaue ich nach oben, reihe ich mich als Lebender ein in das Heer der Toten, in das Heer der Seelen, öffne ich mich ihrer, in Leben und Schicksalen gereiften, geläuterten Glaubensmacht, öffne ich mich ihrer in Leben und Werken errungenen Wissens- und Weisheitsmacht, öffne ich mich dem lebendigen Vermächtnis der Ahnen um der Zukunft willen.

Erwachen müssen wird ein jeder Mensch in seiner Gemeinschaft, in seinem Lebens- und Daseinskreis, ein jeder Mensch wird den Schicksalsfaden seiner Aufgabe, seines Dienstes am Ganzen aufgreifen müssen. In der Einsamkeit der Nacht, am Ufer des Sees erhellt mich die Einsicht, erfaßt mich erschütternd die Gewißheit, das Große Bildnis immer wieder, im unentwegten Einsatz zu verlebendigen, das ist mir, das ist uns Dreien drängendste Aufgabe. Erneut nehme ich sie an, die eigenartige, die seltsame Lebensaufgabe, die mir so oft der Zweifel, die Ungewißheit und das Hadern umschauerten. Ich frage nicht, ob's bloß der Glaube ist, den wir in solchem Bildnis bewahren, ob's Magie des Bildes ist, die wir bewirken, ob wir in den Strom gar geraten wundergleicher Wandlungen und Mysterien. Willens bin ich, mit meinem ganzen Sein, mit meinem ganzen Wesen, mit meinem ganzen Organismus dafür da zu sein, zu handeln ... mit Händen zu berühren die Felsen der Berge, die Rinde der Bäume, in die Wasser der Seen zu tauchen die Hände ... zu künden der Erde, der Natur, den Tieren und Pflanzen das große Bildnis der Verheißung... im Schüttern und Beben von Zeit und Raum, in Not und Zwängen der Wende und Wandlung... der Mensch, der verlorene Sohn, er kehret zurück in das Haus des Vaters, in die Schöpfung Erde.

In die Knie sinkend vor Ergriffenheit, geborgen in der bergenden Nacht, sind sie mir plötzlich gegenwärtig, höre ich wieder die Worte des Here Mimir, die er gesagt hat damals oben auf dem Turm in deutschen Landen, auf dem Turm, der zum spiegelnd-weissagenden Brunnen wurde:

„Sähet das große Bildnis Ihr, an dem Ihr mitwirken dürft... Ihr ginget in die Knie.“

DER ALLEINE UND DAS HEER DER ERLEUCHTETEN

Jenny Lake — Freitag, den 9. September 1977

Im Lichte sichtbar — die Regungen des Windes; aufleuchtende, aufblitzende Flächen — wandernde Wellen in den Weiten des Sees. Ans Ufer stranden platschend die Wellen, netzen Sand und Steine, heller schimmern graudunkle Quader auf, wasserüberzogen, glitzern noch in der Nässe, verblassen schnell abdunstend in überstarker Sonne, schimmern erneut, überspielt vom Wellengang.

Am Ufer des Jenny Lake stehen wir, im Hochtal der bis zu 23 Kilometer breiten Jackson Hole, mitten im Grand Teton-Nationalpark. Gestern nachmittag haben wir sie schon erblickt, die 4000 Meter hohen Bergesgiganten, die Grand Teton, die ohne Übergang jäh über 2000 Meter aus der Hochebene emporragen.

Bald'r's Rat, seiner dringenden Warnung, sind wir gefolgt; schon sehr früh sind wir gestern aufgebrochen vom Bärensee, sind unterwegs nach Norden. Wie muten die Hochflächen der Rocky Mountains dem Touristen aus Europa an? Es ist, als seien die dichtgedrängten Hochalpen auseinandergedriftet, als erstrecke sich zwischen vereinzelten Gebirgsriesen flaches Land, so weit, so ausgedehnt, daß es vergessen läßt, wie hoch die Fläche liegt, daß es eine Hochebene ist, an deren Horizont Viertausender zu kleinen, weißleuchtenden Erhebungen werden.

Am Abend standen wir vor ihnen, wir, die menschlichen Winzlinge, vor den felsenmächtigen, den steil sich auftürmenden Bergen. Das noch leuchtende, ins Rötliche vergehende Licht der schon untergegangenen Sonne entrückte ihre Wucht und Schwere. In ätherischer Leichtigkeit erschienen sie, ehe mit der Nacht die Umrisse hervortraten, sie sich hoch und dunkel abzeichneten am sternenfunkelnden Firmament.

Hell und golden war der heutige Morgen, die Sonne des beginnenden Herbstes noch stark und warm. Unter'm tiefblauen. Himmel vergibt sich die Fülle des Sommers. Im leuchtenden Gelb der Blätter stehen die birkenähnlichen, die weißstämmigen Aspen; rötlich flammt das buschige Niederholz auf, heftig — im Kontrast zum dunklen Immergrün der Nadelbäume und dem ewigen Eis und Schnee auf den Häuptern der Grand Teton.

Karl-Heinrich hat es an den See gedrängt, an den fischreichen Jenny Lake, an dem er einst, während seiner amerikanischen Lebensphase, tagelang geangelt hatte. Heute stehen wir zu Dritt hier am Ufer, im Herzen, im Geiste das große, das erhabene Bildnis. Die Sonne, greller schon im schrägeren Winkel, strahlt aus blauem, fast unbewölktem Himmel, im sinkenden Nachmittag steht sie immer noch hoch genug über dem gezackten Horizont der felsig-schattigen Gebirgswand.

Winde, spielerisch leicht bilden sie Wellen, kräuselnd-bewegte Netze auf den Wassern, aufsäuselnd, richtung-wechselnd breiten sie aus gleißende Felder von Licht, widerfunkelnd aus blitzenden Spiegeln unzähliger Wellenmuster... herrlichste Momente des Seins, ein licht-wasserschimmerndes Gewebe, ein sternenartig aufblitzender Teppich der Elemente, widerleuchtend die alleine Sonne...

Das große, das lichtatmende Bildnis: der Alleine schreitend auf dem Teppich der erleuchteten Seelen ... vom Schauspiel der Natur angeregt ist es gegenwärtig wie von selbst, in der ohnehin übermächtigen Nachwirkung der Offenbarung. So tauchen wir fraglos, in innerer Abstimmung die Hände in die Wasser des Sees, so geben wir stumm in Impulsen des Geistes das Bildnis, die Botschaft an die Elemente, an Pflanzen und Tier... an die Schöpfung Erde.

Ohne Frage oder gar irgendeinen Zweifel tun wir es, aus einem von Ergriffenheit getragenen Glauben. Wir tun es mit all unserer Geisteskraft, in herzschlagender Liebe. Allgegenwärtig und doch unfaßbar ist die Nachwirkung des Ereignisses, gleich einem Strom ist das, der uns erfaßt hat, der uns einbezieht in diesen Tagen in ungeahnte Zusammenhänge.

Abseits vorn Ufer steht eine Kiefer, rötlich leuchtet ihr gewunden gewachsener Stamm im Widerschein der sinkenden Sonne. Ich berühre, in ihren Schatten getreten, die rauhe, die rissige Rinde, schaue aufwärts ins Geäst der Krone, wo das rot-gebrochene Sonnenlicht glüht im grünschattigen Nadelwerk, an Ästen und Zweigen, und Widerhall sind mir feine Bewegungen des Baumes — im Sog da des Windes.

„Guckt mal..." ruft Annelies erfreut, aus einer Provianttüte hat sie eine Haselnuß geklaubt, einem kleinen, überaus flinken Tierchen hat sie sie zugeworfen. Mit kralligen Pfötchen hält es die Nuß, die sich unter schnellen Bissen zusehends verkleinert.

Ein Erdhörnchen ist es, das da an der knorrig sich windenden Wurzel des Baumes sitzt, im zierlichen Wams des fuchsbraunen Felles mit dem stummeligen Schwänzchen. Erregt tänzelt es über dem Sand. Wie schmuck die helle Brust ist und der helle Bauch — da es so hoch aufgerichtet auf gelenkig geknickten Hinterbeinchen die Pfötchen frei hat für die verschwindende Nuß...

Abendliches Licht... hüllt das Tierchen, seine Umgebung in rötlich verstrahlende Töne ... Augenblicke im Schweigen des sinkenden Tages... Auge in Auge ... auch das winzigste Äuglein spiegelt die allgewaltige Sonne.

Hinab unterm Horizont, in die Erde gesunken ist die Sonne, hinweg mit dem Schweif des Abendrotes hinter der Wand des ragenden Felsmassivs, hinab in die Tiefen geht das Licht. Welche Entsprechung zu der Urformel! Zu Om Ma Ni Pad Me Hum. Die sechs Ursilben bedeuten nämlich das Licht, das in die Sphären der Erde eingeht. Lange Zeit war mir unklar, warum ausgerechnet mit dem tibetanischen Gebetsspruch vor über zwei Jahren die allererste Innenschau hoch über dem Bärensee begonnen hatte... Om Ma Ni Pad Me Hum, oh Manitou... so wurde damals über Karl-Heinrich gesagt, bevor die große Sonnenwende verkündet wurde ... die, die die Erleuchtung bringe ... die Sonnenwende, aus der sich gestalten müsse eine neue Daseins- und Lebensweise.

Om Ma Ni Pad Me Hum und dann O Manitou, zuerst Lamaistisches aus Tibet und dann die indianische Anrufung; wie gegensätzlich, wie eigenartig, wie fremdartig uns den Europäern, uns den Deutschen. Was mag es bedeuten? Erste, einleuchtende Antwort wurde mir bei Studien der Geheimlehren Tibets. Die sechs Ursilben stehen danach für die sechs Daseinsebenen der Schöpfung Erde, vom Om der Götterebene über die der Menschen, die der Tiere bis hin zum Hum der abgründigen Tiefen. Der reine Buddha, als der reine Geist... in alle Daseinsebenen werde er eingehen und vollbringen das allumfassende Erlösungswerk.

Welterlösung des buddhistischen Ostens und Welterleuchtung des indianischen Westens? Unterschiede von Kontinenten, Gegensätze von Epochen tun sich auf; unvereinbar, einander ausschließend, so erscheint es. Aber von ihren kulturhistorischen, mentalitätsrassischen Prägungen abgesehen — gehören sie, im Innersten erfaßt, in geistiger Überhöhung und Verallgemeinerung nicht doch zusammen? Als immer und überall geltende

Urwahrheiten, als Urphänomene, die einander ergänzen? Indianische Welterleuchtung in der Weltzuwendung, buddhistische Welterlösung in der Weltabwendung; Paradoxie und Eigentümlichkeit des Seins, Tag und Nacht, Leben und Tod, Diesseits und Jenseits, Einheit des Gegensätzlichen, Mysterium des Seins.

Der Alleine, allvereinigend hat er sich herabgesenkt auf Götter, auf's Seelenheer der Menschheit, der Menschheit der einen Erde... wo seit Jahrtausenden Zwiespalt war und Krieg, Zersplitterung des Geistes in fürchterliche Mächte. Europa, seit Jahrhunderten im Banne des Dogmas und des Goldes, der Ratio und der Wissenschaft, der Welteroberung in der Allmacht des Materialismus aus innerstem Gleichgewicht geraten; Weltbejahung, Weltverneinung, Erlösung des Ostens, Erleuchtung des Westens... erst im bewältigenden Ausgleich des Widerspruches, erst im Ausgleich der Gleichzeitigkeit dessen kann Segen und Ordnung werden, kann sich endlich das Heilswerk des wahren Christus erfüllen.

Welten überspannend ist der Bogen, den die Geistesmächtigen des Inseits schlagen, allumfassend ihre Schau, Kontinente, Kulturkreise und Zeitalter überbrückend. Kultur- und Kultwelten des „Fernen Westens" und des „Fernen Ostens" sind einbezogen in ein, die ganze Schöpfung Erde vereinigendes Sein und Walten des Geistes, in den Kreislauf eines gemeinsamen Geisthaushaltes.

Die Götter als Wort, als einschätzender Begriff hätten einen Verfall erfahren. Ingenien, Genien des Inneren zu sagen, so haben wir es einmal erfahren, das sei ihnen, den Geistesmächtigen gemäßer. In der Vielfalt seien sie eins in der Einheit. Er, Bald'r, er Mimir... sie seien für die ganze Menschheit da, nicht bloß für bestimmte Völkerschaften, etwa für die Nordleute nur oder die Germanen. Wie immer sie auch erschienen in der Menschenwelt, immer seien sie die Gleichen; die Völker und Rassen, je nach Eigenart, Entwicklung und Reife, je nach Zeit, Raum und Schicksal, so deute ich die über Karl-Heinrich gekommenen Aussagen, haben sich von den Überzeitlichen und Überräumlichen, haben sich von den Urbildern der Ingenien unterschiedliche Bildnisse und Gleichnisse gemacht, Abbilder eben, Archetypen eben der Völker und Rassen. Ihr eigenes Abbild aber dürften die Völker nicht verleugnen, sie verleugneten sonst sich selbst und die Herkunft ihrer Geschichte, denn das Abbild ist wie ein Geistführer, der in der Eigengesetzlichkeit und Wesensart von Völkern und Rassen ureigene Wege und Ein-Ordnungen in das allgemeine Ganze weist.

Paradoxie des Seins, Mysteriums des Ausgleichs der Gegensätze: Unterschiedliche Völker, unterschiedliche Rassen und doch nur eine Menschheit; Götter, Archetypen, in verwirrender Vielzahl und doch nur eine Urrunde der Ingenien an der Spitze der Pyramide und schließlich das Eine, das Allvereinigend-Alleine nicht im gleichmachenden, öden Einerlei, sondern vereinigend, die Weltenvielfalt erleuchtend!

Ist es nicht geschehen? Hat es nicht begonnen das Mysterium? Bedeutet es, daß die Schöpfung Erde schwingen wird in einer höheren Strahlung, daß sie strahlen wird in einer höheren Schwingung? Wird sich die Menschheit wandeln? Werden sich die Verhältnisse wandeln, die Zustände der Welt? Wann und wie wird das werden, wie wird es Ereignis-Abfolge in der Geschichte?

Meine Seele zittert in der Unermeßlichkeit der Verheißung…

DER RIESE IM ATOMKERN

Samstag, den 10. September 1977

Im Schutze der Sträucher bleiben wir gerade noch stehen. Soeben sind wir im hellen Licht des Morgens die grasbewachsene Anhöhe hinaufgestiegen, vorbei an üppig bunten Büschen, da verhält der vorangehende Karl-Heinrich im Schritt, weist mit dämpfender Hand nach hinten, wir folgen nur noch schleichend, spähen hinter buschigem Strauch nach unten.

Vor uns, schräg unten, liegt ein Weiher und mitten in ihm weidet ein Urviech, das den Teich zur Wiese macht, ja zur Wiese. Ein riesiger Elch ist es, der all unsere Aufmerksamkeit erregt und die Heiterkeit eines Lächelns. Mit hohen Beinen stakst er im Wasser, das massige Schädelhaupt taucht er hinab ins Wasser - das Haupt mit dem breitflächig-dolchigen Geweih, und flutenaufwühlend, nässetriefend erhebt es sich wieder. Das schaufelartige Maul knirscht hörbar, plätschert vor sich hin, denn während das Grünzeug, aufgeklaubt vom Weihergrunde, gründlichst und wenn nicht alles täuscht, genüßlich zerrieben wird, fließt das Wasser an den lappigen Seiten des lebenden Mahlwerkes hinunter.

Gebannt vom urig-komischen Anblick ist es uns entgangen, daß Reiter, einer nach dem anderen, aus der buschigen Tiefe der Landschaft hervorgetrabt sind und sich dem Weiher schon genähert haben.

Der Elch mit den großen Ohren—, plötzlich und behende ist er durch's hell aufspritzende Wasser gestelzt, ist mit Macht ins Gebüsch, ins vergitterte Geäst eingebrochen, längst im knackenden Unterholz untergetaucht.

Ich reibe mir die Augen; grotesk diese Wendigkeit, diese Schnelligkeit bei der urtümlichen Klobigkeit des Körpers! Die Stille, in der Atem hörbar wird, umgibt uns alsbald. In der Weite der Landschaft sind die Reiter verschwunden. Wir sind allein mit dem wellenlos gewordenen Weiher, mit dem regungslosen Elch irgendwo im Gebüsch. Dahinter sind Hügel, ein herbstlich leuchtendes Gelände, endend dann vor den Bergen, übergangslos aufragend.

Augenblicke gibt es, da die Stille sprechend wird, so feierlich, so weihevoll. In solchem Bewegtsein schauen wir uns an, und ein Blick der Verständigung genügt. Auch in den Freunden ist es gegenwärtig... das große Bildnis ... auch in den Freunden will es sich mitteilen ... der Alleine, sich allvereinigend zuwendend der Schöpfung Erde, getragen vom Seelenmeer der Erleuchteten...

Riesig erhebt sich der Felsen, ragt er zackig in schwindelerregende Höhen, starr ruht er, da seiend seit Erd-Ewigkeiten, steinige Dauer in einstigen und kommenden Zeiten. Nach längerem Schauen, im Zustand einer Zeitverlorenheit, in bestimmten unbestimmbaren Momenten, vielleicht als sich die Lider über vorher geschlossenen Augen öffneten, vielleicht aber gerade da, als sie sich wieder senkten... irgendwann ist mir, als ob es in der ungeheuren Starre, in der ungeheuer lastenden Schwere des Gesteins vibriert, unmerklich anfangs, und dann doch spürbarer setzt in den Gesteinsmassen ein Kreisen und Wirbeln ein... Gewaltiges ist da, ist da in Bewegung...

„Ich sehe", sagt Karl-Heinrich und Staunen schwingt in seiner Stimme, „ich sehe eine Gestalt... riesig ist die, riesig wie der Berg... ah... oh... ja es ist ein Riese... der geschlafen hat. Erwacht ist er, als er das Große Bildnis gesehen hat... ist aus dem Schlaf erwacht und regt sich nun im Innern ..."

Der Riese im Berg, ein Märchen ist uns in diesen Augenblicken Wirklichkeit geworden. Sind wir Kinder, obwohl wir Erwachsene sind? Sind wir Träumer, obwohl wir wachen? Ist solche Paradoxie unerläßlich im Umgang mit solchen Seinsphänomenen?

In den Menschheitsüberlieferungen, in den Sagen vor allem, leben Riesen in den Bergen. Giganten der Felsen sind es, die da im Gestein sind und wirken, dem Menschen zugetan sind in hilfreicher Mächtigkeit, dem Menschen auch Bedrohung, ungeheuerlich und fürchterlich. Als Weistumsträger urtümlicher Erdzustände galten sie, als Naturgewalten, als Urwesen der Nacht, die in der Kehrseite des hellichten Tages immer mächtiger wurden, so daß das Gestein sich vibrierend verlebendigte, im aufgehenden Strahl der Sonne aber wieder erstarrte. Aus dem Urriesen Ymir, nach nordischem Mythos aus dem Urraum der Räume geworden, entstand der Planet Erde als Ganzes, sein Schädel wurde zum Himmel, sein Fleisch zur Erde, seine Knochen zu Bergen und sein Blut zu Wasser, dem globusumspannenden Meer.

Riesen, die wie Urkräfte sind, Riesen als Urstoff, aus dem alles geworden ist. Das Riesige schlechthin in der Schöpfung, das sich merkwürdigerweise in unserer Gegenwart im Allerkleinsten der Atom-Physik wiederfindet, denn riesig im wahrsten Sinne des Wortes sind die Ausdehnungen im Atomkern, urgewaltig ist die Dynamik seiner Bewegungen, und aus Atomen sind alle Geschöpfe in unendlich allseitigen Vernetzungen geworden.

Ein Wissenschaftler der Hochenergiephysik — stände er in diesen Augenblicken so wie wir auf dem Hügel, mit dem Weiher schräg drunten, der herbstlich leuchtenden Landschaft; im Anblick des Felsgiganten könnte und müßte er aus der Kenntnis seiner Experimente beinahe Ähnliches referieren.

Gestein, so würde er populärwissenschaftlich anheben, der Hand undurchdringlich in Dichte und Schwere, ist nicht aus Starrheit starr, sondern starr aus Bewegung. Mit der Geschwindigkeit von Hunderten von Kilometern pro Sekunde, wohlgemerkt pro Sekunde, rasen Elektronen im Atom; eine Felswand, gebildet aus unzähligen Atomen, aus Bewegung, die so schnell ist, daß sie Starrheit wird.

Gesteinsatome — das ist auch ungeheure Leere. Ungeheure Zwischenräume sind in den Atomen, zwischen dem Kern und den umkreisenden Elektronen und das bei winzigster, allerwinzigster Winzigkeit. Vergrößerungen nur, ins Übergigantische sich weitend, ermöglichen überhaupt erst eine Anschaulichkeit, eine Vorstellbarkeit von dem, was ein Atom ist — ist doch der Durchmesser eines Atoms etwa der hundertmillionste Teil eines Zentimeters. So unfaßbar winzig das Ausmaß eines Atoms ist, noch unerfaßbarer ist die riesige Leere in ihnen, sind die riesigen Räume zwischen Atomkern und rasenden Elektronen. Erst in einem Atom, vergrößert auf das Ausmaß des größten Domes, würde der Atomkern sichtbar werden, und zwar in der Mitte als ein Sandkörnchen, und die Elektronen würden in der Peripherie des Domraumes wirbeln, winzig wiederum wie Staubteilchen.

Faktum um Faktum — so setzt sich das unglaublich Phantastische fort: Obgleich der Atomkern so winzig ist, stellt er doch die eigentliche Masse des Atoms dar, und Anzahl und Schnelligkeit der Elektronen allein bewirkt die Starrheit des Gesteins, denn in zauberischer Macht bildet sich die Vielfalt und Fülle der Welt gleichsam aus einem Urstoff, dann nämlich, wenn dem Kern des leichtesten Atoms, dem Wasserstoff nämlich, nach und nach Protonen und Neutronen und der Atomhülle entsprechende Mengen von Elektronen zugeführt werden. Die Schöpfung Erde, gewoben, verdichtet, geworden aus wenigen Urelementen, wahrhaftig ein Schöpfungsgewebe unermeßlicher Vernetzungen.

Überhaupt der Atomkern: welch ein Phänomen! Welch ein Träger, welch ein Wirkbereich von Schöpfungsmacht! Welche Paradoxa, Wundern gleich eröffnen sich da! Extreme Dichte ist auf winzigstem Raum; so eng aufeinander zugeordnet sind Protonen und Neutronen. Extreme Kraft ist da; so stark sind sie gleichzeitig einander verhaftet. Der Atomkern, zwar ist er die eigentliche Masse des Atoms, und dennoch ist seine Masse zugleich Energie. Energie, die sich als Masse zeigt, Masse, die wie Energie wirkt. Übertragen auf die Felswand, die uns in herrlicher, herbstlicher Atmosphäre vor Augen steht: Gestein, das Vibration ist; Vibration, die als Gestein erscheint.

Paradoxa über Paradoxa: Zerstörbarkeit und Unzerstörbarkeit zugleich — das ist bei den Elementarteilchen des Atomkerns gegeben, wenn sie bei Experimenten der Hochenergiephysik bis nahe an die Lichtgeschwindigkeit beschleunigt werden und mit anderen Teilchen zusammenstoßen. Dabei zerfallen sie zwar in Stücke, aber das neue Stück ist so groß wie das zerbrochene Stück.

Sichtbarkeit und Unsichtbarkeit zugleich — so erweisen sich die Elementarteilchen bei solchen aufwendigen und hochkomplizierten Versuchen. Teilchen verwandeln sich unversehens in andere Teilchen, erscheinen plötzlich, verschwinden plötzlich, um, unbestimmbar irgendwo wieder zu erscheinen, zu verschwinden.

Rasendste Schnelligkeit im engsten Raum. Elektronen können in der Winzigkeit des Atomraumes 900 Kilometer schnell sein in der Sekunde, Nukleonen können bedrängt in der Winzigkeit der Winzigkeit ihres Atomkern-Raumes Geschwindigkeiten bis zu 60000 Kilometer in der Sekunde erreichen.

Die Quintessenz all dessen ist erneut paradox, klingt wie eine Weisheit des Altchinesen Lao-tse. Der Vorstoß der Wissenschaft ins Kleinste führt ins Allergrößte. Nicht der allerkleinste, nicht mehr teilbare Baustein der Schöpfung wird gefunden, sondern offenbar wird ein unerwartet — Staunen erregendes Ganzes, offenbar wird das Allfeld eines unerschöpflichen Gewebes.

Der Aufwand freilich, den der Vorstoß ins Allerkleinste erfordert, ist riesig. In kilometerlangen, meter-dicken Röhren müssen die Teilchen auf einer Kreisbahn beschleunigt werden, ehe sie im Zielraum mit anderen Teilchen auf Kollision gebracht werden und all die geschilderten Phänomene aufgezeichnet werden. Angesichts solchen technischen Aufwandes, der „Labor"-Künstlichkeit der Vorgänge, läßt sich mit Berechtigung einwenden: sind die hochwissenschaftlichen Ergebnisse wirklich zweifelsfrei gültig? Bedingt nicht die Art des Experimentes die Art des Ergebnisses? Ist es in Wirklichkeit, eben in der Schöpfung Erde, eben im Kosmos, den sie durchwandert, nicht doch alles anders?

Objektivität, auf dem Sockel der Ratio im Abstand zur Welt — mit Technik und Instrumenten suchte der Mensch das große Ziel zu erreichen, das Absolut-Gültige unanfechtbarer Gesetze und Wahrheiten. Gerade aber die moderne Wissenschaft hat den Menschen in diesem, seinen Objektivierungsdrang mehr denn je auf sich zurückgeworfen. Einsehen mußte er oder wird der Wissenschaftsgläubige noch einsehen müssen, daß er nur vom Standpunkt seiner Auffassung Einblick in die Daseinsphänomene erlangt und daß seine System gewordene Auffassung die „objektiven" Instrumente und Techniken prägt.

Der Mensch hat sich zu sehr, so läßt sich hinzufügen, auf den sogenannten linearen Bereich des Seins beschränkt, das heißt auf den, der wissenschaftlich erfaßbar und voraussehbar ist, gleich der linearen Rauchfahne einer erloschenen Kerze, ehe der Qualm quirlend-chaotisch zerfällt. Diesen sogenannten nichtlinearen Bereich, in dem die Willkür erscheint unvorhersehbarer Abläufe, hat der Mensch bisher zu sehr aus seinem Bewußtsein verdrängt. Wirklich wichtiger aber, vor allem für die Schlußfolgerung der hier entwickelten Gedankengänge, ist die ernüchternde Einsicht der Atom- und Hochenergiephysik, daß die Messung selbst das Ergebnis des Gemessenen beeinflußt.

Sich selbst vermag der Mensch nicht zu entfliehen. Als Mensch muß er sich annehmen; als Mensch der so ist wie er ist, der sich nicht auszuklammern vermag aus seiner Umwelt, sondern der mit ihr in unentwegter Wechselbeziehung steht. Eine Grundwahrheit seiner Existenz, die als Einschränkung erscheint und doch der Vorzug seines Daseins ist. Denn der Mensch wird nur das, was er im Innersten ist in der Wechselbeziehung mit dem Kosmos und seinen Geschöpfen; und je umfassender, je mehr er mit seinem ganzen Wesen in belebender Begegnung steht, umso mehr wird ihm Erkenntnis und Weisheit, umso mehr wird ihm Klarheit und Wahrheit auf seinem Weg.

Möglich und wirklich wird es um so mehr, wenn solche Wechselbeziehung beides einschließt: Den Blick nach Außen, wie den Blick nach Innen, denn weder in der Veräußerlichung des Daseins allein, noch in seiner alleinigen Verinnerlichung ist Antwort und wegweisender Sinn, nur im Ausgleich, in gegenseitiger Ergänzung dessen wird Klarheit in uns und um uns, die Klarheit des rechten Gedankens, die Klarheit des nächsten Schrittes, die Klarheit der Aufgabe, die sich einem Jeden im Unterwegssein des Lebens stellt. Im Geiste der Ergänzung, im Geiste des im Inneren wie im Äußeren geweiteten Horizontes wird es vereinbar werden, was bisher unvereinbar schien, wird der neue Zusammenhang, wird die schöpferische Wechselbeziehung werden zwischen der Schau eines Sehers, eines weisen Medizinmannes gar und den experimentellen Einsichten eines verantwortungsbewußten Wissenschaftlers.

Das Erlösend-Lösende, das Befreiend-Beflügelnde mag so werden! Auf der Höhe eines atemberaubenden Fortschritts in Wissenschaft und Technik, an den Abgründen ihrer unheimlichen Daseinsgefährdung werden Rückblicke, werden Rückbeziehungen nötig zur archaischen Urschau der Menschheit.

Urschau von einst, im Lichte, im Wissen der Gegenwart, in der Geistesklarheit, durchleuchtet, geordnet von Erfahrung, Leid und Einsicht!

Der Mensch, der die Wurzeln, die Tiefen seiner Vergangenheiten wiederfindet, der im Labyrinth seiner Verirrungen den roten Faden.einer inneren Führung wiederentdeckt und mit gesteigerter Befähigung, mit erhöhter und vertiefter Einsicht den Ausweg, seine Zukunft findet. Überholtes aber läßt er los, läßt er zurück, ob es Relikte des Wissenschaftlichen sind oder des Mythisch-Religiösen.

Die Uhr, tickend im Goldglanz perfekter Mechanik, ist ebensowenig, wie in ihrer Epoche angenommen, Erklärung der Schöpfung, ebensowenig, wie die in Sagen erklärte Herkunft von Bergen oder Halbinseln am Meer, aus Brocken nämlich, die der gerissenen Schürze eines Riesen entfielen. Die Sage, ebenso wie die Uhr in den Trugbildern bloßer Abläufe: einmal in der Mechanik eines Räderwerkes, einmal in der bloßen Vergrößerung von Proportionen. Beide Welt-Erklärungen bleiben gefangen in der Dreidimensionalität einer verengten Einsicht.

Gültige Urschau, das ist wohl der Riese im Fels als das Riesige, als das Urstoff-Gewaltige, als das Unerfaßbar-Ungeheure in der Gestaltig-, in der Körperlichkeit der Welt. Gestein eines Felsens, dessen Starre sich in Bewegung wandelt, wenn die Sonne sinkt, eine dynamisch-urhafte Verlebendigung erfährt im Riesen gleich einem ungeheuren Schatten einer hintergründigen Vibration; Gesteinsmassen, die wieder erstarren im Lichte des Morgens, Urschau ist das, die in den Grundphänomenen von Faßbar- und Unfaßbarkeit mit modernster Forschung übereinstimmt

Allmählich begann ich zu begreifen, warum uns solche Zusammenhänge gerade in Amerika, in der Wildnis und Urtümlichkeit dieser Landschaft aufgehen. Ein Urmensch sonnenhaft-seherischer Urschau war der Indianer, ist der Indianer, dessen Ahnen auf Atlantis zurückgehen. Mit ihm ragt eine wirklichkeitsklare und -gültige Urzeit mitten hinein in die Moderne. Mißverstanden und entwürdigt als Wilder, als federschillernd aufgeputzter Tiermensch, in der Notwehr seiner Daseinsverdrängung überwiegend erfahren und mißdeutet, erfaßten in kämpferischen Übergangszeiten nur wenige die Urwahrheiten seines Menschseins, Urwahrheiten, die in der Gegenwart immer mehr aufleuchten wie Goldadern im Gestein, die aber in ihrer neuen Wahrheit verstanden werden wollen und müssen..

DIE INDIANISCHE WELTERLEUCHTUNG

Vom Großen Geist, vom Feuerglanz des Hintergründigen sprachen die Indianer, waren ergriffen, erfüllt und bewegt von ihm. Und wie sie sich selbst in ihm erneuerten, so alle Welt. Wirklichkeit war ihnen nicht nur das mit Auge und Ohr, das mit nach Außen gerichteten Sinnen Wahrnehmbare, Wirklichkeit war ihnen mehr noch und daseinsbestimmend ein Inneres, ein Strahlend-Aufleuchtendes, das sich dem träumerischen oder gar wach-seherischen Auge in feurig schönen Bildern offenbarte. Was im Hintergründigen aufflammte, waren schöpferische Urbilder der Erde und ihrer Geschöpfe, die urehrwürdigen Großväter und Großmütter des Menschengeschlechts, die Urvertreter von Bruder Tier und Schwester Pflanze, war die licht-feurige Verwobenheit von allem in Allverwandtschaft.

Urbild der Urbilder war unter der Allsonne der urewige Berg inmitten das Daseinskreises. Einst am Anfang der Schöpfung, nach dem Chaos, der Entfesselung der Urgewalten hatte er sich wolkenbildend aus dem Urmeer erhoben, die meeresumbrandete Erde schaffend, Raum und Zeit gebend der Natur- und Menschheitsentwicklung: der Urberg als die leuchtende Mitte, die Krone der Welt; der Berg mit dem Baum auf ihm als dem Urbild der Weltenachse, um die die Schöpfung kreist, sich immer wieder neu gebärend.

Ein Nest veranschaulicht es, das im Wipfel ist des Baumes, oben auf dem Berg der Mitte, und ein einziges, ein riesiges Ei liegt darin und unendend in unerschöpflicher Folge schlüpfen Junge aus dem Ei, und in den Wolken darüber sind die ungeheuren Vögel; und die Welten des allseitigen Horizontes überblickend, flügelschlagend sprühen sie Blitze aus, breiten sich Donner aus, allesbelebend, alleserneuernd das Erdenrund.

Im Schatten, in der Unwissenheit, ja auch im Schmerz lag die Welt und alles Weltliche; im Licht, im Wissen und in der Freude war sie nur, wenn sie vom flammenden Welthintergrund erleuchtet wurde. Wenn sie im Strahlungsfeld der welterneuernden Urbilder war, dann war sie in der Gegenwärtigkeit des Großen Geistes. Die Morgenstimmung vor allem, dann, wenn die Sonne noch unterm Horizont steht, sie nahend aber im aufflammenden Licht schon erstrahlt, war ihnen heilige Stunde; das Weltliche in der Aura des Überweltlichen.

Ein Leben lang, nicht nur in der Jugend mit ihren Einweihungsriten, war der Indianer als Einzelner wie als Gemeinschaft im Dienste des Flammend-Hintergründigen, im Alltag seines Daseins wie an den Hochtagen seiner Riten, immer war er im Einsatz; im steigenden und fallenden Jahr, in den Jahresringen der Gezeiten. Die kultisch-rituelle Hinwendung ins Innere und Höhere geschah nicht um einer Weltentrückung willen oder gar aus Weltverachtung, stets ging es um eine Heiligung der Erde. Die Welt, dem Urbild entsprechend, immer wieder neu von der Weltenmitte her zu erleuchten, das war der Auftrag des Großen Geistes, das war Dienst an ihm. In der Waage mußten sein, mußten immer wieder gebracht werden Himmel und Erde, Oben und Unten, Innen und Außen. Nach irokesischer Überlieferung hatte der Große Geist ein Urmenschenpaar zum Wächter über alle Kreatur ernannt, einst am Ende der Zeit würden sie Rechenschaft ablegen müssen.

Einem Baum gleich steht der Mensch zwischen Himmel und Erde. „Beim Beten", sagt Schwarzer Hirsch, der berühmte Seher der Sioux, „erheben wir unsere Hände zu dem Himmel und nachher berühren wir die Erde; denn ist nicht unser Geist von Uakan-Tanka (dem Großen Geist) und sind nicht unsere Leiber von der Erde"? Und zur Allverwandtschaft sagt er: „Wir wissen, daß wir mit allen Dingen des Himmels und der Erde verwandt und eins sind, und wir wissen, daß alles, was sich bewegt, ein Volk ist wie wir."

Aus zwei großen Kräften, der des „Himmels mit seinem Leuchten und der der Erde mit ihren Gewässern" sind nach der Schau der Osage-Indianer der Mensch wie alle Geschöpfe geworden. Und so wie sich die Schöpfung im Großen Vater Himmel und in der

Großen Mutter Erde teilt und vereinigt zugleich, so teilt sich die Einheit des Stammes, des Dorfes in die Urhälften der Himmels- und der Erdleute, und so vereinigt sie sich wieder in der Paarschaft der Heiraten und Kulte.

In der Vereinigung von Oben und Unten, von Innerem und Äußerem, von Hintergründigem mit Vordergründigem erneuern sich die Daseinswelten, denn alles Seiende bedingt einander, weil alles zusammenhängt, einander ergänzt, weil nur Himmel und Erde in einem das allumfassende Welthaus sind, das im Allton erdröhnt.

„Wegatsche", das heilige Wort aus der Sprache der Osage, einem einstigen Sioux-Volk, bedeutet „einen Teil, den man braucht, um ein Ganzes zu machen". Und so wurde alles, was das Ganze der Schöpfung ergibt, ins Kulthaus eingebracht. Der Schildkrötenpanzer war ebenso vertreten, wie das Schilfrohr, die Süßwassermuschel ebenso wie ein Zweig der Rot-Zeder. Federn von Vögeln, Krallen von Tieren und auch das Ungreifbare war gegenwärtig; also Tag und Nacht, Wolke, Sonne und Mond waren im Symbol dabei, alle Weltteile eben, die erst ein Ganzes machen, mußten zusammenkommen, und das in der Aufzählung der Teile in einer geradezu verwirrenden Fülle, spiegelnd die unerschöpfliche Vielfalt des Ganzen.

Geschlechter, Clans des Stammes, waren seit unzähligen Generationen Träger, Hüter, Sänger der verschiedenen „wegatsche", in ihre jeweilige Obhut und Verantwortung waren die jeweiligen „Weltteile" gegeben. Und so trugen die Erwählten die Teile, die das Ganze bilden, in das Haus, und nur dann, wenn alle Sippen vertreten waren, wurde das Kulthaus zum All-Welt-Haus. Im Kult erneuerte sich die große Einswerdung, geschah sie in sich immer mehr steigernder Intensität. Wenn das All-Welt-Haus schließlich im All-Welten-Ton aufging, war der Höhepunkt erreicht, zum Schwingungszentrum wurde es, schwirrend, dröhnend, klingend, wenn ein jeder der Beteiligten, unbeirrbar vom „Weltgesang" des anderen, unentwegt den Gesang seines „wegatsche", seines Weltenteiles behauptete und sich im mächtigsten Getöse, im Ton der Töne das Allganze vergegenwärtigte.

Die Welt im Durchtönt-Sein, in der Erneuerung ihrer Vibrationen; die Welt, im Durchleuchtet-Sein, in den Strahlungen des Lichtes — das Opfer bedingte es auch, das Opfer der Hingabe im Dasein und im Kult, das Dank war im selbstauferlegten Erleiden, Dank für das unentwegte Opfer, das das Leben unentwegt bringt um des Lebens willen. Im Sonnentanzkult der Ogalalla-Sioux geschah es, wenn sie tanzend und leidend zugleich das Opfer für das Weltganze, für Uakan Tanka, den Großen Geist darbrachten. In der Höhe des Sommers war es, wenn uralte Überlieferung zum Ereignis wurde; dann gingen sie zum Wald, „dem Volk der Hochstehenden". Nach indianischer Schau ist der Baum das, was der Mensch in Bewußtheit sein sollte: der Baum, aufrecht stehend zwischen Himmel und Erde, erreicht er mit den Wurzeln die Tiefe und mit seinen Zweigen die Höhe.

In Hochachtung und Ehrerbietung erbaten sie sich vom „Volk der Hochstehenden" einen Baum als Opfer, schlugen ihn um, trugen ihn ins Tipi-Lager. Der erwählte Stamm, er wurde zur Mitte der Sonnentanzhütte, er wurde gleich dem Großen Geist tragende Säule aller Balken, die ihn im Kreis, auch einem Symbol des unendlichen Geistes, umgaben. Das so errichtete Kultgehäuse wurde ebenfalls zum Allhaus des Kosmos, wenn die Decke zur blauen Scheibe des Himmels wurde und sein Grund zur roten Scheibe der Erde. Der Mensch zwischen Himmel und Erde — in Tanz und Leid stellte er sich der heilig-heiligenden Mitte, dem Baum als der Achse des Uakan-Tankas mit dem Sinnbild der alles-erleuchtenden Sonne an der Spitze.

Aber im Ablauf des Ritus war noch Vorbereitung nötig, der Ritus der Reinigung nämlich im Schwitzhaus, dem Haus der Dunkelheit. Noch herrschte die Nacht der Unwissenheit, in den Stunden zwischen Abend und Morgen wurde getanzt, und der Tanz war ein Gebet der Gemeinschaft um die All-Erneuerung des Großen Geistes, ehe am Morgen dann der Tag des Opfers begann, ehe einzelne, die sich freien Willens dem Opfer geweiht hatten, litten und tanzten, singend und stumm, in der qualvollen Dauer eines schier endlosen Tages.

Lederriemen wurden den Geweihten mit Holzpflöcken durch das Muskelfleisch der Brust, des Rückens getrieben, an Bändern hingen sie so am Baum des Großen Geistes, bis entweder die Holzpflöcke, das Fleisch zerfetzend, herausgerissen waren oder sie am Abend, nach durchlittenem Tag von Helfern aufgeschnitten, sorgfältig mit Kräutern und schnellwirkenden Heilextrakten behandelt wurden.

Solche Qual war tätiges Mitleid mit allem Leben, mit allen Lebewesen, das unentwegt Opfer wird, die unentwegt Opfer werden für das Leben, für andere Lebewesen; die Handlung war Gleichnis für das Opfer, das der Mensch selber bringen muß im Leben um des Ganzen willen, war Gleichnis der Selbstüberwindung, die solcher Dienst unausweichlich bedingt.

Wenn der Ritus des Opfers vollbracht war, und das war immer vor Sonnenuntergang, dann wurde die Heilige Pfeife entzündet, dann wurde der Rauch im Kreis der Runde, der Rauch, der dem Atem gleicht des Großen Geistes, in die Höhe und in die Tiefe, in die Vierheit der Windrichtungen geblasen. Vereint waren in ihm erneut Himmel und Erde, alle Geschöpfe in der großen Familie der Schöpfung, und eine unbändige, in Scherzen, in spaßigen Frechheiten und Derbheiten ausbrechende Freude erfaßte alle; die Männer, die Frauen, die Kinder, den ganzen Stamm.

Der Tag mochte nun im Abend verdämmern, die Sonne wegtauchen am Horizont, die Nacht der Dunkelheit, die Nacht der Unwissenheit war wieder einmal vorbei, da alles im Kreislauf erneut erleuchtet war von den Geistesflammen des Welthintergrundes.

IM YELLOWSTONE-NATIONAL-PARK

Ein Dröhnen, Röhren, Grollen ist unter'm Gestein; dann plötzliche Stille, ehe es erneut beginnt: das Dröhnen, das Röhren... der

Tiefe. Aufbrodelt es, abrupt, zischt... ein weißer Strahl bricht empor, gischtig, umhüllt von dampfigem Dunst, ist, schnell wie er emporgeschossen ist, in sich verfallen, in gluckernd rückfließende Wasser. Röhrend dröhnt es, grollt es wieder in den Tiefen.

Das Gestein ist fahl, weiß-gräulich verwittert, verwaschen, seltsam geglättet, dann tief und rissig gefurcht, nach Innen hin wölbt es sich in knotigen Verdickungen auf, dort, wo die rumorende Mitte ist. Dort ist die klaffende Öffnung im Gestein. Dort röhrt es wieder, grollt es unheimlich in der Tiefe, steigert sich dröhnend im emporschwellenden Getöse, und dann ist es geschehen, in Sekunden geschehen: in jäher Urgewalt ist ein Strahl emporgeschossen, mächtig in ohrenbetäubendem Gebrause hat sich eine weiß-gischtige Fontäne erhoben, steht sie, im Überdruck nachschießender Kräfte zwischen Himmel und Erde, dunstig umwölkt von Schleiern, in denen grell-schön der Regenbogen leuchtet.

Im Gedränge schauender, gaffender, länger oder kürzer verharrender Menschen sind wir, mitten im Yellowstone-Park — im Angesicht des gerade ausgebrochenen Geysirs. Ein Mann, der stiernackig neben mir steht, Freizeitdreß, eine schwere Sonnenbrille auf fleischiger Nase, blickt auf die Armbanduhr, vergleicht dabei, zufriedend nickend, die Uhrzeit mit der Zeigerstellung auf der kleinen, seitlich aufgehängten Tafel. Es ist 11.45 Uhr. Old Faithful, einer von über 200 Geysiren, „der alte Getreue" genannt, weil er sich in Uhrgenauigkeit alle 65 Minuten für vier Minuten erhebt, ist wie erwartet aus den Tiefen gekommen.

Der größte Nationalpark der USA, mit knapp 9000 qkm größer als die Insel Korsika, auf einem riesigen, fast zweieinhalbtausend Meter hohen Plateau der Rocky Mountains im nordwestlichen Winkel von Wyoming gelegen, seit dem vorigen Jahrhundert in immer besseren Straßen dem Besucherstrom erschlossen, war noch im vorigen Jahrhundert in Ehrfurcht gebietender Heiligkeit entrückt.

Von unwegsamen Pfaden des Wildes durchzogen, war es den Indianern dieser Weiten in Erhabenheit der schauervoll umgeisterte Gipfel der Welt, der Weltenberg war es, mit dem Weltenbaum und den feurig-blitzenden Donnervögeln darüber. Wußten die Indianer, die in Scheu und Mut zugleich den Weltengipfel betreten hatten, nicht Unvergleichliches, Nie-Gesehenes, Nie-Erlebtes zu berichten: der Herzschlag von Mutter Erde sei da zu vernehmen, das Pochen im Innern, und die Stimme des Großen Geistes sei zu hören im Donner, im ungeheuren Getöse. Und das Geheimnis erscheine, von wehenden Dämpfen umschleiert in herrlicher, blendender Weiße gewaltig hohen Gesteins, erhellt noch von wieder und wieder zuckenden Blitzen.

Wie Bäume ständen da Säulen aus Wasser zwischen Himmel und Erde, und Wasser fielen alles erdröhnend abgrundtief hinab in Schluchtentiefen, wo sich die sonnenleuchtende Schlange des Lebens winde. Aus Quellen schüttele da Mutter Erde leuchtende Herrlichkeiten. Im schönsten Rot, im Gelb, im Blau schmücke sie sich, so wie sie sich selber schmücken an den großen Tagen des Großen Geistes.

In fahriger Bewegung steigt der Dampf auf, verdichtet sich in weißen Schwaden, ist fetzig zerrissen, durchbrochen vom Blau des Himmels. Eine Waberlohe aus milchig-weißem Wasserdunst ist es, die aufsteigt, als Nebelwand steht über einer weitläufigen Felsenplatte, deren abschüssige Seite überströmt ist von Bächen und Rinnsalen, die unten in einem reißenden Flüßchen münden.

Im Gedränge der Touristen sind wir, im Gewirr von Wortfetzen, klickenden Photoapparaten und ansurrenden Kameras. Papierhüllen knistern und knacken, werden griffgewohnt um des meist süßen Inhaltes willen geschält wie Bananen; sind wir im Qualm, im Zigarettenhauch von Vorübergehenden, im Gequirle von Kindern, die sich spaßig oder quängelnd an Mütter und Väter drängen.

Am „View-Point", am Aussichtspunkt, unübersehbar mit seiner Riesentafel, haben wir das Auto verlassen, haben wir uns, mit

Stockungen durch die Menge geschlängelt, werden schließlich, an der hölzernen, geländergesicherten Treppe von der Schaulust der Masse weitergedrängt, ob wir schauend verweilen wollen oder nicht.

Die Brücke, aus dicken Balken gezimmert, führt von der Straße aus auf die Felsenplatte, überquert das Flüßchen davor. Für Augenblicke sind wir eingehüllt in den Wasserdampf der Nebelwand, tasten wir uns vor am Geländer, getrieben, gepufft von Nachfolgenden; auf breiteren Brettern, die sich verzweigen auf einem weitläufigen Wegenetz, finden wir uns wieder; überall abgesichert durch das kindersichere Geländer führen sie über eine bizarr prächtige, märchenhafte Erde, in der metertiefe Senken sind, dann wieder verquollen, moorsumpfige Stellen - gefährlich nachgiebig, so ahnt es der einschätzende Blick.

Die heißen Quellen sind es, an denen, über denen wir uns aufhalten, einem der großartigsten Naturerscheinungen der Welt. Dämpfe, fetzige Dunstnebel stehen, weben über dem Land. 74 Grad, fast kochend heiß sind die Quellen und manche der dampfspeienden sind zwei bis drei Meter tief, sind groß wie kleine Weiher. Dazwischen dehnt sich flaches Land, in den prächtigsten Färbungen getönt. Von der Herrlichkeit gebannt haben wir uns ans Geländer gestellt, mehr schon im Abseits des Touristenstroms. Unglaubhaft erschiene es, wenn wir es nicht mit eigenen Augen sähen: tiefrote Felder dehnen sich vor uns, in einem Rot, das flammend leuchtet, sich dann erhellt in erdfasrigen Übergängen in die Wärme und Sanftheit eines Orange, ehe ferner schon Flächen blenden in der Grelle des Gelb. Und all die Fülle, die Glut der Farben, ob heftiger, ob sanfter steht im Kontrast zur sattig-grünen, zur ruhig dunklen Wand des Waldes in der aufsteigenden Schichtung des Höhenrückens, steht im herrlichen Kontrast zum endlosen Blau des Himmels.

Niedergehen wollte ich in den Sitz der Ruhe, um zu schauen und zu staunen, und staunend neu zu schauen, aber die Bretter sind schwankend, vom Untergrund durchnäßt, und ein kurioses Hindernis wäre ich schon für Touristen, von denen die meisten nur für

Momente stehen bleiben, für einen schnellen, unsteten Blick nur, für einen Schnappschuß der Kamera.

Weitergegangen, müssen wir erneut stehenbleiben, abwarten, bis wir in aufwallenden Dämpfen endlich doch etwas erkennen: die Ausmaße einer Quelle, in deren Dunstschwaden wir sind. Groß wie ein Weiher ist sie, bestechend klar ist ihr Wasser, überwirklich blinkend im Blau, im Grün. Eine Insel hat sich inmitten der Quelle gebildet, sie hat einen auffallend zackigen, einen blendend weißen Rand, der nach Innen hin in Schichtungen übergeht, funkelnd, schillernd wie ein großer schöner Edelstein.

Kristallisationen von Mineralien sind es, die sich im Prozeß der Verdampfung abgesetzt haben, verschwenderisch und prächtig gibt die Erdestiefe im Yellowstone-Park ihre Fülle preis. Die Quellen, die Geysire, die Vulkankrater, die Schwefelhügel, die Ablagerungen in bergeshoher Erhebung, die sogenannten Sinterterrassen, die versteinerten Bäume und Wälder — bei einer Rundfahrt durch den Nationalpark zu sehen und zu erleben — sind geologische Hinterlassenschaften und Nachwirkungen ungeheurer Vulkantätigkeiten, die einst im Erdtertiär hier am „Dach der Welt" alles veränderten, oder zutreffender gesagt, es überhaupt entstehen ließen. Die ungeheuren Lavamassen, damals erstarrt, bilden heute das Yellowstone-Plateau, das über 600 Meter tief oder hoch ist und auf mächtigen Kalkschichten aufgelagert ist. Von Rissen und Spalten durchsetzt sind die Kalkschichten so tiefgehend, daß aus dem magmaglühenden Erdinneren heiße Dämpfe, Hitzewellen durchbrechen, mit Grund- und Sickerwasser zusammenstoßen und all die Ausbrüche, die Auswürfe, die Kristallisationen und Versteinerungen bewirken.

Naturschauspiele, einst Heiligtum und Geheimnis, heute nur noch eine Touristenattraktion, die sich mit den Wissenschaften der Geologie und Physik erklären läßt. Im Zeit-Bewußtsein von Mehrheiten hat sich das Geheimnisvolle in bloße Gesetze und berechenbare Abläufe versachlicht. Aber nur Wirkungen sind es, nur Auswirkungen sind es, die immer genauer, immer differenzierter erfaßt werden; auch den Wissenschaften, die in neue Höhen und Tiefen des Seins vorstoßen, offenbaren sich die Phänomene in neuer Unergründlichkeit.

Am Abgrund, gelehnt ans Geländer, stehen wir und blicken hinab. Ein Steinbrocken, eben hat er sich gelöst... immer schneller rollt er hinab über felsige Ansätze, erdige Abhänge. Staubwolken breiten sich unten aus, hängen dunstig am Hang.

Tief in Fels- und Erdschichten eingegraben ist der Grand Canyon des Yellowstone-River, weit erstreckt er sich vor uns in der weit überschau- baren Landschaft. Von der schwindelnden Höhe des abgründigen Ausblicks versagt erst einmal alle Abschätzung. Aber dem in Tiefen, dem in Weiten ausschweifenden Auge bieten sich Anhaltspunkte für Größen und Ausmaße. Die mächtigen Douglastannen etwa, nur wenige Meter unter uns ragen sie aus erdreichen Felsenwinkeln empor; sie geben Maßstab dem Auge, weil sie sich winzig, in spielzeughafter Zierlichkeit ganz unten in der Tiefe der Schlucht wiederholen.

Die Schlucht ist zerfurcht von Faltungen des Gesteins, von emporragenden Riffen; steil fallen die rötlichen Felsen ab, wechseln mit erdig-steinigen Hängen, deren allbeherrschende gelbleuchtende Eintönigkeit nur einzeln oder gruppenweise stehende Bäume auflockern.

In der Ferne, aus den Fernen des gebirgshohen Horizontes kommend stürzen Wasser hinab, fällt der flutgewaltige Fluß in weißer Gischt abgrundtief, wird unten in der schimmernden Stromrinne der Schlucht grün, tiefgrün, schäumt dann unterwegs erneut weißgischtig auf, überall dort, wo der Fluß schneller werdend Katarakte überströmt... von oben im Überblick der atemberaubend herrlichen Landschaft glänzt der Fluß in der hochstehenden Sonne wie eine mächtige, sich windende Schlange.

Das Gewirr von Stimmen, eine Traube von Menschen, die uns auf dem engen Aussichtspunkt aufdringlich umschließt, verleidet uns den Ausblick und wir gehen hinweg. Gedränge gibt es nur an den „viewpoints", den besonderen Aussichtspunkten, je nach Saison, Wetter, Tageszeit mit wechselnder Belagerung auch der aufgestellten Schau- und Worttafeln. Auch draußen, in Natur und Wildnis bleiben die Menschen in der Masse, wickeln in der Menge Programme und Gewohnheiten ab, an Zigaretten saugend, irgend etwas kauend, während Blicke, gelangweilt-gesättigte, Ablenkung suchend herumstreifen. Mancher der in buntknalligen Autoschlangen Dahergefahrenen steigt gar nicht erst aus, Fensterscheiben des gestoppten Wagens surren in die Vertiefung, ein gesichtsloser Kopf hinter der klickenden Kamera beugt sich heraus; die Scheibe surrt wieder in aufsteigender Verglasung, der Wagen rollt an... wie im Autokino rollt die Landschaft vorüber.

Abseits der Asphaltstraßen, der Landschaftshöhepunkte unsteter Schaulust... dort wenigstens und dort immer noch beginnt die Wildnis wirklich, breitet sich die windatmende, die baumknarrende, die vogelschrille Stille des Hochlandes aus, die nur dem Wildhüter, den Bergsteigern, rüstig und sicher zu Fuß, zugänglich sind... dort in den Höhen der Berge, in den Weiten der Wälder, in den buschigen Einöden streicht noch der einzelgängerische, der gewaltige, drei Meter hohe Grizzly-Bär, und über den hellen Seen schwebt der Seeadler, zielscharf äugend nach fischblinkenden Rücken, und der weiße Trompetenschwan ... er gleitet noch kraftvollen Stoßes über klar-tiefe Wasser.

Vielfalt der Schöpfung Natur, in der Fülle der Pflanzen und Tiere, sich ergänzend im Kreislauf des Lebens... in den riesigen Oasen des Nationalparkes besteht sie noch, da ist noch in etwa das Leben einer in Jahrmillionen gewordenen Evolutionsordnung... im Gegensatz zu den Verheerungen, die Zeit und Raum ergriffen haben draußen ... draußen vor den großen Eingängen des seit 1872 geschützten Nationalparks.

Mit dolchigen Hauern fletschend, hoch erhobenen in pelziger Ungeheuerlichkeit reckt er sich empor und ausgreifend drohen seine Pranken, drohen die angriffsfeurigen Augen des Grizzly-Bären. Der wandelnde Schrecken der Region soll er einst gewesen sein, so ist es jedenfalls, moritatenhaft eindringlich, auf der Tafel daneben zu lesen. Nur ein Schauder, grauslich im Augenblick, ist von seiner Gefährlichkeit geblieben — bei manchem Besucher jedenfalls, ausgelöst durch die plastisch-gruselige Präparierung.

Vor Old Snaggy, dem Grizzly-Riesen, stehen wir im Museum des Yellowstone-Parks. Gefürchtet sei er gewesen bei Trappern, Goldgräbern und sonstigen Abenteuern, und Menschen soll er tatsächlich angefallen haben, ehe er von seinen Häschern gestellt im Kugelfeuer niedersank. Die Nähe des unberechenbaren, allgegenwärtigen Menschen meiden heute die wenigen, noch freilebenden Mammut-Bären, vielleicht tragen sie die blutig-grausige Erfahrung ihres Geschlechtes in sich, daß kein Geschöpf auf der Erde gefährlicher ist als der Mensch.

Mit kleinen, glasigen Augen stiert er uns an, der Bison im zottelig hängenden Fell. Das schwere, gedrungene Haupt mit den Hörnern tief gesenkt, baut sich der massige Körper wuchtig und klobig auf, gestützt von Eisenträgern, mit Füllstoff ausgestopft steht er erstarrt in der ihm eigentümlichen Bewegung. Freilebend im Park draußen, am Grand Teton und vielleicht auch noch anderswo auf dem Kontinent gibt es noch kleine Bisonherden, zählbare Restbestände der unzähligen Millionen, die in den Rhythmen der Gezeiten, im Trommelschlag der Hufe einst über die Plains und Prärien dröhnten.

Nur wer die indianische Daseinserfahrung der Allverwandtschaft zu ermessen vermag, erahnt den Schmerz des Verlustes, der Vereinsamung, die den indianischen Menschen damals befiel. Ein alter Omaha-Indianer, zu Beginn des Jahrhunderts vom Völkerkundler Melvin Randolph Gilmor auf die Büffelschlächterei des vorigen Jahrhunderts angesprochen, sagte:

„In meinen jungen Jahren war das Land schön. In den Flußauen wuchs Wald: Baumwollbäume, Ahorne, Ulmen, Eichen, Walnüsse und viele Arten mehr. Da wuchsen im Unterholz Reben und Büsche, und noch eine Stufe tiefer gediehen viele gute Kräuter und Blumen, Wald und Prärie waren durchzogen von Wildpfaden, und überall sangen Vögel. Wo ich auch ging, erblickte ich die mannigfaltigsten Formen des Lebens, von Wakanda (dem großen Geist) an ihren Ort gesetzt. Die Tiere gingen, flogen, sprangen, liefen und spielten herum. Aber nun ist das Gesicht des Landes verwandelt und voller Trauer. Die lebenden Wesen sind dahin. Ich sehe das Land verwüstet und mich drückt unsäglicher Kummer. Manchmal wache ich nachts auf und dann meine ich ersticken zu müssen unter dem Druck dieses fürchterlichen Gefühls der Einsamkeit."

Die Allverwandtschaft, die zum Allgefühl, zur Allbewußtheit des großen Zusammenhanges wird, spricht Kickapoohäuptling Kenekuk an: „Die Weißen verderben unser Land. Sie machen die ganze Natur seufzen... Sie töten die Bäume mit mörderischen Eisen, sie tun den Bäumen unrecht und die Bäume weinen. Sie reißen die Eingeweide der Erde auf, sie tun der Erde weh und die Erde weint. Sie vergiften das Wasser unserer klaren Flüsse und machen es trübe, die Fische sterben, und die Fische und Flüsse weinen..."

Das Ganze schon verloren, weil das lebendig Ergänzende fehlte oder gestört war? Der Große Geist des flammenden Welthintergrundes nicht mehr durchleuchtend, erleuchtend das Vordergründige des Daseins, weil die Schöpfung gestört, sie unvollkommen geworden ist, nicht mehr alle die Weltteile sich im Weltganzen heiligen.

Wer vermag die archaische Erschütterung des indianischen Menschen, seine archaische Verunsicherung zu ermessen, als die

Verhängnisse sich blutig und unausweichlich vollzogen, als die Trommeln verstummten, Überlebende der indianischen Völker in Reservate gesperrt, Kinder und Erwachsene die Sprache der neuen Herren eingetrichtert bekamen, deren Glauben und Lebensgewohnheiten.

Heilig war den Indianerstämmen die ureigene Sprache, und in der Vielfalt der Naturerscheinungen und -zustände spiegelt die Sprache der Dakota etwa all die erlebbaren Unterschiede des Gehens, des Erschreckens, des Leuchtens wider. Eine sprachliche Wandlungsfülle des Erlebnishaften, des Stimmungshaften ist dem Indianischen eigen, die kaum vorstellbar ist. Worte sind in Wirklichkeit Wortbündel, das heißt, eigentlich lassen sie sich nur mit mehreren Worten oder gar in einem ganzen Satz beschreiben, so genau nuanciert sind sie.

Indianerschicksal — Leben und Land verloren, Überlebende deportiert oft über Tausende von Kilometern in landschaftlich und klimatisch konträre Gegenden, vereinsamt dort in Reservaten, entmündigt und zum Almosenempfänger geworden, gelähmt von Qual und Schock äußerer und innerer Untergänge, getäuscht von der Fatamorgana schwindender Weißer und wiederkehrender Büffel, von der visionären Illusion der zauberisch entrückenden Peyote-Droge.

In der Erstarrung der verlorenen Vergangenheit stehen, sitzen, agieren sie im nächsten Raum des Yellowstone-Museums, Indianer, lebensgroße Puppen sind es, die Männer in der Herrlichkeit des Federschmuckes vortäuschen, in der farbenleuchtenden Bemalung des Ritus und des Kampfes, Frauen in der schmucken Feinheit der Gewänder. Kinder springen herum in theatralisch gestellten Alltagsszenerien, und über einem Baby, über dem wonnigen Puppenkopf, in einer Kindertrage geborgen, erblüht die Lilie, das Sinnbild des Lebens.

Im Museum bewahrt — all das in gläsernen, erleuchteten Särgen, hinter Scheiben dem Zugriff entzogen die Trommel mit dem aufgezeichneten Gesang des Sonnentanzes daneben. Verboten damals um die Jahrhundertwende in den Endzuckungen des ungleichen Krieges, abgeschnitten die Wurzeln uralter Überlieferung, ein Menschentum, seine Daseinsweise ausgelöscht, verboten.

LIEBE UND BEDRÄNGNISSE

Sonntag, den 11. September 1977

Das Schloß, das sich knackend drehte, unterbrach die Stille. Ich horchte auf, unwillkürlich... schlaflos wie ich war und in der Dunkelheit aufmerksamer für Geräusche. Hatte ich schon Stunden gelegen? Zeit wird zur Einöde, von endloser Dauer, wenn der Schlaf ausbleibt und die Ruhelosigkeit einen im Bett hin und her wälzt.

Die Tür war zugeschlagen, etwas zu heftig, vielleicht im Windzug plötzlich, Schritte hörte ich ... Wie doch Wachsein im Dunkeln den Gehörsinn schärft, Schritte in den ersten Momenten... dann aber doch unterscheidbar Schritte und Schrittchen... „Zwei Personen", dachte ich, „sind zu später Stunde noch gekommen... wohl ein Mann und eine Frau."

Kühle, unvermittelt ließ sie mich frösteln. Bloß, ich fühlte es, lagen meine Beine auf dem Laken, seitlich auf den Boden war die Bettdecke gerutscht. Wie gut, ging es mir durch den Sinn, daß Karl und ich, wir uns diesmal trotz Kosten für ein gesondertes Zimmer entschieden hatten. Das Doppelbett hier in den Räumen des Blockhauses ist doch viel schmaler als sonst in Motels und störend wäre für ihn meine Schlaflosigkeit.

Die vergangenen Tage, so überlegte ich, vielleicht sind sie zu ereignisreich gewesen, offenbar bin ich in einer nervlichen Nachwirkung dessen... zu rege, zu angeregt die Sinne, der Geist, daß ich nun schon schlaflos döste eine lange Weile ... gestört war ich bisher nur von der eigenen Ruhelosigkeit, nun aber immer wieder von außen... von nebenan, jenseits der Holzwand, die dünn sein mußte oder ohne Abdichtung.

„Ready, are'nt you?" Worte hörte ich genau, obwohl die Stimmen gedämpft waren, die männliche und die weibliche ganz nah nebenan.

In das Blockhaus mit den vielen Räumen hatten wir drei uns auf der Rückfahrt vom Yellowstone-Park für eine Nacht eingemietet. In eben das Anwesen, in der Nähe eines Bergsees gelegen, hatte Karl-Heinrich die Erinnerung getrieben... Vor knapp zwei Jahrzehnten hatte er, damals im Straßenbau tätig, in der Gegend gearbeitet, hatte hier wildwesthaft im Planzelt gelebt, in der Freizeit gejagt, geangelt...

Ein Nest im Abseits des einst wilden Westens war es damals gewesen. Damals hatte nur eine urige Gaststätte dort gestanden. Als wir vor Stunden in der Dämmerung angekommen waren, hatte das gedrungene, an der Giebelwand mit Geweihen behängte Haus seltsam dunkel und beim kurzen Aufenthalt drinnen wie eine Räucherhöhle gewirkt: schummrig und unheimlich. Ein Heerlager der Touristen hatte sich darum versammelt, bis zum Bergsee hin auf dem weitläufigen, offenen Gelände. Ein Wohnwagen neben dem anderen, Reihe für Reihe, beim kurzen Rundgang noch vor Einbruch der Nacht hatten wir es gesehen.

Dumpf klatschte etwas auf... nebenan, auf dem Boden wohl... schwer im Gewicht. Eine Hose vielleicht mit Schlüsselbund etwa und Brieftasche, überlege ich, sogleich aber verärgert über mich selbst, daß ich von Langeweile oder sonstwas verleitet, so aufmerksam hinhorchte und mich dabei, beinahe wie ein Kriminalist in Mutmaßungen erging.

Ruhe wird nun, dachte ich erleichtert, so spät wie es ist. Auf autogene Übungen der Selbstbeeinflußbarkeit besann ich mich, suchte mich in den Schlaf zu bringen. Endlich, irgendwann schien sich doch Müdigkeit einlullend über mich zu legen. Ob ich schon eingeschlafen oder erst halb der Wachheit entrückt war, „Baby... Baby..." das Wort, drängend wiederholt, rief mich zurück ins Bewußtsein. „Baby, Baby", hörte ich, eine schwellende Stimme, bebend, bemächtigend ... dann Geräusche. Das Bett, geschüttelt in Drang und Sog, klopfend beinahe, dumpfe, fast polternde Töne, jäh sich steigernd im Widerhall des Stöhnens, bis ein Schrei in der Dunkelheit zitterte.

Eine Dreistigkeit... unter Fremden das, mitten in der Nacht. Ein Gedanke war es, der mich durchschoß, ein Schauer aber auch und eine Erwiderung, eine Ergriffenheit blieb mir in der Seele. Ergriffenheit, wie hatte sie mich immer wieder erfaßt, wenn der Zufall oder Gelegenheit mich Zeuge werden ließen einer Paarung; erregende Ehrfurcht vor dem Akt der Geschlechter, wie er alles erhaltend die Schöpfung verjüngt; ob es winzige Vierfüßler sind, im Laube unter verdorrt-verspannten Blättern plötzlich ein Rascheln, ein zuckend vibrierendes Knäuel, ein Spitzmauspärchen in der Heftigkeit der Nähe; ob es der Hengst ist, als regelmäßiger Reiter auf dem Gestüt erlebt, mit geschwellten Nüstern das herrliche, das zeugungsfeurige Tier, nicht zwanghaft geführt zur Stute, ihm, dem Drängenden, nicht preisgegeben mit hochgebundenem Schweif, sondern frei in Bewegung und Regung auf der Koppel im Vorspiel tänzelnder Berührungen, ehe er steigt, aufsteigt im Sprung; und gar der Mensch, zwei Menschen, ein Mann und eine Frau, die sich einander entblößten in liebender Vertrautheit, die Leiber beieinander lagernd im Liebreiz der Jugend.

Ihr Haar ist lang, hängt strähnig herab über einen üppigen, schon leicht erschlaffenden Körper. Im knittrigen Pyjama steht sie ungeniert da, als ich an ihrer Tür, am überdachten Vorbau vorübergehe. Ich nicke nur, wortlos, gehe eilends vorbei, denke betroffen, enttäuscht, das muß sie sein, die von heute Nacht.

Ich erschrecke... die herrlich schimmernden Körper... die gemäldehaft schöne Idealisierung der Nacht und die strähnig-sinnliche Wirklichkeit... ich erschrecke, das lautere Feuer der Liebe und dann das Träg-Fahle gewichener Leidenschaft. Ich erschrecke vor der eigenen Phantasie, bildnerisch wuchernd in übermächtiger Sehnsucht.

Draußen, schon weiter entfernt von den Häusern, bin ich allein am Morgen auf der Straße, an der linken Hand sich ein steiniger Hang er hebt, gipfelnd schließlich in Felsen. Draußen unter dem erwachenden Blau des Himmels, in der Kühle leichter Winde beginne ich Gedanken, Einstellungen, Einbildungen zu prüfen, zu klären, zu ordnen.

Nur keine Überheblichkeit gegenüber anderen Menschen, im abschätzigen Urteil etwa; und dennoch unerläßlich ist der untrügliche, der nicht beschönigende Blick für Wahrheiten und Wirklichkeiten! Nur keine Sehnsucht nach einer Partnerin, die entrückt ist in idealisierende Scheinweltlichkeit, so daß ich sie nicht erkennen werde... die mir Bestimmte, weil fraglich-überwirkliche Schönheit, weil übersteigerte Erwartungen mir die Augen blendet für sie, die Wirkliche!

Oder habe ich sie gar übersehen? durchzuckt es mich, bin ich gar schon an ihr vorübergegangen? An ihr, die mir die Hand gereicht hat? Aber der Zweifel, er vergeht vor der Besonnenheit und ihren einleuchtenden Vergegenwärtigungen. Unvereinbar, bisher wenigstens immer wieder unvereinbar ist Liebe, ist beständige Partnerschaft, ist Familie mit der Entwicklung gewesen, in der ich stehe, die mich erfaßt hat mit der Überforderung äußerer wie innerer Seinsprozesse und ihrem Gebot, ihrem Zwang zu Meisterungen.

In der Gebundenheit dessen, unfähig zu einer Unwahrhaftigkeit wurden mir Initiativen und Widerhall verwehrt bei Begegnungen mit Mädchen und Frauen, wenn in Ulrikes Augen etwa die Erwartung war von Ehestand und Kindern; wie sollte ich Familie mit all dem anderen bewältigen? Schon jetzt..., wenn im anderen Jahr, bei anderer Gelegenheit Susanne skrupellos nur so auf's Abenteuer aus war, auf die bloße Lust, der Gelegenheit wich ich aus nach Irrtümern, leidvollen Erfahrungen, nach jahrelangen Kämpfen mit mir selbst hatte ich mich endgültig für die Liebe entschieden, die ganzheitliche Liebe, die die Zwiespältigkeiten des Wesens überwindet, die gedanklichen und tatsächlichen Zweideutigkeiten und Ausflüchte wandelt in die Eindeutigkeit, die Folgerichtigkeit des ganzheitlichen Wesens. Ergebenheit mußte in Jahren schmerzhaft werden dem eigenmächtigen, überstarken Wunsch, ihn wandeln; Ergebenheit gegenüber dem Schicksal und seiner Notwendigkeit.

DIE GESCHICHTE DES ENTFLAMMTEN GOTTESSTREITERS

Henry's Lake — Montag, den 12. September 1977

An jenem Morgen war ich im Innersten beruhigt vom Spaziergang zurückgekehrt, ja beflügelt war ich vom Glück einer Verheißung, daß es meinen Freunden auffiel und Karl-Heinrich, etwas ahnend, scherzhaft meinte, ob wir überhaupt weiterfahren könnten, da ich vielleicht meinem Herzliebchen begegnet sei.

Ihn freilich treibt es hinweg, und da auch er von mir, um von seiner Vermutung abzulenken, zum Aufbruch ermuntert wurde, fuhren wir noch am Vormittag weiter. Karl-Heinrich, stark enttäuscht über die Stätte, die überhaupt nicht mehr seiner, vielleicht auch zu verklärten Erinnerung entsprach, drängte es und drängt es auf einem Umweg westwärts, ihn zieht es wieder auf die Fährte einer Erinnerung. Richard Torleif, den feurigen Norweger, einen Freund seiner Amerikazeit, hofft er wieder zu sehen. Eine Spannung der Ungewißheit ist spürbar, eine Sorge auch, als er unterwegs von ihm erzählt.

Gebürtiger Norweger sei er tatsächlich, der Richard, berichtet Karl-Heinrich, der landläufigen Vorstellung allerdings von einem Norweger entspräche er nicht. Nichts von nordländischer Herbheit, Wortkargheit oder gar Wesenskühle ... Er, der

Rothaarige, im Kranz seines Rundbartes, sei wahrhaftig ein Mann des Feuers im Kopfe, in der Zunge und im Herzen. Vor weit über zehn Jahren jedenfalls sei es so gewesen.

Tatsächlich, der Mann brannte lichterloh, Karl-Heinrich ist es anzumerken, daß er noch in der Erinnerung schwankt zwischen Faszination und Bedenklichkeit. Auf der Hochebene von Idaho, in den Ausläufern des sogenannten Großen Beckens, lebte er damals, in einer kargen Landschaft mit weitem, steppigem Strauchland, mit Bergen in weiten Fernen, mit steinig-öder Erde, die alle die Hitze widerstrahlt, die sie aufnimmt aus einem ständig wolkenlosen Himmel.

Dort, wo Wasser, wo Quellen waren und deshalb eine Ansiedlung, hatte sich Richard auf einer kleinen Farm niedergelassen, in trauter Gemeinschaft mit seinen drei Ehefrauen. Jawohl, seinen drei Ehefrauen, Richard nannte sie bewußt und herausfordernd in der Öffentlichkeit seine Ehefrauen. Er berief sich auf mormonisches Recht. Polygamie nämlich, im indianischen Amerika nichts Ungewöhnliches, war bei Mormonen üblich und anfänglich im Mormonenstaat Utah legal. Für die einen aus religiöser Überzeugung gelebt, für andere in der Wildnis lediglich wegen des Männermangels und aus Versorgungsgründen geduldet, mußte die Vielehe 1890 unter dem Druck der anderen US-Staaten aufgehoben werden.

Richard Torleif jedoch beharrte auf der illegal gewordenen Vielehe. Aber nicht, wie mancher griemelnd vermuten mag, weil das nur ein Vorwand war. Richard, beteuerte Karl-Heinrich, war feurig und unbedingt in allem, was seinen Glauben anging. Er war ein glühender Anhänger der Mormonen, der „Kirche Jesu Christi der Heiligen der Letzten Tage". Selten war er auf seiner Farm, auf seinen Feldern tätig, dafür war er umso häufiger und intensiver unterwegs, erzählte, erfüllt vom Glauben, von den „heiligen Geschichten" des Buches Mormon, sprach von der Einwanderung biblischer Stämme nach Amerika, vom Wirken Christi dort damals schon und verkündete schließlich die „Erneuerung der Urkirche in den Letzten Tagen", und das Wirken Jesu Christi dann beim Jüngsten Gericht.

All die Glaubensüberzeugungen, aus den Visionen und Offenbarungen des Religionsgründers und -märtyrers Joseph Smith hervorgegangen, verband Richard auf seine sehr eigene Weise mit realen, angeblich schon sehr nahen Endzeit- und Heilserwartungen.

Jäh flammten sie in ihm auf, angesichts der merkwürdigen, höchst staunen-erregenden Ereignisse am nächtlichen Himmel.

„Sein Enthusiasmus war mir unheimlich", erzählt Karl-Heinrich, während wir im Auto unterwegs sind zu Richard Torleif's damaliger Farm.

„Meine Neugierde und Anteilnahme freilich hatte er geweckt. Eines Abends fuhr ich mit ihm hinaus... in die Weiten der Steppe. Ich weiß nicht mehr, wann es war, an welchem Tag. Für Richard jedenfalls war es ein ganz besonderer Tag, einer, der ihm offensichtlich irgendwie bestimmt worden war. An diesem Tag also wollte er mir beweisen, was er in langen Gesprächen immer wieder behauptet hatte: bewegen würden sich bestimmte Sterne am Himmel, im Kreise zum Beispiel, wenn er einen entsprechenden Gedanken aussende. Bestimmte Sterne, glitzernd am nächtlichen Himmel, wären nämlich Ufos, die geheimnisumwitterten Flugscheiben. Er, Richard Torleif, habe telepathische Verbindung zu ihnen...

Da standen wir nun draußen an jenem Tag, draußen in der Einsamkeit der Steppe und der Nacht, unter einem unsagbar schönen Sternenhimmel ... überwältigend war das, und ich hatte Mühe, mir die mitgenommene Skepsis zu bewahren.

Stern leuchtete neben Stern... unendlich, unzählbar viele, klar und blinkend. Und dann ereignete es sich, irgendwann ... wir hatten schon eine Weile in den Himmel geschaut, hinaufgestarrt mit allmählich erstarrendem Genick, da geschah es, ein Stern bewegte sich auf einmal, unzweifelhaft, er bewegte sich... tatsächlich, er drehte einen Kreis, so wie Richard Torleif es angekündigt hatte... einmal hatte er wirklich, der Stern zwischen Sternen gekreist."

War es Zufall oder gar eine Einbildung, entstanden aus hochgesteigerter Erwartung? fragte ich mich während Karl-Heinrich's Erzählung. Ob Richard Torleif wirklich Gedankenimpulse aussenden konnte, auf die geheimnisvollen Adressaten oben am Firmament wirklich geantwortet hatten?

„Der Funkverkehr auf Gedankenwellen hatte bei Richard ein jähes Sendungsbewußtsein entfacht", erinnert sich Karl-Heinrich. Die Bedenken, die er damals hatte, kommen wieder auf in ihm, spitzen sich zu in der bangen Frage, was aus ihm und der Familie geworden ist. Freilich einzigartig ist für Karl-Heinrich das Erlebnis geblieben, das er zusammen mit Richard hatte. „Fliegende Sterne" hat Karl-Heinrich zwar noch oft genug in den Staaten gesehen. Natürlich versuchte auch er die mobilen Lichtpunkte am nächtlichen Firmament mit Gedankenimpulsen zu beeinflussen, aber die Objekte scherten sich nicht darum, wenn sie auch des öfteren ihre Besonderheit nachwiesen, in dem sie nicht gradlinig wie Satelliten am Himmel flogen, sondern mitunter in Schlangenlinien oder gar im Zick-Zack. „Seit dieser Zeit", betont Karl-Heinrich, „weiß ich, daß es Ufos gibt. Die Drei freilich haben mir bedeutet, daß ich sie Strahlschiffe nennen soll..."

In Momenten des Schweigens sind Erinnerungen und Sorge zugleich wieder da. „Nicht geheuer", beginnt er wieder, „war mir die Wirkung, die die Strahlschiffe auf Richard hatten. Überall in den Staaten war er unterwegs — als Prediger wie auf Feldzügen der Verkündigung; wie im Wettlauf mit der Zeit war er, auf unzähligen Einsätzen stets in Eile, bereit zu waghalsigen Risiken, obwohl seine Familie immer zahlreicher wurde. Aber seine Frauen, seine Kinder überließ er mehr und mehr sich selbst, und mehr und mehr verkam die Farm.

Ich weiß noch", sagt Karl-Heinrich, holt tief Luft, „wie ich erschrocken bin, damals vor fünfzehn Jahren. Eines Tages nämlich begann er neben der schon beinahe verfallenden Farm eine große Halle zu bauen. Er brauchte Bauleute, sehr viel Holz, beträchtliche Gelder. In einem religiösen Fieber beschwor er auch mich, die Große Wende der Zciten sei nahe, Erschütterungen und Umwälzungen menschlicher Ordnung ständen bevor... die große Halle, aus Holz gefügt im nordisch-norwegischen Stil, müsse er bauen, für die Heiligen der Letzten Tage müsse er sie bauen, die da erwarten die Wiederkehr des Jesus Christus ... herniederschwebend auf einer Wolke, auf einem Ufo unter Ufos."

Mittlerweile sind wir dem Ziel näher gekommen. Die Ansiedlung mit den vereinzelt liegenden Farmen haben wir erreicht. Karl-Heinrich, nun von der Umgebung beansprucht, beginnt sich immer genauer zu erinnern, sich mehr und mehr zu orientieren. Wir fahren auf Wegen, deren Sand unter langsam rollenden Rädern knirscht, Ranch für Ranch können wir genau betrachten. Karl-Heinrich schüttelt immer wieder den Kopf, wir suchen und suchen... ihm ist es einfach unbegreiflich... mehr herumirrend, denn zielstrebig suchend fahren wir erneut über Straßen und Wege, über die wir eben schon gerollt sind.

„Hier müßte es doch sein", verwundert sich Karl-Heinrich zum wiederholten Mal, „sein Holztempel war doch von der Straße aus deutlich zu sehen." Dennoch, wir finden weder Richards Farm noch irgendwelche Spuren, Überreste.

Als wir uns wenig später in einem vergammelten Saloon nach Richard Torleif und seiner Familie erkundigen, grinsen einige Männer, die an grau-verwaschenen Holztischen sitzen, die da rauchen und trinken, sie grinsen breit und dreist, wenden sich unhöflich ab von uns, als habe die bloße Nachfrage uns schon zu verachtenswerten Kumpanen des Torleif gemacht. Mein Gott, denke ich, daß er so verrucht ist in der Gegend? Nur ein Alter, ein Mann in verschlissener Kleidung, mit bartstoppeligem Gesicht, nur der gibt

Antwort mit whisky-stierigen Augen und in einem völlig unverständlichen Slang.

Karl-Heinrich hat es verstanden, mit brennender Peinlichkeit hat er's vernommen, das der „gläubige Bock" vor Jahren schon verschwunden sei. Eine seiner verlassenen Frauen lebe jetzt in Idaho Falls, hat der Alte noch genuschelt und dabei hat er wieder gegrinst und rauchergelbe Zähne haben sich entblößt im hämischen Hohn.

Idaho Falls — Dienstag, den 13. September 1977

Im Hintergrund standen Annelies und ich, trotzdem konnten wir sie erkennen. Sie hatte soeben die Tür geöffnet und Karl-Heinrich sogleich erkannt. Am Zwiespalt ihrer Regungen zeigte sich's, Freude hatte ihr Gesicht überstrahlt im Impuls des Wiedersehens, offensichtlich mochte sie ihn sehr von früher her, aber die Freude, ebenso jäh war sie verdrängt, von Sorge, von Erschrecken und Abwehr.

Beklemmung hatte sie erfaßt, zu unvermittelt stand die Vergangenheit vor der Tür. Sie antwortete zwar, Worte, die wir im Hintergrund nicht verstehen konnten, da sie gedämpft ausgesprochen wurden, als sollten sie nicht hörbar werden hinter dem Türspalt im Innern des Hauses. Sie, die schmale, ernsthaft-feine Frau, bat Karl-Heinrich nicht hinein in die Wohnung. Mit einem Lächeln, flüchtig dann doch noch und scheu, verschwand sie alsbald hinter der Haustür, und Karl-Heinrich, fast flüsternd in Betroffenheit, uns zum schnellen Weggang treibend, sagte nur: „Sie ist wieder verheiratet."

Er schwieg, während wir zurück zum Wagen gingen. Er schwieg immer noch, als wir drinnen saßen. Erst als Annelies ihn anstieß mit den Worten: „Was ist denn los?", brach es aus ihm heraus. „Er war im Irrenhaus." Und wieder Schweigen, ein fürchterlich beredtes Schweigen aufgestachelter Gedanken, aufgewühlter Gefühle. Dachten und fühlten wir Drei in diesem

Schweigen ähnlich? Ein Unterschied jedenfalls zwischen uns Männern und Annelies als Frau offenbarte sich. Ich verwende bewußt das anspruchsvolle Wort, weil es ein wesenhaft-wesentlicher Unterschied ist, der also offenbarte sich, als uns das Schicksal von Richard Torleif in ein langes Gespräch verwickelte...

Erneut erwies es sich, was überhaupt für uns Drei gilt, bisher aber im Geschehen noch nicht so deutlich wurde. Annelies, die meistens Stille, die scheinbar Unscheinbare in der Dreierrunde ist in Wirklichkeit ihre ruhende Mitte. Mit visionärer Schau, ihren sinnerleuchtenden Bildern fällt sie nicht auf, oder an einem schriftstellerischen Werk versucht sie sich nicht: Im Verborgenen wirkt sie und im doch stets Gegenwärtigen. Sie lebt aus einer Einheit des Seins, in einer Einheitlichkeit des Wesens, die sie seiender, unmittelbarer und damit spontaner sein läßt. Im Vergleich zu ihr sind wir, die Männer, gegensätzlich, widersprüchlich oft im Wesen, in Taten, eben uneinheitlicher als sie, sind wir abhängiger von Wünschen etwa, stellen wir bewußt oder gar unbewußt immer noch Forderungen an das Leben.

Ist die Frau mehr Natur in ihrem Menschsein? Ist sie in ihrer Weiblichkeit, der empfangenden und gebärenden, inniger und vielfältiger mit der Natur des Seins verwoben? Ist sie deshalb von Natur anspruchsloser, weil sie dem Leben schlechthin unmittelbarer begegnet als etwa der Mann, der das Leben abgesonderter, ichbezogener erfährt? Ist Hingabe, ist jegliche Selbstaufgabe der Frau gemäßer, ihr vielleicht von ihrer Wesensnatur her leichter?

Annelies, seit ihrer Jugend eine Geistig-Suchende, schicksalhaft familien- und kinderlos geblieben, hat sich unentwegt und dabei ohne Aufsehen zu erregen für Menschen, ihre Aufgaben eingesetzt, hat sich selbst und ihre Lebensverhältnisse beschnitten, um beständig und nennenswert helfen zu können. Die Hingabe an das Geistige mit all den erforderlich werdenden Einsätzen ist ihr einfach selbstverständlicher und bedingungsloser möglich.

Eine Dreiheit in Einheit seien wir. Wie oft hat das Karl-Heinrich mit dem Ohr des Innern vernommen? Jeder von uns Dreien lebt zwar für sich, lebt in ausgesprochen unterschiedlichen Daseinsverhältnissen. Gemeint sein kann deshalb nur eine Gemeinschaft des Innerlichen, die sich vor allem auf solcher Reise, in besonderen Stunden an besonderen Stätten bewahrheitet, etwa wenn wir uns die Hand geben, im Kreise stehen, wenn wir aufwärts, wenn wir innwärts schauen. Werden wir dann eine Einheit? Fallen dann Grenzen zwischen uns als Individuen? Werden wir Drei, atmend im Kreise stehend, in solchen Augenblicken wie zu einem Organismus des Geistes? Der archaische Mensch muß im Ritus der Gruppe solche elementar-tatsächliche Vergegenwärtigung des lebendigen Geistes erfahren haben. Aber der archaische Mensch war noch nicht Individuum im modernen Sinne, mit all seinen Vor- und Nachteilen! Muß sich das Individuum deshalb in die Seinsgültigkeit verallgemeinern, in der Verwesentlichung veredeln, damit ihm, wie einst im Archaischen der lebendige Geist gegenwärtig werden kann?

Bei den Geisteshandlungen von uns Dreien ist es mir immer wieder so erschienen, als erweitere man sich selbst dabei um Möglichkeiten des anderen, als erweitere sich die eigene Seele, der eigene Geist im Größeren, im Höheren und Tieferen. Offensichtlich steht in der Einheit des Kreises jeder seiner Eigenart und Befähigung entsprechend in besonderer Aufgabe und Funktion. Vielleicht ist Annelies in Wirklichkeit die Empfängerin dessen, was sich in der Dreierrunde aus anderer Seinsebene kundtut, vielleicht wird in jenen besonderen Stunden ihre Seele zur Quelle, deren Raunen Karl-Heinrich vernimmt? Heißt es nicht in uralten Überlieferungen, daß die Frau von ihrer Anlage und Möglichkeit her inniger mit jenem Sein verwoben sei? Mit silbernen Fäden sei sie mit dem Inseits verbunden. In Annelies bewahrheitet es sich, ihre Beziehung zum Inseitig-Jenseitigen ist wirklich selbstverständlicher, zweifelsfreier als bei Karl-Heinrich und mir. Wir beide mögen uns zwar erheben in begeisterter Schau und auch begeisternder Überzeugung, aber so erhoben, können wir auch fallen, im Innern schwanken und zweifeln.

Im Auto saßen wir, unfähig zur Weiterfahrt als es aus Karl-Heinrich hervorbrach. Eine verwirrende Überkreuzung von Gefühlen und Regungen war es, Anteilnahme vor allem und ureigene Betroffenheit.

„Wo er jetzt ist, wovon er lebt, das weiß sie nicht", sagte Karl-Heinrich. Mit tonloser Stimme fuhr er fort: „Erfahren hat sie nur, daß er monatelang in einer Nervenheilanstalt war — irgendwo tief unten im Süden der Staaten." Er stockte, suchte nach Worten... „daß sie keinen Kontakt zu ihm sucht, ...verstehen kann ich's ja... schon aus Rücksicht auf ihren neuen Mann ..."

Er verstummte erneut, sprachlos geworden angesichts solchen Schicksals... Im Schatten dessen schien er nachzusinnen, gedankenschwer zu grübeln, ehe der Unmut des Nichtbegreifens sich doch in Worten wiederfand. „Es ist schrecklich... schrecklich... wie ist es nur möglich." Und dann war er heraus, plötzlich war er ausgesprochen, der bittere Satz. Vielleicht zuckte er im Hirn als vorwurfsvolle Tatsache, vielleicht aber hatte er sich, als er über die Zunge ging, aus Rücksicht auf uns beide in die weniger anklagende Frage verwandelt. Karl-Heinrich jedenfalls sagte mit verhaltener Bissigkeit: „Wenn man sich auf den Geist einläßt, ist man dann nicht verlassen?"

Das Gesagte erinnerte mich an Ungesagtes, vergegenwärtigte mir erneut Karl-Heinrichs Schicksalsschlag. Er, für den das natureinsame Amerika das Land der Freiheit und der Selbstverwirklichung war, er mußte damals mitsamt seiner Familie Haus und Natur und die endlosen Weiten verlassen, mußte zurück nach Deutschland, in die Enge seiner dichten Besiedlung. Seine

Frau war erkrankt. Nervlich gestört, hörte sie bedrängende Stimmen, redete zeitweise wirres Zeug und mußte dringend medizinisch und psychotherapeutisch behandelt werden. Da Karl-Heinrich die Arzt- und Pflegekosten nicht auf Dauer aufbringen konnte, kehrte er zurück... für eine Übergangszeit nur, wie er damals hoffte, vergebens hoffte.

Der Stachel des Schicksals ist noch immer in ihm... Lag es an ihm selbst, wie oft mochte sich Karl-Heinrich seitdem den Vorwurf gemacht haben? Lag es an der „Stimme", die er hörte und hört, an den Bildern des Inseits, die er sah und sieht? Hatte seine Frau all das in der Nähe des familiären Zusammenlebens nicht bewältigt? War sie vielleicht deshalb krank geworden, war es vielleicht deshalb später in Deutschland zur Scheidung gekommen? Hinter der Anteilnahme, dem Mitgefühl für Richard Torleif klaffte ureigene Betroffenheit, warf sich das Grundproblem seines eigenen Lebens auf, die Seinswelt innerer Schauungen mit der Alltagsrealität zu vereinbaren.

„Da sieht man ja, wohin das führt", sagte Karl-Heinrich schließlich. Er sagte es leise, so als spreche er mehr zu sich selbst. „Er verlor nicht nur die Familie, nicht nur den Hof, den ganzen Besitz ... er verlor auch noch den Verstand... er verlor alles."

Annelies erfaßte die Krise, das Unheil-Schwangere zwanghaft kreisender, unentwegt beschworener Gedanken. Mehr von Not und Gefahr gedrängt ergriff sie, die sonst Zurückhaltende, das Wort:

„Er verlor sich", antwortete sie, „weil er jegliches Maß verloren hatte. Zu berauschend, zu verzehrend waren die Feuer in ihm geworden. Die Feuer der Leidenschaften, die Feuer des Sendungsdranges! Liebte er seine vielen Frauen wirklich? Ist das in der Ganzheit der Zuwendung überhaupt möglich bei mehreren? Oder liebte er in den Frauen nicht mehr sich selbst? Ging es ihm wirklich um die Verkündigung eines Glaubens?

Oder doch mehr darum, verkündigend im Mittelpunkt zu stehen?"

„Willst Du damit etwa sagen", erwiderte Karl-Heinrich, „Richard dachte eigentlich immer nur an sich selbst?!" Er schien noch zu schwanken zwischen unterschwelligem Groll darüber und dämmernder Einsicht.

Annelies stockte, verhielt in ihrem Überzeugungsdrang, schien sich zu prüfen und gestand dann ein. „Nein, so einfach ist es wohl nicht. Ein Mensch seines Schlages denkt bestimmt nicht nur an sich selbst. Mir kommt es vor, als habe sich etwas in seiner Natur entfesselt, jegliche Einschränkung, jegliches Maß überspielend. Irgendwann mag sich sein Selbstbewußtsein, sein Selbstgefühl enthemmt haben, mag es umgeschlagen sein in ein Sendungsbewußtsein, das sich in den Rausch der Selbstübersteigerung verstieg.

Vielleicht hat ihn die Bestätigung, die er als Mann in mehreren Frauen fand, zu sehr entflammt? Vielleicht ist ihm die Wirkung seiner Reden auf Menschen zu Kopfe gestiegen? Die Wirkung seiner Gedankenimpulse auf die leuchtenden Objekte am Himmel? Vielleicht hätte ein Tatbestand für sich allein nicht diese verhängnisvollen Folgen gehabt, so aber haben sie sich gegenseitig gesteigert, und die Sicherungen brannten durch."

Karl-Heinrich, der aufmerksam zugehört hatte und immer nachdenklicher geworden war, antwortete schließlich mit Anzeichen von Verständnislosigkeit: „Aber... aber... er war doch so durch und durch überzeugt von sich, von seiner Mission? Wie sollte er da die Gefahr erkennen?"

„Der Freund fehlte ihm vielleicht", erwiderte Annelies, „ein Mensch, der ihm widersprach. Vielleicht gab es einen, der ihm wahrhaft freundschaftlich gegenüberstand, aber er war wohl nicht offen für seine Kritik. Wie war es damals, als Du öfter mit ihm zusammenkamst? War er zugänglich für einen Rat, oder gar eine Warnung,"

„Kaum", Karl-Heinrich ging wieder lebhafter ein auf Annelies' Überlegungen, „Richard Torleif sah doch in mir das Greenhorn, den Unwissenden, der zweifelnd zauderte und den es mit Feuereifer zu überzeugen galt."

„Feuereifer", betont griff Annelies das Wort auf, „ereifert sich da nicht ein Überschwang — nach Bestätigung beim Mitmenschen, in der Umwelt? Wie großartig ist es, von einer Überzeugung durchlichtet, ja durchflammt zu sein. Aber in der Ruhe tiefster Ergebenheit sollte sich die Überzeugung gründen, einer Ergebenheit, die Gelassenheit und Bescheidenheit auslöst, sich in der Natürlichkeit, in der Schlichtheit entfaltet im Umgang mit der Umwelt, mit den Menschen. Eingebung, ja, ein Durchleuchtetsein von ihr unbedingt, aber eine gesegnete, eine gesunde Entwicklung wird nur möglich in prüfender, in sich bestätigender Wechselbeziehung zwischen Innen und Außen.

Die Mission, so unbedingt in der Welt, so gefordert gar von Gott sie ihm erscheinen mochte, konnte sie ihn von jeglicher irdischer Verantwortung entheben, in der er nun einmal stand? Hatte nicht Richard Torleif eine Familie, sogar derer mehrere? Durfte er sie alle einfach ins Schattendasein schieben, bloß um seiner Mission willen? Durfte er bedenkenlos Farm und Existenz vernachlässigen, sie gar mit Verschuldung gänzlich gefährden? Seiner Berufung glaubte er folgen zu müssen, sofort und uneingeschränkt im Feuereifer der Ungeduld. Wähnte er doch, die Wende der Zeiten sei so nah, daß er die Kunde überall auf dem Kontinent verbreiten müsse, ohne Rücksicht auf Folgen und Kosten, wähnte er doch, die Wiederkehr des Christus stehe so unmittelbar bevor, daß er die Große Halle bauen müsse für die Heiligen der Letzten Tage.

Aber war die Wende, die Ankunft des Christus wirklich so nahe? In Wochen, in Tagen gar? Wie viele Jahre", Annelies lächelte schmerzlich, in Erinnerung vielleicht an selbsterlebte Irrtümer, „sind seitdem vergangen?"

Karl-Heinrich überlegte. „Beinahe zwanzig Jahre", antwortete er gedehnt, selber betroffen über die Dauer.

„Das ist die Zeitspanne einer Generation..." sprach Annelies aus, „hätte er, den die Erwartung in Aktivitäten hetzte, im Gebet nicht eben diese Erwartung seinem Christus überantworten können und sollen? Hätte er, den der Missions- und Verkündigungsdrang ins Maßlose verleitete, nicht im Gebet solches Bestreben anheimstellen sollen? Selbst das Liebste muß der Mensch innerlich loslassen können, damit es erneut ihm Gnade und Geschenk werden kann... Vielleicht wäre ihm die Erwartung wiedergegeben worden, vielleicht wäre sein Missionsdrang zum bestätigten Auftrag geworden... Schritt für Schritt... aus der Allmählichkeit, aus tiefinnerlicher Einheit mit seinem Christus werdend, sich gestaltend in seinen Einsätzen, seinen Taten ... vielleicht hätte es ihn, ohne daß er Verantwortung verdrängen, vernachlässigen mußte, aus familiären Verpflichtungen gelöst, oder diese wären vereinbar geworden mit der Familie in der gemeinschaftlich wachsenden Begeisterung für eine religiöse Aufgabe."

„Aber warum trat nicht solche Entwicklung ein?" Die Frage, das Un-begreifen bedrängte noch immer Karl-Heinrich. „Warum mußte es in dieser Katastrophe enden?"

Da schien es, als fühlte sich Annelies überfordert... um Worte, um eine Antwort rang sie auf einmal, sie, die eben noch so fließend, wie im Strome einer Eingebung gesprochen hatte... „Wie leicht dahergesagt kann das alles klingen", seufzte sie. Aber die Sorge um Karl-Heinrich, um seine Ausgeglichenheit, befähigte sie doch wieder zur Rede, gleich einer Mutter, die das eigene Kind zu jeglichem Einsatz befähigt und ermutigt ...

„Möglicherweise", begann sie tastend, „war es ursächlich doch seine Vielweiberei, war es die Leidenschaftlichkeit, die er nicht zu meistern vermochte... Sinnenrausch, der sich in Geistesrausch überhöhte... Dankbar sei der Mensch dem Schicksal, das ihm in innerer oder äußerer Hemmung, in Gestalt von Menschen, von Lebensumständen, in Scheu oder akutem Unvermögen, Wünsche verweigert oder in die Zukunft entrückt..." Annelies sprach wie im Strom. „Wehe dem, der Erfüllung sucht und sich nimmt vor der Zeit, vor seiner Reife ... in der Entfesselung der Feuer, der Mächte, Kräfte und Triebe... ihn umnachtet der irrlichternde Wahn und das Verhängnis seiner Gewißheit... auf breiter, auf leichter Straße wähnt sich der Mensch und stolpert doch schon, strauchelt schon am Abgrund..."

„Ja, die Gewißheit", fiel Karl-Heinrich lebhaft ein, „die Gewißheit, die fatale... die nur ein schlimmer Trug ist... wie bleiben wir bewahrt vor solcher Gewißheit?"

„Annehmen, verstehen sollten wir, was uns schwer erscheint... uns hinderlich... Ziele erschwerend... lieben, durchschauen lernen eben die Lebensverhältnisse, ihre Zwänge und Schwierigkeiten, Verpflichtungen und Mißhelligkeiten... sind sie nicht Herausforderung und Prüfung zugleich? Wachsen an ihnen nicht Kräfte und Fähigkeiten? Sie aufzugreifen, sich ihnen in Geduld und Festigkeit zu stellen, ermöglicht innere Klärung, äußere Regelung, vielleicht sogar Bewältigung, Meisterung... auf jeden Fall aber bewahrt solche immer wieder erneut gelebte Grundeinstellung vor dem Überschwang, vor seiner Leichtfertigkeit, seinen schlimmen Fehleinschätzungen..."

„Aber überzogene Selbstsicherheit, übersteigertes Sendungsbewußtsein", fiel ich, der bisher aufmerksame Zuhörer, in den Dialog der Freunde ein, „ist die eine Gefahr... die andere ist die selbstquälerische Zwiespältigkeit, wegen der Eigenart des Geistesweges... Wie halten wir die Waage zwischen den Extremen?"

Ich meine", antwortet Annelies, „wenn aller Einsatz freudiger Dienst ist am Ganzen, dann halten wir sie... die Waage. In Schlichtheit, in Natürlichkeit und Bescheidenheit sollten wir unsere Wahrheiten leben, vertreten... nicht im Pathos hehr tönender Pflichten, hinter dem sich oft der Geltungsdrang verbirgt, der begierig aus ist auf den öffentlichen Widerhall... Unabhängigkeit aber muß sein gegenüber der Einschätzung oder gar Geringschätzung der Umwelt, und das in nüchterner Klarheit, im Vertrauen, in der Ergebenheit einer Berufung ..."

Und Annelies fuhr fort, lebhafter noch, leuchtenden Auges: „Das, was einem das Entscheidende für das Leben geworden ist, um seiner selbst willen zu tun, ... darum geht es ... es nicht in die Fesseln der Absicht, an Erwartungen zu binden auf Lohn, Erfolg oder gar Ruhm..."

„Und wie wird's möglich?"

„Aus der ständigen, der tagtäglichen Erfüllung einer Liebe wird es, die sich so vertieft, sich so geweitet hat, daß sie nicht alles selbst ergreifen, nicht alles selbst besitzen, selbst erleben muß; die Anteil, Mitfreude hat an der Freude des anderen... ohne Neid und Mißgunst ist sie, ohne anklagendes Hadern mit sich selbst oder dem eigenen Schicksal ... in lebhafter, belebender Bejahung des eigenen Daseins, seiner Erfüllungen und seiner Verweigerungen, in Dankbarkeit für alles, was einem im Dasein geschenkt ist und verwehrt... ja verwehrt... vorerst vielleicht noch, oder gar überhaupt..."

„Ist solche Bejahung nicht Resignation?"

„Nein, es ist unter der Voraussetzung des ständigen Strebens, des ständigen Einsatzes, das Einssein mit dem eigenen Leben und seinem Daseinsweg... in bewußter Annahme, kämpferisch und ergeben zugleich ... trotz allem Schweren, trotz bitterer Realitäten in innerster Ruhe, ja Freude zu bleiben..." Tatsächlich, Annelies lebt, was sie sagt, ...trotz ihrer Schicksalsverweigerungen, der persönlichen etwa, der lange ersehnten Erfüllung in Ehe und Mutterschaft, ist ihr eine Zufriedenheit eigen und ein Frohsinn, auch köstlich erheiternde Selbstvergessenheit.

Unterwegs, auf unserer Rückfahrt zum Bärensee geschah es, als wir Pause machten, als wir einer neben dem anderen, so wie Hühnervolk, auf einem umgefallenen Baumstamm saßen. Während wir also da hockten, über Beiläufigkeiten plauderten, zitterte über unseren Lippen ein krautig, wuchernder Bart, vielleicht wie bei Waldschraten, denen ein flechtiges Gestrüpp aus den troll-knolligen Nasen wachsen mag. Die sperrigen Spitzen einer hier gedeihenden Salbeiart waren es, die wir uns einfach in die Nasenlöcher gestopft hatten.

Wie heilsam das Kraut sei, darauf nämlich war Karl-Heinrich immer mal wieder von den Dreien hingewiesen worden. Unentwegt und länger nur müsse daran gerochen werden. Wie beschwerlich, hinderlich und langweilig ist es doch, sich das Zeug's dauernd vor die Nase zu halten! Annelies erfinderisch in solchen Fällen, hatte sich das Heilkraut deshalb einfach in die Nase gestopft, und wir Männer waren ihrem Beispiel gefolgt...

So saßen wir drei also mit Nasenbärten auf dem Baumstamm, wobei Annelies, wie immer auf besonders intensive Wirkung bedacht, natürlich ein besonders üppiger aus der Nase quoll... Da stolzierte auf einmal ein Mann daher. Aber was sage ich, es war kein bloßer schlichter Mann. Hochfein und teuer war er in beigem, neuglänzendem Leder gekleidet, ein braunes, seidig schimmerndes Tuch hatte er sorgfältigst um den offensichtlich schlankschönen Hals gewunden. Und darauf noch, auf dem Haupte mit blasierter Mimik thronte, ein breitkrempiger Hut. Hochfeinen Abstand drückte er aus zu den unfeinen Bedrängungen des gewöhnlichen Lebens, und jegliche Berührung damit sollten wohl die erlesenen Handschuhe verhüten, die er trotz der strahlenden Sonne an den Händen trug.

Mister Merk-Würden erblickend, hatten Karl-Heinrich und ich längst unser Kraut aus der Nase gezogen. Nur Annelies froh und munter, daß sie keine Gemütsbedrängung mehr zu einer Belehrung nötigte, saß in quietschvergnügter Selbstvergessenheit in der Sonne und schaute ihrerseits auf den Sonderling aufmerksam geworden, eben diesen neugierig und dreist mit krautwuchernder Nase an.

Getroffen vom Anblick dessen... entfuhr dem ein abweisendes Brr... gar nicht wohltönend und eher an rückwärtige Laute erinnernd ... Abrupt drehte er sich um und war von hinnen .

Herzhaft und schallend lachten wir alle, auch Annelies dann, die uns zuerst verwundert über Erscheinen und Gebaren des Mannes angeschaut hatte, ehe sie selbst, offensichtlich gekitzelt — ihren Nasenbart wieder spürte, von einem Lachkrampf erfaßt wurde und beinahe eruptiv geschüttelt, das Unding verlor.

Garden City — Dienstagabend, den 13. September 1977

Seit dem späten Nachmittag sind wir wieder am Bärensee. Als wir vorhin durch das Zauntor von Gus Rich's Anwesen fuhren, sahen wir ihn seitlich am Zaun arbeiten. Er war gerade dabei, kleine Erdlöcher auszuheben, in die er neue Pfähle einrammen wollte, alsbald war er von vier weiteren Männerhänden unterstützt.

Mary Stephen, neugierig wachsam unserer ansichtig, hat uns sogleich mit der Einladung überfallen. Am Sonntag, sagt sie erregt und bestimmt, sei es so weit, all ihren Freunden und Bekannten habe sie's schon verkündigt, am Sonntag kommen die Deutschen in den Gottesdienst. Keinen Widerhall wartet sie ab, kaum gesagt ist sie im Auto verschwunden, für zwei Tage ins benachbarte Ogden, ihren Wohnort gefahren. Immerhin, erst mal ist sie weg.

Gus Rich hat gelächelt, denn den wortreichen Überfall hat er mitbekommen. Dem Stephens-Schrecken folgt der Kalender-Schrecken, am kommenden Montag schon geht es über New York zurück... nur noch wenige Tage ... und wir haben noch so viel vor, einen Ritt noch, dann noch weitere Ausflüge im Wagen erst, dann zu Fuß in die wildnishaften Einsamkeiten der Bergeshöhen, in verschwiegene Winkel bach-munterer Täler.

Der Teufelsritt auf Windy

Mittwoch, den 14. September 1977

Der untersetzte Mann lehnte sich lässig an die Bretterwand des Stalles, als döste er träge und teilnahmslos vor sich hin. Unter den lappigen, den halbverhangcnen Augen jedoch waren lauernde Blicke auf das Mädchen gerichtet, das gerade den schweren, ledergländenden Sattel zurechtrückte. Allgemeiner Aufbruch hatte alle erfaßt, die Gruppe von Reitern und lackgestiefelten Sonntagsreitern, wenn es auch Mittwoch war.

Zaumzeug wurde geschickt oder auch umständlich über den langen, oft hochfahrenden Nasenrücken gezogen, über tanzende Pferdeohren schließlich. Schafwolldecken wurden aufgelegt auf breite, noch ruhige Vierbeiner-Rücken, Sättel daraufgewuchtet, vorne mit dem metallglänzenden Knauf, an dem sonst das Lasso des Cowboys hängt.

Das Mädchen, eine schlank-kräftige Schönheit, half hier und dort, prüfte dies und das, schwang sich für Augenblicke mal auf ein Pferd, glitt leicht herab, beinahe federnd auf den sandigen Boden des Vorhofes, der an einer Seite offen, an den übrigen drei Seiten von Pferdeställen umgeben war. Zu einem Ausritt waren Karl-Heinrich und ich hier auf der Reiterranch, er als der seit Jahrzehnten erfahrene Reiter, ich als das Greenhorn, das sozusagen von ihm in den schwankenden Sattel gehoben, vor anderthalb Jahren erst mit dem Reiten begonnen hat.

Voreilig wie so oft, diesmal aus Aufregung, saß ich schon oben, ohne Hilfe, wenn auch im übermäßigen Schwung seitlich überschwankend war ich hinaufgekommen, war ich oben auf dem hohen, schwarzen, ergeben ruhigen Vierbeiner, da traf mich der Blick des Mädchens ... welche Augen, welche Wärme und Stärke war in ihnen... ein flammender Schimmer auch... in eben diesem Augenblick blitzte mir die Erkenntnis auf... eine Indianerin... bewegt, benommen davon war ich, da hörte ich noch, wie sie sagte... „It's Windy", einen Moment noch verhielt sie, aber ich blieb stumm, schaute im Moment darauf nur noch auf ihren Rücken mit den zopfartig gefaßten Haaren, während ich mich etwas verwirrt fragte ... Hatte sie vorher, von mir überhört, noch etwas gesagt? „It's Windy..." das tönte mir noch im Ohr. Ich schaute vergewissernd auf mein Pferd hinab, unbeweglich stand es da, ergeben wartend auf Seitendruck, auf Zeichen des Aufbruchs.

Sie aber, die schöne Indianerin, war längst zu anderen Reitkunden gegangen, vom Mann freilich, dem untersetzten Typ mit dem Doppelkinn unentwegt verfolgt. Augen von dreist unverhohlener Sprache hatte er, sie aber, offensichtlich gewohnt an den Wegelagerer mit dem schrägen Hut, ging schließlich an ihm vorbei in das rückwärtige Gebäude, mit einer Gerte kam sie zurück, mußte wieder an ihm vorüber, wieder ihm zum Greifen nahe... fern ihm jedoch in abweisender Unnahbarkeit.

Im leichtfüßigen Ansprung hatte sich das Mädchen auf das Pferd geschwungen, wie mit dem Tiere vermählt saß es auf einem mittelgroßen, feingliedrigen Schimmel, schwarz und überaus reizvoll gescheckt... wieder durchzuckte es mich, eine Indianerin auf einem Appaloosa, dem berühmten Indianerpferd des Nes Percé-Stammes.

Aufgebrochen waren wir, auch mein Pferd hatte sich, weniger von mir getrieben als seinen Artgenossen folgend, brav in Bewegung gesetzt. Auf Pfaden waren wir im gemächlichen Schritt unterwegs, an hitzeversengten, beinahe blattlosen Sträuchern vorbei. Mal lag der Reitpfad tiefer, mal wölbte er sich auf ... ungehinderter vermochte der Blick auszuschweifen übers flache, übers hügelige und dann bergige Land und über den herrlichen, weit-blauen Bärensee, ich sah ihn, wenn ich mich leicht umdrehte.

Der Weg, ausgetrampelt, Erde und Gestein zermürbt von Hufen und Sonne, muß in den Sommermonaten häufig beritten sein, unzählige Male dürften ihn schon die armen Pferde abgelaufen haben, mit geschmeidig Aufsitzenden, häufig wohl mit allzu Steif-Schwerfälligen, die die Bewegung des Pferdes empfindlich stören. Schulpferde laufen dennoch, das ist ihr Schicksal. Auch diesmal fielen sie, dressiert von der Gewohnheit, an bestimmten Stellen für eine bestimmte Wegstrecke in eine andere Gangart. Wie so oft war der Ausritt für die Draufsitzenden weniger ein Reiten denn ein Geritten-Werden und für die Pferde wohl die alltägliche Plage.

Die Indianerin vorne, skurrile Anblicke und Vorkommnisse gewohnt, blickte sich behende immer mal wieder um, ob alle Köpfe und dazugehörigen Oberteile noch einigermaßen oben waren... Karl-Heinrich, kerzengerade und dennoch gelöst auf seinem Braunen sitzend erhielt einen schnellen, bestätigenden Blick. Jedoch bei mir verweilte sie, sie schaute mich wieder an, mit Augen, die so groß auf mir ruhten ... wir alle waren längst aufgerückt, standen in loser Horde zusammen und vor uns dehnte sich die dürre Weite einer leicht abschüssigen Fläche...

„Okay?", fragte sie mich, betont und gedehnt und auffallend aufmerksam... „it's Windy" wieder hatte sie es gesagt und noch hinzugefügt... „be carefully" und ihre Augen, ihre Augen leuchteten... angerührt, befangen noch vom herrlichen Augenblick... da sprang mein Pferd plötzlich auf, all den anderen nach, die aufrüttelnd übergangslos schon in Galopp gefallen waren.

Die Veränderung wäre nicht sonderlich aufregend gewesen, wenn nicht plötzlich eine Steigerung, eine unheimliche Beschleunigung aufgekommen wäre, die mir von meinem eben noch gemächlichen und nun rasenden Pferd über den wuchtenden Sattel heillos in die Glieder fuhr.

Windy... im aufwuchtenden, im schüttelnden Sattel durchzuckte er mich... der Name... der Hinweis der Indianerin... Windy... noch... noch waren die anderen Pferde, die sich rasend streckenden Vierbeiner vor ihm... dann aber holte er auf, schneller und schneller werdend ... zog er an ihnen vorbei, als säße nicht ich, das Greenhorn, oben, sondern ein Teufelskerl, dessen Temperament wie der Blitz in Windys Muskeln und Läufe gefahren war.

Nun - da ich's selber noch niederschreibe, ich habe den Ritt überstanden, bin, wenn auch total durchgeschüttelt oben geblieben ... danach, als alles vorbei war, hatte ich eine gar dreifache Erklärung für die abrupt einsetzende Raserei: die gewohnte Galoppstrecke war's, die Nähe der Ställe, die den leidigen Rundritt endigt, vielleicht aber auch irgendein Insekt, das in sehnige Fesseln stechend die schreckhafte Flucht bewirkt hatte.

Windy - jedenfalls... an der Spitze endlich angelangt, war im Geruch der Ställe plötzlich in Trab und Schritt übergegangen und all die anderen Pferde auch. Verstohlen hatte ich mich auf dem wieder beruhigten Pferderücken abgetastet, alles, wie es schien, war heil geblieben ... nur der Hut ... den breitkrempigen Cowboy-Hut, den hatte ich verloren ... trotz der ledernen Hängeschleife, festgeschnürt unter'm Kinn...

Die Indianerin, mit einem Blick hatte sie es erfaßt, schon hatte sie das Pferd gewendet, mich im Vorbeiritt angeschaut und war zurückgeritten. Eigentlich wäre ich ja lieber aus Windys Höhen auf festen Boden hinabgeglitten, aber ihr folgte ich, auf welchem Pferderücken auch immer. Mein Pferd, widerwillig-widerstrebend ... kaum hatte ich es gewendet, da sah ich, wie sie mit scharf-findigem Auge den Hut etwas abseits an einem Strauch entdeckt hatte, sich hinabsenkte abenteuerlich wendig, im Moment mit verklammerten Beinen am Pferdekörper hing und den Hut vom Boden aufgriff.

Ich war erstaunt, verunsichert, ich gestehe es, angesichts solcher Geschicklichkeit, war unwillkürlich befangen, als sie mir lächelnd den Hut überreichte, als mich erneut ihr Auge traf. Der Blick... ihr Blick... im Innern ist er mir geblieben ... Karl-Heinrich hat es wohl verspürt. Als wir am Abend auf Gus Richen's Anwesen stehen, oben auf der Veranda, ans rohstämmige Geländer gelehnt, schweigt er erst, dann fragt er auf einmal doch.

„Die Indianerin, sie hat Dir gefallen... willst Du sie wiedersehen?" „Schön wär's..." weiche ich aus, lenke ab auf andere Themen, ehe ich dann allein bin am Ufer des Sees, den Blick, ihren Blick im Herzen. Sie wiedersehen, denke ich bewegt, aber zweifelnd. Haben wir überhaupt noch die Zeit für einen weiteren Ausritt? Nur noch wenige Tage sind wir hier, wie anders als bei einem weiteren Ausritt könnte, sollte ich sie wiedersehen? Die Zeit, immer zu wenig Zeit, oder die Zeit, die freie Zeit zu sehr beansprucht vom Geiste, von seinen Ereignissen und Anforderungen in meinem Leben. Wie ist es dazu gekommen, daß das Geistige so lebensbestimmend geworden ist? Aus einer Anlage dazu? Aus ureigenem Schicksal vergangener Existenzen? Aus dem Schicksal, in das ich hineingeboren wurde? In früher Jugend schon war in mir der Drang, die Suche nach dem Widerhall, dem Widerhall einer Innerweltlichkeit, verstärkt sicherlich auch durch die Kindheitserlebnisse einer Fremdheit, der Selbsterfahrung eines Andersseins und einer unwägbaren Isolation in meiner Umwelt.

Dann als 21jähriger eine große Liebe, über Jahre allesbestimmend, allesbewegend für den jungen Mann, der nach einer Lehre als Verlagskaufmann und einem Volontariat bereits Redakteur geworden, durchaus willens war zur Heirat, zu Familie; aber sie, die als Ehefrau Umworbene, zutiefst mal wieder erschrocken über Gedanken, über Ziele des Geistesschwärmers, sie sagte damals nein, glaubte mir nicht, daß ich um ihretwillen, um einer Familie bereit war, ein mehr bürgerliches Dasein zu bejahen. Ob die Ehe mit Renate gutgegangen wäre? Wer weiß es? Sie, zur Gestalt des Schicksals geworden, verweigerte sich, wies mir in der Bitterkeit des Abschieds den eigentlichen Lebensweg.

Das Geistige offenbarte sich mir mehr und mehr im Innern, in den Stadien weiterer Entwicklung, in Begegnungen mit ähnlichen Menschen und ihren Welten, vor allem aber mit den beiden Menschen, mit denen ich erneut, auf einer zweiten Reise unterwegs bin in Amerika.

Heimatlich beinahe schon mutet mich der See an, als lebte ich da oben am Hang in dem Holztrakt und machte in alltäglicher Gewohnheit einen abendlichen Spaziergang am Ufer des Sees. Zu verweilen im Anblick der still-dunkelnden Wasser und Wellen, in der Beständigkeit, im Rahmen zu sein eines familiären Daseins — wie schön wäre es. Aber nur für Tage, für zählbare Stunden noch sind wir hier. Unterwegs bin ich, immer unterwegs, auch wenn ich zu Hause in Deutschland bin. Immer unterwegs, in Entwicklungen begriffen, ausgeliefert geradezu der Uferlosigkeit innerer Dimensionen, ihrer Mehr-, ihrer Mißdeutbarkeit, ständig ringend um eine Erfaßbarkeit dessen. Beansprucht davon im Kontrast zum Beruf, zur Alltagsrealität sind alle Kräfte, sind alle Schöpfungskräfte gefordert. Ein Freund von mir, mit einem gewissen Einblick in mein Wesen, meinen Weg, sagte einmal, vorerst sei ich wohl an das beabsichtigte Buch gebunden, gefordert von den Bewältigungen, von den Wandlungen in mir selbst. Ehe ich nicht das Buch vollbrächte, sei wohl an die Partnerin, an die Familie nicht zu denken.

Der Freund hat recht! Tatsächlich, wenn auch mit Bitterkeit, mit dem Schmerz der Sehnsucht, ja zeiten- und krisenhaft mit dem grollenden Trotz erwidert — allesbeanspruchend ist solches Werden, in dem ich begriffen bin, als bedürfe es ähnlich wie in Entwicklungsprozessen der Kindheit und frühen Jugend aller Schöpfungskräfte, und bei mir, dem Erwachsenen, auch weiterhin derer aus dem Chakra des Geschlechts. Askese ist nötig, kann unerläßlich sein in Zeiten der Enthaltsamkeit, sich nicht ergebend aus dogmatischem Zwang, aus einer Störung des Gefühlslebens, sondern aus einer trotz aller Überwindungen natürlich bleibenden Haushaltung mit den eigenen Kräften.

Die Bitterkeit, der Schmerz, der Trotz des Haderns —in harten Jahren immer mehr überwunden, allmählich aufgelöst, erlöst in der Ergebenheit, in der Gewißheit, daß die wirkliche, die große Liebe nicht zu erzwingen ist, daß sie Geschenk, ja Gnade ist... daß aber dem in Sehnsucht Vertrauenden der mitunter lange, lange Weg zu ihr erleuchtet ist von Sternen der Zuversicht.

Der See in der Abenddämmerung! Schön und eben ruht das tiefe, tiefe Blau der Wasser. Nur das Ufer, seine Steine netzen plätschernde Wellen. Bewegt bin ich, ergriffen noch immer von der noch jungen Erinnerung an sie, an die so gewandte, so schöne Indianerin. Ihr Blick, ihr Auge leuchtet mir wie ein Stern in der Nacht. Er bleibt mir auch im Scheiden.

INDIANISCHE EINWEIHUNG, INDIANISCHE HEILUNG

Donnerstag, den 15. September 1977

Hoch liegt der See in den Bergen, dem Himmel näher, der sich in seinen stillen Wassern spiegelt. Tiefer, da drunten in den unteren Landen liegen die dunkel-schönen Nadelwälder, deren Ausläufer auf Höhenzügen aufsteigend, sich hier oben entfalten in freistehenden Bäumen. Mächtig ragen sie empor trotz des kargen Bodens, in der Höhe der Höhen mehr und mehr durchsetzt von Buschwerk und Sträuchern.

Flach ist das Ufer an der einen Seite, grasbewachsen geht es über in eine kleine, versandete Bucht, umstanden von schattigen Nadelbäumen. Steil das andere Ufer... in felsiger, dunkelkantiger Wand hebt sich eine weitere Höhenschichtung der Gebirgslandschaft empor, die dahinter noch höher steigt in Hochebenen und Gipfeln.

In der Ferne, schräg über dem See, in der Erhabenheit der Entrückung erhebt sich ein Berg, der allesbeherrschende Gipfelpunkt des umgreifenden Horizontes. Karl-Heinrich, ebenso wie Annelies und ich am sandigen Ufer stehend, weist mit dem ausgreifenden Arm, mit ausgestreckten Fingern über den See, auf den Berg hin in der Ferne.

„Noch vor Jahrzehnten", so beginnt er, „standen sie hier am Wasser und lauschten der Stimme des Großen Geistes... die Stimme... sie sprach zu ihnen vom Berge her..."

Gerade an diese Stätte, an dieses Ufer hat es Karl-Heinrich gedrängt, seltsam dahingeführt oder von ihr seltsam angezogen? Erneut steigen die Bilder der Vergangenheit in ihm auf, gelebtes Dasein einst blutschlagender Herzen. Indianer schaut er, junge Indianer, die im vorigen Jahrhundert noch in der Einsamkeit den Großen Geist suchten und ihm, dem Unermeßlichen begegneten... irgendwann, irgendwo in den Weiten, in den Winkeln der Wildnis, und denen er sich, unbestimmbar offenbarte in erleuchtender Macht.

Solche Stätten, an denen der Sog ist der Anziehung und Aussage, sucht Karl-Heinrich. Heute hat es ihn mit bedauerndem Blick auf das nahe Urlaubsende in die nähere Umgebung gedrängt. Ich spürte es schon im Wagen, als ich am Steuer saß und Karl-Heinrich neben mir sitzend zuweilen mitten im Fluß einer Plauderei verhielt, als er von einer anderen Aufmerksamkeit gebunden, übergangslos wie abwesend wirkte. Ab und zu unterbrachen wir dann, wie sonst auch die Autofahrt. An einem Bach, an einer Wegschneise ging er vor uns her oder war für Minuten abseits in der Wildnis verschwunden. Jedoch, er kam abwinkend zurück, und suchend fuhren wir weiter.

Erst hier in der Höhe, am stillen See, war der Widerhall da. Den Wagen hatten wir auf dem etwas tiefer gelegenen Parkplatz abgestellt, waren hinaufgekommen unter hochgewachsenen Bäumen, schon sahen wir den See zwischen den Bäumen hindurch, da blieb Karl-Heinrich an einer mächtigen Tanne stehen, berührte sie sacht mit der einen Hand, fuhr sich über die Augen, über die Stirn und wies dann mit gestreckter Hand auf den nadelübersäten Platz in ihrem Schatten.

„Ein Zelt sehe ich... ein großes, ein stattliches Zelt... und darinnen sind Decken... ist Nahrung... ist all das, was zum Leben nötig ist. Einen jungen Mann sehe ich... nein, nicht nur einen... immer wieder einzelne, junge Männer erblicke ich... tief erschöpft sind sie und doch überglücklich." Allmählich in der Folge von Bildern, in der Logik erhellender Gedanken eröffnet sich immer mehr ein Zusammenhang.

Eine Stätte der Initiation, der Begegnung mit dem Großen Geist, war es früher, hier am Wasser des lieblichen Sees, hier entrückt in die Erhabenheiten des Gebirges, in seine Einsamkeiten, so karg, so leer, so offen. Indianer, Jungen noch, der umhegt spielerischen Kindheit und Jugend kaum entwachsen, wurden nach uraltem Brauch dem Allein-Sein ausgeliefert. Die gestalten-, die ereignis-, die flammenmächtige Weisheit der uralten Sagas, aus ehrfurchtgebietendem Abstand nur erlebt bei den Jahresriten des Stammes und in gestenhaften Erzählungen, in der Wildnis wurden sie erste, ureigene Wirklichkeit.

Fern den Tipis, ungeschirmt und ungeschützt von der Stammesgemeinschaft gingen auch sie auf die Pfade der Väter und Großväter, ausgerüstet nur mit einer Decke, einem Messer. Tagelang fasteten sie, hungernd an endlos sich dehnenden Tagen, in lastender, erdrückender Hitze, endlos getroffen von jäh-strahliger Sonne; und Nächte dann ohne Ende, unheimlich ereignisdunkel, wenn im Unsichtbaren unbestimmbare Geräusche sind, grauenerregend, und Schreie vibrieren wie schwarz-schaurige Vögel der Finsternis... Irgendwann befiel selbst den Tapfersten die Angst, und das Herz, das junge, das lebenssehnsüchtige Herz, es zitterte... Die Angst der Ängste mußte bestanden, überwunden werden in der innersten Ruhe der Ergebenheit, in der Gewißheit des allgegenwärtigen Großen Geistes und in dem Vertrauen, daß er Tugend und Waffe verleiht für den Lebenskampf.

Da wich das schreckend Ungeheure und der Übermüdung erschöpfter Sinne wurde neue Wachheit, und ihrem lastenden Dämmern wurde ein Licht, ein flammendes Urbild oder die visionäre Bildfolge gar einer Offenbarung. Ekstase, äußerstes Außer-Sich-Sein in einem allbewegenden Ganzen konnte es sein, vielleicht auch In-stase, innerstes In-Sich-Sein in der Allruhe — je nach

Veranlagung, Temperament und Geisteshorizont gestaltete sich die Begegnung mit dem Großen Geist.

In solchem Einssein konnte alles zur überwältigenden Botschaft werden, die kosmische Vision, Sonne, Mond und Erde verlebendigend, ebenso wie ein gewohnt-gewöhnliches Einzelwesen, das um-leuchtet vom Geiste bestürzend großartig, begeisternd schön, vorbildlich tüchtig erscheinen konnte, ob es die kleine, die unermüdlich krabbelnde Ameise war oder der schwingenmächtige Adler in sonnennahen Höhen; denn alles, das Kleinste wie das Größte war ebenbürtig vor dem Großen Geist, unerläßlich für das Ganze und seine Kreisläufe, für Werden und Vergehen. Selbst das Kleinste trug Weisheit, hatte Fähigkeit, vorbildlich und nachahmenswert in einem naturunmittelbaren, naturharten und naturschönen Dasein.

Die Berührung des Großen Geistes war entscheidend und nicht seine Auswirkung, ob einer etwa mit dem flammenden Funken im Herzen zurückkehrte oder im Strahlenglanz der Erleuchtung; dem einfachen Krieger wie dem möglichen Häuptling oder Medizinmann würde sich so oder so die bisher verschlossene Stammesrunde öffnen. Dieses wissend und zuweilen den eigenen Namen schon ahnend, der der Art des Berührtseins entsprach, schleppten sie sich ins Zelt, sanken zutiefst erschöpft und erfüllt in den langen, den erholsamen Schlaf. Nahrung, vorbereitet im wächterlosen Zelt, wurde erst nach all dem genossen, und anderntags mögen sie irgendwann hinausgetreten sein aus dem Tipi, aufgerichtet mit erhobenen Armen in Stolz und Ergebenheit, in Ergriffenheit mit leuchtender Seele.

„Einst standen sie da am Wasser, sie lauschten der Stimme des Großen Geistes... und die Stimme sprach zu ihnen vom Berge her..." sagt Karl-Heinrich, schöpfend aus der geheimnisvollen Speicherung der Stätte liest er Daseinsgeschichten von einst... Kui-Ki-Honk oder so ähnlich müsse sie geheißen haben, die Stätte... vom Stamme der Ban-nocks sei sie gewesen.

Eine Weile stehen wir im sammelnden Schweigen, dann fährt Karl-Heinrich fort: „Nicht nur eine Einweihungsstätte war hier... es war auch eine Stätte der Heilungen... hier am Ufer des Sees, hier in der Höhe der Berge, hier im Angesicht der Sonne trugen Tanzende den Kranken im Schultergriff; im Rhythmus, im Singsang heiliger Lieder und Tänze löste sich das Dunkle, das Schwere, der Krampf der Seele und wieder mitschwingend öffnete sie sich dem Großen Geist... Oder... der Kranke ... im Zelt wurde er gelagert, und nicht nur wundersame Kräuter gab ihm der Medizinmann; er, der sich durch die Sammlung des Geistes und der Sinne vorbereitet hatte, er, in der Überkraft einer verstärkten Atemtätigkeit, wies den Dämon der Krankheit ab, hauchte er den leuchtenden Atem des lebendigen Geistes ein, denn nach indianischer Schau und ihrem Wissen war die Krankheit des Körpers nur eine Folge der Krankheit der Seele, einer Seele, die nicht mehr entflammt war vom Großen Geist, nicht mehr leuchtete in seinem Strahlungsfeld .. .

Im Ei des Geistes zu sein und zu bleiben ... so hatte es Here Mimir gesagt, als wir in Europa, in der Bedrängung von Ungewißheiten und Gefahren zum Turm seiner Weissagung gegangen waren. „Was ist das Ei des Geistes?" so hatten wir damals gefragt, hier in den Rocky Mountains, am kleinen See, als Karl-Heinrich Seinswelten der Indianer empfängt, da fällt mir all das wieder ein, da vergegenwärtigt es sich mir lebhaft und genau. „Das Licht ist es", hatte Here Mimir gesagt, „der Lichtkern Eures Wesens, der sich entfalten kann und muß um Euch, gleich einem schirmenden Strahlungsfeld... der Euch zum Flammenkleid werden soll, reinigend in stetiger Erneuerung... so seid im Ei, im Flammenkleid des Geistes und Ihr werdet Zeit und Leben, werdet Anfechtungen und Gefahren bestehen..."

Verhängnisse der Vergangenheiten, sie gilt es in Stärke zu sehen, die Ungewißheiten, die ungeheuren von Gegenwart und Zukunft zu ertragen, das Wagnis durchzustehen des Unterwegsseins... steil und abgründig.

Auf rutschigem Pfad, haltgebend nur den Füßen auf Grassockeln und Steinen geht es aufwärts, oft müssen wir Annelies in die Mitte nehmen, mit Armen fassen und sichern. Einst stiegen Indianer in Ehrfurcht vor dem Unnennbaren in solche Höhen empor. Heute sind's Campingleute, Jäger vielleicht und dann irgendwann einmal auch solche seltsamen Zeitgenossen wie wir. Höhe haben wir schon gewonnen, unter uns breitet sich die Gegend um den See aus, wo immer wieder verdeckt von Bäumen die asphaltierten Zufahrten münden, wo die ausgebauten Campingplätze liegen mit den Holztischen und Bänken und der steinumrandeten Feuerstelle. Arbeiter, Angestellte sind es wohl, Geschäftsleute, die dem Räderwerk der Wirtschaft und ihrer Betriebsamkeit für Tage oder Wochen entronnen, leider so oft weiterrotieren im Räderwerk ihrer Zwänge und Gewohnheiten.

Das Säuseln des Windes hören nur wenige und seine Schriftzüge im Wellenspiel bewegter Wasser sehen sie nicht... Freilich, mitten im September ist längst die Urlaubs- und Feriensaison vorbei, keine Wohnwagen stehen mehr da unten, und keine Musik plärrt da heraus und kein Fernsehgerät flimmert buntscheckig hinter Gardinenscheiben... verwaist sind die Plätze da drunten und leer. Stille ist um uns, und die Kargheit einer in Höhen entrückten Natur.

Steiler noch ist das Gelände geworden, zurück bleiben die dichter versammelten Bäume, ein Hochplateau haben wir mit einiger Mühe erreicht, das dann höher noch in gewaltig-weiträumigen Gesteinsterrassen ansteigt, bis hin zur höchsten Erdlinie des hochgespannten Horizontes. Von Nadelbäumen ist der gesäumt, die sich zierlich wie Spielzeug da oben abzeichnen — bestechend klar vor dem hintergründigen Himmelslicht.

Gras wächst hier oben in langen, strohig-gelben Halmen, die in den Lüften zittern. Büsche gedeihen noch, aber auch Bäume, einzelne nur oder in luftig-freien Gruppen gewachsen. Ein Baum, eine amerikanische Kiefer, behauptet sich steil am

Abgrund, abwärts geneigt schwebend mit ausladend lastenden Ästen im Leeren, über der Tiefe, über dem Wasser drunten des Bergsees.

Stille ist um uns, ein Schweigen, das sich weitet, sich ausbreitet in allbeherrschender Selbstverständlichkeit, Schweigen gebietend, als-könnten Worte schon stören, jenes Höhere, jenes Unnennbare stören, das wie von selbst alle Sinne fordert in Sammlung, in Anspannung, in schweigender Empfänglichkeit.

UODAN ODER DER SIEG IM SCHEITERN

Ein Stamm, fahl, schmal fällt uns auf, bar der schützend nährenden Rinde ist er verdorrt, schimmert er silbrig hell im Sonnenlicht. Zwei Stämme sind es, bei schärferem Hinschauen erkenne ich's, schlankwüchsig ragen sie in lebloser Starre auf, breiten sich oben in der Höhe seltsam doppelschwingig...

Das Gebilde, symbolhaft ragend ins hohe Blau der Atmosphäre, erhebt sich am Gipfelpunkt eines kleinen Hanges. Über einen schräg gelagerten, beinahe runden Platz bin ich arglos da hinaufgelangt und fahre zurück im jäh-flüchtigen Erschrecken. Auf einem Stein stehend gewahre ich, daß der Stein ein Fels ist, abgründiger Fels ist, der steil abfällt... vielleicht acht, vielleicht zehn Meter tief, überlege ich abschätzend, mit leichtem Schauer.

Ich wende mich um, der kreishafte, leicht abfallende Hang mutet einladend an, in seiner mählichen Schräge sind große und kleinere Felsbrocken verankert oder sie ragen tiefgründig von unten empor... Einzelne, mächtige Bäume stehen am Fuße des kleinen Hanges, beinahe im Halbkreis, strecken sich hoch empor, geben zwischen schattig nadelgefiederten Ästen Durchblicke frei aufs weitläufige Hochplateau. Wir haben uns schließlich, jeder für sich auf einem geeigneten Stein, niedergesetzt, Karl-Heinrich unterhalb des fahl-toten Baumes, wir, Annelies und ich, etwas tiefer sitzend in der Basislinie eines Dreiecks. Wortlos hat sich all das, hat sich der Aufenthalt ergeben, auffallend im Augenblicke beinahe beklemmend ist das Schweigen. Karl-Heinrich ist ein wenig in sich zusammengesunken, hat den knorpeligen Ast, mit dessen Hilfe er die Höhe erstiegen hat, neben sich an den Stein gelehnt, hat den Kopf als sei er lastend auf die Hände gestützt. Helligkeit dunkelt ab, Wechsel — schattiges Wandern ... Wolken, große, weiße Wolken haben sich vor die Sonne geschoben, dämmrige Schatten-Schiffe gleiten über die eben noch hell widerscheinende Erde.

Karl-Heinrich, eben noch wie wir alle im Schweigen, wie in aller Beweglichkeit erstarrt, blickt auf einmal um sich, wirkt auf einmal angespannt aufmerksam horchend, als versuche er ein Inneres — undeutlich noch, unwägbar wie zur Bestätigung im Äußeren wiederzufinden... ohne Widerhall sinkt er wieder leicht in sich zusammen, wirkt er gedankenverloren, abwartend.

Da greift er, zu plötzlich fest nach dem Stock, faßt ihn beherzt, hebt ihn empor... jedoch, er läßt ihn sinken, noch in Widersprüchen, in einer Hemmung befangen... verstreichen Momente. Doch dann setzt es sich durch, das vom Inneren her Drängende, wieder hebt er den Stock und nun schlägt er kräftig, schlägt er mit Wucht auf einen Fels.

„U - Uo", sagt er, als taste er die sich vordrängenden Vokale ab, prüfend in Unsicherheit und Vergewisserung. „Uo..." wiederholt er, stockt... „Uo", stockt erneut, spürend schon das Nachdrängende... verzögert ist es, mit Unterbrechungen wie bei einer Geburt, ehe es heraus ist... „Uodan..." leise und doch betont, wie in Beschwörung hat er es ausgesprochen, das Wort, das ihm nicht Wort ist.

„Es ist...", sagt er verhaltener noch, wie in eine Scheu gefallen... „es ist Schwingung, eine besondere hier an dieser Stätte..." Er schweigt wieder, sucht zu erspüren, deutlicher zu erfassen die Mächtigkeit, die Tragweite des sich so schwer Offenbarenden. „Einflüsse sind es", sagt er, und das Erstaunen trägt seine Worte. „Einflüsse, die wohl über das

Indianische hinausgehen... ja über das Menschliche schlechthin..."

„Uodan", spricht er erneut und die vokalgetönten Laute schwingen über dem Widerhall, der dumpf ist und kurz, als er erneut mit Stock und Wucht auf den Fels schlägt. Eingestellt und eingespielt auf das Notwendige der Anrufung fallen Annelies und ich ein ... gemeinsam rufen wir, von einer Ehrfurcht gedämpft und doch in Eindringlichkeit:
„UODAN — UODAN — UODAN."

Ist uns Widerhall, ist uns Antwort? Oder ist da nur ein Ton, ein Hauch nur von Echo? Wieder ist Stille, schweigend, andauernd, beinahe schon lastend ... Und dämmriger ist es geworden, zusammengeschoben haben sich die Wolken, fast zu einer dichten, den Himmel weiß verhüllenden Decke, nur ab und zu noch, für aufscheinende Sekunden bricht die Sonne durch, wirft sie Eilande des Lichtes auf beschattete Erde.

Immer noch auf Antwort wartend ... nach unserem Anruf, sitzt Karl-Heinrich da; leicht verunsichert wirkt er erst, und dann auf einmal betroffen... „Here Uodan, riefen ihn die Menschen einst...", sagt er. Eine erste Antwort hat er offensichtlich erhalten, aber er faßt sie wohl auf wie einen Rüffel... etwas fahrig gibt er sich, unruhig suchend, ob ihm nicht leuchtend auf der Inwandigkeit des Seins eine Gestalt, ein sichtbares Gegenüber erscheine... Ungefordert noch, auf sich selbst beschränkt, ist er ein wenig mehr in sich zusammengesunken, vor sich hindösend, wirkt er wie abwesend, nicht gerade offen, empfangsbereit für das gemeinsam Gerufene. Trübsinn, so scheint es, hat ihn befallen.

„Wer sind wir denn", bricht es auf einmal drastisch aus ihm hervor, „Fleischklötze sind wird... mit zwei Beinen... zwei Armen, die hier unten herumirren..., sich abrackern..." „Die da, die da...", sagt er, erhebt den Arm, läßt ihn sinken, ins

Leere greifend, ohne Richtung und Ziel .. . „die da", die sich ihm, die sich uns bisher nicht offenbaren, deren Gegenwart aber er schon spürt, „die haben doch ganz andere Möglichkeiten."

Betroffenheit, nun hat sie uns, Annelies und mich erfaßt, Karl-Heinrich merkt es, seinen krassen Stoßseufzer entschuldigend, erklärt er: „... in Schwingung... in reiner Schwingung sind sie... so leicht... und wir... wir sind so schwer."

Schwermut des Gegensatzes: Quält ihn wieder der oft erfahrene Unterschied zwischen der schwingenden Leichtigkeit des Geistes und der lastenden Schwerfälligkeit des Körpers? Ist es der schreckende Widerspruch zwischen herrlich aufscheinender Zukunftsverheißung und der zäh verharrenden, der so anderen, so unveränderlichen Gegenwart?

Die Wolkendecke hat sich fast völlig geschlossen. Noch dämmriger ist es geworden, dunkler noch wirken die Bäume. Das Schweigen ist lastend geworden wie zu einer Anklage. Ein Lähmendes ist über uns, als drücke es auf die Steine, wie aufgepreßt sitzen wir, wie im Druck einer unfaßbaren und doch allgegenwärtigen Last. Ungeheures ... die Fahne weht, die schwarze Fahne eines kaum ermeßbaren Geschicks.

Unversehens bin auch ich, der ich eben noch Karl-Heinrichs Gemütszustand fragend umkreiste, in schwerblütige Gedanken verfallen. Ideal und Realität, welche Kluft... Geist und Macht, welche Unversöhnlichkeit! Mensch und Gott, welche Ferne dazwischen! Mensch und Schöpfung Erde... welch eine Tragödie! Grübeleien, die alten, schlimmen Grübeleien über den Sog wieder aus vergangener, die Seele umnachtender Düsternis. Ich erschrecke, da es mir bewußt wird, wende mich ab davon, umkreise nicht mehr den Sog, ihn verstärkend in Gedanken.

Klarheit in schweren Lebensphasen errungen, bleibe mir, der untrügliche Blick, der Durchblick, erlitten, erkämpft im Überblick, er bleibe mir, und die Stärke, sie wachse, zu ertragen den Anblick der

Wahrheit, das sich fortzeugende Menschheitsverhängnis von Schuld und neuer Schuld.

Zuversicht trotz allem, Glaube an die Wende wider die erdrükkende Realität... Annelies verkörpert es, strahlt es seiend aus, schlagartig erfasse ich es, als ich sie sitzen sehe auf ihrem Stein, aufrecht und ergeben, unbeirrbar von der Dämmrigkeit der Welt, der Stimmung und Gedanken.

„Er ist gescheitert..." sagt Karl-Heinrich tonlos, dumpf und verstummt wieder. Ich wage nicht zu fragen, nicht zu stören die überaus schwierige Öffnung, die sich so mühsam gestaltende Übermittlung. „... Er war wie verzweifelt", fährt Karl-Heinrich fort, ohne daß es erkennbar wäre, ob er das sich Mitteilende wortwörtlich wiederholt oder mit eigenen Worten umschreibt... „den Schöpfungsauftrag des Alleinen konnte Here Uodan nicht erfüllen und so zog er sich zurück... er ist gescheitert."

Zum zweiten Mal sind sie gesagt, die dumpf-schrecklichen Worte! Und die Herausforderung, die peinigende Herausforderung läßt im Schweigen, in das Karl-Heinrich erneut verfallen ist, um so reger meine Gedanken kreisen. In Abwehr der Beschattung, in der Here Uodan, in der der erahnbar Hohe erscheint, überlege ich: ist es tatsächlich gemeint, das Ungeheure, das soeben zweimal Wiederholte? Ist Here Uodan gescheitert? Oder ist es anders zu verstehen? Ist Here Uodan am Menschen gescheitert? Oder ist es ein Sowohl-als-auch, weil Beides einander bedingt? Here Uodan wäre dann im Menschen gescheitert.

Aber wer ist Here Uodan? Ist es der Wotan des alten, des heidnischen Europas? Warum begegnet er uns hier in der Hochebene, hier im fernen Westen Amerikas? Und warum in der auffallenden Abwandlung des Namens? Wotan, so sagt es die Überlieferung — einst muß er eine allmächtig allweise Wesenheit gewesen sein; in erhabener Göttlichkeit eine Geistessonne der Weltengestaltung, ehe es der Gott des Schicksalsdranges wurde, des Sturmes und der Fluten, ehe es der Ungestüme wurde, der Gott jagender und gejagter Stämme in Gefahr und Unrast von Umwälzungen; ein Äon der Sonne in Allruhe und Allwirksamkeit vorüber, unwiederbringlich vorbei, Kontinente im Aufruhr der Elemente. Menschen fliehend in Heerzügen der Not unterwegs, gehetzt, kühn und kriegerisch sich ermannend ... unterwegs immer wieder.

Entspricht Here Uodan einer Sonne der Allwirksamkeit? Und ist Wotan, der Blitzhaft-Erhellende, der Heftig-Wilde umnächtigter Heere seine Wandlung? Was aber ist geschehen, daß solch jäher Wechsel wurde?

„Der Bug ist hoch, sehr hoch..." Aus Überlegungen herausgerissen, höre ich die Worte, und ich sehe, daß sich Karl-Heinrichs Gesichtszüge in einer Schau geklärt haben, daß er geschlossenen Auges sehend ist. „Der Bug der Schiffe", so beginnt er erneut, „dem Schwanenhals ist er nachgebildet..." Und den Anblick bewundernd versucht Karl-Heinrich mit einer Geste zu veranschaulichen:

„Dem Schwan", sagt er, „dem Schwan nachgebildet ist das ganze Schiff, sind die großen, die herrlichen Schiffe. Schnell sind sie, sehr schnell, im Antrieb wohl einer verborgen bleibenden Technik. Seetüchtig sind sie und dennoch", Erschrecken plötzlich im Tonfall, „dennoch sie zerschellen, sie zerbrechen an Felsenriffen, zerbersten auf steinigem Grund, dahingeschleudert von der Wucht des Sturmes, der ungeheuren Flut, die alles vernichtet; die Schiffe, ihre Technik, die Menschen alle. Nein, einzelne... doch, einzelne sehe ich auftauchen; Menschen, die nach Luft ringen, wasserspuckend, sie können sich retten, ja, sie können sich retten. Goldene Hüte... die trugen sie auf den Schiffen, verloren haben sie die Hüte, zerrissen ist ihre Kleidung; nur ihre nackte Haut haben einzelne, haben Gruppen retten können, die da gestrandet sind an neuen Ufern."

Karl-Heinrich verstummt. Die innere Schau, der Film eines Ablaufes scheint gerissen zu sein. Er, der Seher hat zu warten, aber er schaut ins Leere, in eine erneute Verunsicherung. Und ich spüre, daß die mir drängend aufgestiegene Frage Anstoß sein soll für weitere Übermittlung.

„Woher kamen sie?" frage ich gedämpft und doch hörbar. Karl-Heinrich, offensichtlich überrascht von meiner Frage, greift sie bereitwillig auf in der Hoffnung auf ein Gegenüber, das ihm erscheine, das ihm redende Antwort gebe. Momente der Ungewißheit noch, doch dann ist ihm und uns eine Beziehung, eine Orientierung gegeben.

„Eine große Gestalt steht da", sagt er auf einmal, „vor einem großen Tor steht sie. Wächter nennt sie sich vor den Toren des Here Uodan, und die ... ihn können wir fragen."

„Woher kamen sie?" wiederhole ich meine Frage, „die da strandeten an rettenden Ufern?"

„Die Erde atmet im Werden und Vergehen. Land wich und Land stieg empor. Kontinente senkten und hoben sich, Meere stiegen und versandeten.

Atlantis versank in Fluten und das Land, das Ihr Amerika nennt, hob sich empor."

„Lag Amerika einst unter dem Meer?"

„Nein... nicht die Gebirge im Westen, nicht die Berge im Osten, aber Landstriche dazwischen, die hoben sich aus den Wassern."

„Wie ist das möglich?"

„Bereiche gibt es dieses Erdballes, die sind unwankbar verankert in den Tiefen, andere gibt es, die schwimmen wie auf einer trägen Masse; andriften können sie, wegdriften, so kippt ein Erdteil weg und ein anderer wird emporgehoben."

„Wo lag das Atlantis, das einst versank?"

„Eine größere Landmasse war es, die sich westlich des heutigen Gibraltar erstreckte, eine Landmasse mit einem sehr hohen Berg, mit einer Kette von Bergen, dann dehnten sich fruchtbarste Ebenen aus. Der Festlandsockel endete, Meer erstreckte sich dann, dann drei große Inseln und viele kleine, die bis unterhalb der heutigen Eiskappen reichten."

„Hoch also bis in den Norden hinauf?"

„Nach Norden... hoch bis in den Norden! Grönland war der Sitz, wie Ihr sagt, Hyperboreas. Hyperboreas war die Höhe des

Allgeistes. Unmittelbarster Austausch war dort mit dem Alleinen, ehe das All-Eine der Welt zerbrach. Von dort, aus dem Norden, kamen die Sonnensöhne, kamen die Sonnentöchter, erleuchtet vom Alleinen ließen sie werden das Land, das Ihr Atlantis nennt. Über lange, lange Zeiten war Atlantis ein Reich, in dem die Sonne nicht unterging; nicht, weil es den Erdball umspannte und damit Tag und Nacht zugleich, nein, weil es die Geistsonne war der damaligen Erde."

„Die Geistsonne der Erde... was bedeutet das?"

„Waage der Welten war einst der Atlanter. Mit geweiteten Armen und Beinen war er im Kreis heiligender Versammlung, getragen vom Glauben der Völker, das Gerüst, der Cheriste zwischen Himmel und Erde, war er, der Mensch schlechthin, der Mensch, der Gott zum Ebenbild ist; Diesseits und Jenseits in sich vereinend, der Krist, der Allkrist; im Krist-All, offen der Sonne des Himmels, offen den Feuern der Erdestiefen, Austausch und Kreislauf war in der Schöpfung Erde, Allverwobenheit in Vielfalt, Allvereinigung in Einfalt. Der Mensch aber fiel aus dem Gleichgewicht und mit ihm alle Welten."

„Wie konnte das geschehen?"

„Die Erde ist labiler, als Ihr denkt. Der Achse bedarf sie, des wägend ausgleichenden Menschen. Der Mensch aber, zu solcher Macht und Mitte gelangt, dachte eines Tages immer mehr an sich selbst, in Selbstgefälligkeit und Hochmut und immer weniger an das Heilig-Ganze."

„Wo begann das Verhängnis?"

„In Atlantis, in seinem südlichen Teil, da begann es. Weise, große einzelne, die in der Treue blieben dem Ganzen, sahen voraus den drohenden Untergang. Die Jungen, die Unverdorbenen, sandten sie deshalb aus in alle Welt, nach Westen wie nach Osten."

„Ging Atlantis allmählich unter?"

„Ja, über lange Zeiten hin, dann aber plötzlich! Die Erde ist ein Schiff, und der Mensch ist ihr Steuermann, aber der Mensch steuerte nicht mehr das Schiff, so stieß es gegen ein Riff."

„Ein Riff im All?"

„Der Meteorit, der gigantische Meteorit, im Feuerschweif raste er, schlug auf die Erde, und das Schiff Erde schwankte, und Meere hoben sich und Länder sanken, und die Schifflein der Menschen, sie torkelten, zerschellten an riffigen Ufern."

Wann geschah das? Wo traf der Meteorit auf? Wie lange währte die ungeheure Katastrophe? Die Fragen, überaus drängend in mir aufgestiegen, ersterben mir im Gaumen. Hemmungen, eine Scheu gar so tief, sie halten mich zurück. Karl-Heinrich, für weitere Antworten scheint er noch die Kraft zu haben; aber die Überforderung, die Überanstrengung, im Flusse der Übermittlung kann sie so schnell, so gefährlich schnell eintreten. Zwar achtet Karl-Heinrich selbst, wie er sich auszudrücken pflegt, auf den jeweiligen Pegelstand der Kraft, aber bei besonderer, die Selbstkontrolle mindernder Schau müssen die Freunde für ihn wachsam sein.

Jedoch — es ist nicht nur die Sorge um den Freund, die mich verstummen läßt. Die Scheu ist's auch, die mich nach ausgiebigem Frage-Antwort-Wechsel geradezu befällt; der Journalist, immer weiter fragend, könnte mit mir durchgegangen sein. Sind es gar der Fragen schon zu viele gewesen? Zweifel erfassen mich, werden zur Sorge mir. Fragen zu früh aufgeworfen, vor der eigenen Reife, vor der Reife der Zeit — zutiefst ungut können sie werden und ihre Auswirkungen. Und dann, im Gereiftsein müssen die unerläßlichen Umstände sich fügen der günstigen Stätte, des Zeitpunktes, des rechten Gestimmtsein; nur so, und nicht im willentlichen, im eigenmächtigen Zugriff werden mediale Antworten, werden zu einer Wahrheit sie und nicht zu verblendend-vernebelnden Täuschungen.

Ehrfurcht ist's vor der Bedeutsamkeit dessen, die mich ins Schweigen führt; Ehrfurcht und Schauer vor dem ungeheuren, dem in seiner Tragweite, in seinen Auswirkungen unermessenen Menschheitsschicksal. Das Scheitern — wieder in archaischer Dimension; die Klage, die Anklage gar im Untergang, in der Flucht, in der Mühsal des Überlebens, des Anfangs. Wirklichkeit, die Gleichnis wird, Gleichnis das Wirklichkeiten birgt.

Here Mimir, die Schöpfungsmacht der Tiefe, sprach es aus... am Turm, der uns zum Brunnen geworden ist sich spiegelnder Wahrheiten. In sich steigernder Mahnung sprach er die schicksalsschweren Worte aus: „Warum habt Ihr, Ihr Menschen, die Mächte und Kräfte der Erdes-tiefen verloren? Sie verbannt? Sie verdüstert? Warum gabt Ihr auf den Himmel der Tiefe? Die Wurzelmächte hätten die Menschheit genährt zu aller Wohlergehen. Das Märchen von den helfenden Zwergen — habt Ihr es jemals verstanden?"

Here Mimir sprach so und nun Here Uodan! Erneut Worte des Scheiterns und Schreckensbilder aufgepeitschter, entfesselter Naturgewalten und ihnen ausgeliefert in strandender Ohnmacht — der Mensch.

„Here Uodan, er ist gescheitert." Was bedeuten, was verbergen die schrecklich herausfordernden Worte? Ist e r wirklich gescheitert oder w e r sonst? Warum geschah es, wie und wann? Den Urbezug des Menschen zur Tiefe hat Here Mimir beklagt; wohl zu den dynamisch-strömenden, zu den mineralisch sich kristallisierenden, zu den vegetativ kreisenden Schöpfungskräften, ob in der Erde, ob im eigenen Blut... Wirkkräfte seien es, im Sinnbild erscheinend der helfenden Zwerge.

Welchen Verlust aber, unermessen in seinen Auswirkungen über Jahrtausende, Jahrzehntausende gar oder noch länger spricht Here Uodan an? Ist es der rechte, im Sinne der Urordnung rechte Urbezug zu den vier Himmelsrichtungen als der Daseinsebene der Weltengestaltung, der Weltenverwirklichungen? Vom

Schöpfungsauftrag des Alleinen hat der verstummte Karl-Heinrich eben noch gesprochen, vom Schöpfungsauftrag, in dem Here Uodan steht als der Welten-Bewirkende.

Was ist das Welten-Bewirkende, das Welten-Bewegende im Menschen? Ist's nicht der Wunsch, die segelblähende Macht der Sehnsucht? Ist's nicht der Wille, der zielsuchende, steuernde Wille? Ist's nicht die Schöpfungswonne des zeugend, leben- und weltengestaltenden Ichs? Ist's nicht die Sonne der Bewußtheit, das erleuchtende, das Macht verleihende Licht der Einsichten und Kenntnisse, der Fähigkeiten und Fertigkeiten; zur Macht dann der Technik geworden in Werkzeugen, Gerüsten und Maschinen? Ist all das Uodan, hintergründig tiefgründig im Seelen-, im Geistesfeld wirkend der atlantiden Geschlechter?

Geschichtliche Spuren Uodans, Namensverwandlungen der Zeiten gibt es viele. Sie deuten auf Metamorphosen seiner Bedeutung im Geschichtsprozeß der altantiden Völker. Woutan, so ist es im Althochdeutschen überliefert, bei den Altsachsen und Langobarden als Wodan, bei den Angelsachsen als Vode. Verblaßte Erinnerung an Studien weist mir einige Bezüge auf, dann aber faßt mich die eigene Eingebung, im Schweigen sich offenbarender Worte.

Wode, Gode, Ode ... Ursilben, Urworte sind sie mir, Schwingung des Einen, des Godes, des Gottes; dann aber steigt aus der Quelle der Eingebung wunja, Wonne ... die Wunsch-, die Wonnemacht der Schöpfung, und schließlich wie im schreckenden, ergänzenden Gegensatz dazu das althochdeutsche Wuotonc, der Wüetunges, der Wütend-Drängende, der Willentlich-Heftige, der Kriegerisch-Rächende.

Der Widerspruch, der sich mehr und mehr eröffnet — er läßt mich fiebern in der Ahnung, auf der Spur einer Lösung zu sein. Der Wunsch, noch im frühen Mittelalter war er Dichtern nicht nur ein Wort, sondern ein schöpferisches Wesen, weltenbildend, weltengestaltend, eine wunschmächtige Wesenheit, gleichsam als Bote, als Engel Gottes gekommen und wirkend. Auch Here Uodan ist als Beauftragter, als Bote sozusagen des Alleinen bezeichnet worden. Und während ich denke, blitzt mir Erkenntnis auf: tatsächlich, Here Uodan als die Wunschmacht im Menschengeschlecht, als die Macht des Wähnens und des Willens. Ist das nicht Antwort, die zu vielschichtigen Aufschlüssen führt?

Die Wunsch- und Willensmacht — ist's nicht das Schöpferische im Menschen, das den Menschen wirken läßt beinahe wie Gott? Urvermächtnis von Atlantis — das ist der Mensch als Gerüste, als Cheristes der Schöpfung Erde, als der Krist zwischen Himmel und Erde, der Mensch als die Mitte der Schöpfung Erde, als der Integrator, der Mittler und Wandler, der da steht in den Linien, im Hag-All der Allverbundenheit und Allverantwortlichkeit, ob in Strömungen nach unten in Tiefen, oder nach oben in Höhen oder seitlich in die Weltrichtungen der Weite. Der Mensch, im Dienst an der Schöpfung Erde, ungeheuer beseeligend wie schwer zugleich, der Mensch als Diener, als Gott-Diener des Allganzen.

Das Ungeheuerliche aber ist geschehen. Der Mensch trat heraus aus der Allverantwortlichkeit, und seine göttlichen Schöpfungsmächte, von Here Uodan in Dynamik und Allmacht ausgelöst, sie verselbständigten sich in ihm. Und in der Freiheit der Entscheidung entschied er sich für sich selbst und sein Wunsch blieb nicht in der Ausrichtung, in den Dimensionen eines ganzheitlich tiefen, hohen und weiten Zusammenhanges, sondern verfiel der Selbstbezogenheit; und die Wonne, sie stand nicht mehr im Dienst an der Schöpfung Erde, sondern wurde um ihrer selbst willen gesucht und gelebt, um ihrer bloßen Lust und Lüste willen, schwelgerisch sich steigernd in den Selbstbespiegelungen... Der Wille, berauscht' gar von eigner Fähigkeit und Macht, immer verhängnisvoller auf das irrlichternd-selbstbefangene Eigne aus, auf die Erfüllung eigener Wünsche, eigener Wonnen, und alle Magie des Willens, des Wunsches, alle Befähigung und Macht entwickelter Techniken in der Absonderung vom Ganzen, in den Folgen dessen, im unausweichlichen Sog der Sünde, der Absonderung vom Ganzen.

Atlantis ging unter. Wann, oder zutreffender wohl, über welche Zeiten hin ist es geschehen? Und wie lange ist es her? Im Dunkel der Ungewißheit ist es, und meine Ahnungen geben mir ein, viel tiefer liegt es in den Vergangenheiten zurück als es manche Atlantis-Hypothese besagt: viele, viele Jahrzehntausende sind es sicherlich, wenn nicht gar viele Jahrhunderttausende. Wie mögen die Fluchtwege, die Neubesiedlungen über die Zeiten hin verlaufen sein? Welche Mühsal des Neubeginns, ob an Ufern des Ostens oder des Westens! Welche Unendlichkeit der Wildnis, der Unwegsamkeit der Wege! Welcher Einsatz, welche Mühsal, zu bahnen, zu bilden neue Ordnungen!

Mythen Amerikas wie Europas und Afrikas künden von gemeinsamer, ins Überirdische entrückter Herkunft aus den seeligen Gefilden des Ewigen Meeres, für die amerikanischen Kulturregionen in der Heiligkeit des verlorenen Ostens, für europäische in der Heiligkeit des verlorenen Westens bis hinauf in die hohen nördlichen Gefilde. Die Ureinheit, die Große — Gemeinsame, zwar zerbrochen, aber als Sehnsucht wurde sie Stein und Architektur in gewaltigen, himmelwärts strebenden Pyramiden östlich und westlich des landlos sich ausbreitenden Atlantiks.

Aus der Waage geriet die Schöpfung Erde und Atlantis ging unter. Welche ungeheure Schuld, welche unermeßliche Not, welche unausweichlichen, erbarmungslosen Folgen und Zwänge! Das Verhängnis, immer wieder Gestalt und Geschichte werdend in Verblendungen des Geistes, Tragödien der Seele wie der Schlachtfelder, eine Spur des Wahnes, der Rache und des Schreckens bis in die jüngste Gegenwart.

Kontinente in der Götterdämmerung! Wie tapfer war das indianische Herz, wie glühend aus der Allmacht des Großen Geistes! Und dennoch: gerade ihre Stirn wurde umnachtet vom antwortlosen Warum, vom Pesthauch der Sinnlosigkeit! Der Indianer im Untergang, eine Rasse im Sog eines unausweichlichen Geschicks. Wie unbegreiflich wurde alle Macht zur Ohnmacht! Der Mut blitzschneller Wendigkeit der Kraft, der streitaxt-bewehrt in den Kühnsten sogar dem Grizzly-Bären zum Verhängnis wurde, er zerbrach im Feuerstoß von Gewehren und Kanonen. Ein Kontinent in der Verwirrung, in der Umnachtung der Untergänge! Längst waren vor Jahrhunderten, im Süden des langgestreckten Doppelerdteiles Sonnenreiche gestürzt, und Herrscher, ahnungsvoll umschauert von tödlichem Wankelmut oder verblendet vom Wahn, der Sturz der alleserhaltenden Sonne könne verhindert werden mit dem unentwegten Opfer zuckend herausgerissener Menschenherzen. Längst waren sie und ihre grausigen Gebote erloschen, längst waren in Nordamerika die Stämme und Völkerschaften des waldig-seenreichen Ostens verblutet, zerrieben, verschleppt, längst waren sie übergegangen in die Schattenwelt des Todes, ehe ihnen nachfolgten die westwärts Geflohenen.

Und dann Europa, wieder ein Kontinent in der Götterdämmerung! Grausigste Kriege auf Schlachtfeldern, auf denen Millionen dahingemetzelt wurden... das irrwitzige Wüten, die Grabenkämpfe von Verdun; anbrandende, wechselnde Stürme, Körper zerfetzt von aufheulenden Minen... Jünglinge, Männer, lebens-, liebesdurstig, sterbend an herzdurchbohrenden Kugeln oder an Unterkühlung und Ruhr in zugig-kalt-wässrigen Schächten.

Europa, erfinderische Weltreligion sich tödlich übersteigernder Techniken... und dann zwei Jahrzehnte später: der erneute, der noch schrecklichere Krieg. Millionenstädte, Heime von unzähligen Menschen im nächtlichen, im täglichen Bombenhagel propeller-dröhnender Todesheere, Europas Mitte nach Jahren nur noch Ruinen... weit und breit, soweit das tränenlos gewordene Auge reicht nur noch ragend verrußte Ruinen... und erschauernd den Überlebenden hohe Scheiterhaufen zwischen noch qualmenden Palästen, Kirchen und Bürgerhäusern und nur mühsam entzündbar mit eingeschüttetem Benzin die aufgetürmten Leichenberge. — Dresden, Kulturperle Europas, vernichtet Mensch und Stadt, erbarmungslos in der Endphase des Krieges.

Vom Sinn der Untergänge, der Welttragödien, der Weltverhängnisse zu sprechen: wem verschließt nicht Ehrfurcht vor unsäglichem Leid die Lippen? Wer verstummt nicht in ohnmächtiger Sprachlosigkeit, wer verzweifelt nicht vor der Undurchschaubarkeit der Geschicke, den Wechselwirkungen von Schuld und Rache, von Rache und Schuld? Wer erträgt das Schreckenshaupt des Menschheitsschicksals, das Haupt der Medusa? Wer erträgt die Nacht, das wilde Heer der Folgen, der eruptiven Wechsel des verlorenen Welten-Gleichgewichts? Und doch, ertragen müssen's wir, zu Sprache und Sinn müssen wir finden und sei's in stammelnd andeutenden Worten.

Wotan, der durch Menschheitsschuld gewandelte Uodan, Wotan, der Führer, der Stürmend-Drängende des wilden Heeres, der Folgen und Zwänge des unausweichlichen Schicksals, Wotan... in die Geschichte, in die Nacht der Katastrophen, der Flucht, über Kriege und Untergänge schleudert er Blitze erhellender Wegweisung, Wotan an der Spitze auf dem achtfüßigen Pferd, unterwegs zur Ordnung der Hohen Acht, der neuen Ordnung von Himmel und Erde, unbeirrbar, zielgewiß, unerschütterlich im Umfeld des Grauens, des Leidens, der Schuld, Wotan in der Not herausfordernd zu totalem Einsatz, zu totaler Hingabe an die Notwendigkeit der Zeit, Wotan im ungeheuerlichsten Geschick weise geworden, daß nur seine eigene Selbstaufgabe, seine eigene Wandlung das Neue ermöglicht, daß im Scheitern der Sieg sich gründet seiner Vollendung.

Leid - erwachte Einsicht - eines Tages muß sie rettend die Teufelskreise durchbrechen. Die Schöpfungsmacht des Menschen, welch ein Widerspruch, unverzichtbar und dennoch Verhängnis bisher, seine Willens-, seine Wunschmacht mußte scheitern, da sie in der Selbstbezogenheit der Wonnen die Teufelskreise auslöste von Schuld und Rache, und doch muß sie begeisternd, beseeligend, beflügelnd neu erwachen in den Pflichten und Freuden eines Dienstes an der Schöpfung Erde.

Noch sitzt ein jeder von uns dreien auf seinem Stein, noch bin ich schweigend wie die Freunde, völlig beansprucht von den Gedanken, von den Bildern, von der fesselnden Eröffnung in meinem Innern, noch schießt mir ein die Aussage des Here Mimir, die mir so teilnahmslos, so herzlos erschien: Die Schmerzensschreie der Untergänge seien die Weckrufe des Neuen! ... da hat sich Annelies erhoben, nicht mehr willens, das Warten und die grüblerische Düsternis hinzunehmen. Und durchlichtet von Gewißheit, das Große Bildnis im Herzen hat sie es unter schweigenden Männern auf tönender Zunge.

„Der Alleine ... er ist herniedergekommen auf das Seelenheer, auf die Erleuchteten." Im Kreise stehend haben wir es, der Gewohnheit folgend, zweimal wiederholt, und ich spüre schon, daß das Dunkle, daß das so lastend Schwere dieser Stunde weicht... und Licht, ein schwingendes Licht läßt mich nun, den Zweiten der Runde, sprechen: „Here Uodan, im Scheitern siegst Du, den Wotan wandelnd in Uodan, im Scheitern siegst Du im Licht."

Wir drei, die wir Hand in Hand im Kreise stehen, erstmals sind wir ein Quell, der da spricht in der Gegenwärtigkeit des Geistes aus wechselnden Mündern, denn auch Karl-Heinrich, der so lange und so bedrückt Verstummte, auch er spricht wieder. Erstaunen, wachsendes Erstaunen malt sich in seinen Zügen, als er sagt, was er erschaut:

„Tore, Tore", wiederholt er, „Tore mit weiten, hohen Flügeln — sie öffnen sich, Durchblicke werden möglich, und der Wächter, der erhabene Wächter weist durch die geöffneten Tore... und das Rad, das dunkle Schicksalsrad... ich sehe es, das Räderwerk der Verhängnisse..." Und Karl-Heinrich stockt, blickt uns beide wie zu seiner Vergewisserung an, dann fährt er fort in wachsender, in begeisternder Verwunderung:

„Das Rad, ... das Rad wird heller, hebt sich, steht golden leuchtend, steht rasend sich drehend ..." Karl-Heinrich stockt erneut und mir, mir schießt die Erinnerung an den Turm, an Mimir, an die

Offenbarung dort ins Bewußtsein... „steht mächtig strahlend", so fährt er nun fort, „steht als schwebend-strahlende Scheibe in den Höhen."

In der Nähe der Stätte haben wir noch gelagert, haben von unserem Proviant gegessen, vom Tee getrunken, sind ein wenig eingenickt in der mittäglichen Sonnenwärme. Die Erholung, sie hat uns gut getan, ist aber auch nötig bei unserm Vorhaben. Zum Gipfel hin nämlich wollen wir noch, zum Gipfel hinauf, wenn es möglich ist, zum Gipfel, den wir unten am Sandufer des kleinen Sees gesehen haben in der Ferne.

Als wir uns erheben zum Aufbruch, da fällt noch einmal mein Blick auf den Baum, auf den doppelstämmigen, den fahl verdorrten, der hoch oben endet in den schwingenhaft sich ausbreitenden Ästen. Silbern leuchtet er unter der wolken-befreiten Sonne, geheimnisvoll im hellichten Tag, wirklich und unwirklich zugleich. Da irgendwann, im unbestimmten Moment, in einer Sekunde von Ewigkeit, war mir ein Hell-Aufleuchtendes vor Augen, eine Säule war's in reinstem, hellstem Licht und in herrlichen Schwingen endend.

Die Unvergleichliche erneut zu schauen, blicke ich genauer hin. In der Dämmrigkeit einer erneut wolkenverhangenen Sonne steht nur das Baumgebilde da, rindenlos fahl und starr. Nur oben - die schwingen-haften Aste regen sich, unmerklich beinahe - und unten, an den Wurzeln der Verdorrung ist das Grün des Lebens hervorgebrochen, wächst es auf in buschiger Stärke und Fülle.

DER ERDKREIS ALS MENSCHHEITSAUFGABE

Aufgebrochen sind wir, zweifeln aber bald, vor allem aus Rücksicht auf Annelies, ob es richtig war. Das Gelände, anfangs bequem zu beschreiten, ist in einen schmalen, steinigen Pfad übergegangen, an abschüssigen Tiefen vorbei. Wir sind unterwegs nach oben, an Abgründen zuweilen schwankend zwischen Himmel und Erde. Aber wirklich gefährlich ist dieses Pfadstück nicht. Und Annelies haben wir an die Hand genommen, so balancieren wir dahin und nur Steinchen schlittern hinab, als wir die steilsten und schmalsten Stellen passieren.

Der Mensch auf seinem Weg nach oben, schwankend im Gleichgewicht immer wieder, in der Selbsteinschätzung, schwankend zwischen Über- und Unterschätzung, zwischen Optimismus und Pessimismus, zwischen Hybris und Depression. Nicht im Zentrum des Alls als der Unvergleichliche steht der Mensch, bloße Vergänglichkeit aber, weil sein Körper, wie die Wissenschaft sagt, nur aus gewöhnlichem Wasser besteht, das ist er auch nicht; und die Erde, die Einzigartige in den Sternennebeln ist sie nicht, aber das Sandkorn der Bedeutungslosigkeit auch nicht. Ausmaße allein, und mögen sie noch so unendlich erscheinen, sind nicht maßgebend für Größe. Erst das Geist- und Wesenhafte macht groß und wesentlich, so klein auch die Welt sei, in der es erscheint. Und schwarz ist das All, und seine Weiten sind endlos leer; nur an der Erde, in ihrer umschließenden Sphäre ist der Himmel blau, und nur im Himmel der Erde erscheint der Regenbogen in farben-strahlender Herrlichkeit.

Was ihm gegeben in der Schöpfung Erde — oh, ermäße es der Mensch! Wie unsäglich lange, Jahrmilliarden lang, dauerte es; allmählich werdend, in Zeiten wie Ewigkeiten, ehe die Vorbilder des Unnennbaren, ehe die Geistesentwürfe im Seelenfeld des Urgrundes Gestalt und Alltag wurden ... die Lüfte, die Wasser, die Pflanzen, die Fische und Tiere, ehe er selbst, der Mensch, aus Himmel und Erde werdend Gestalt wurde, Erscheinung und Körper. Oh, ermäße er die Entwicklungen, aus denen er kommt, die Entwicklung, in der er steht, die Aufgabe, den Aufstieg, der sich ihm stellt im Urbild, im Urgleichnis des Berges mit dem Baum auf seinem Gipfel und den Blitzen, den alleserhellenden Blitzen darüber.

Der Berg — in den Stufungen, den Schichtungen der Entwicklung; in den Spiralen, die sich hinaufwinden im Aufstieg... Das Kreuz, das Urzeichen des Seins, eben der Senkrechten und der Waagerechten, der Kreuzung des Ewig-Zeugenden und des Ewig-Empfangend-Gebärenden um des Weltendaseins, um der Weltenmeisterung willen, das Kreuz, das die Kreuzigung bedingt... Die Kreuzigung, er, der Große — Einzelne, er schleppte mühsam, schweiß-blut-gebadet das Kreuz hinauf auf den Berg Golgatha. Er, der Große — Einzelne, der Wode-Wotan, der neun Tage und Nächte im Baum des Lebens hing, preisgegeben den Winden, den Bedrängungen des Seins... Die Götter, die Gottes- und Sonnensöhne, sie gingen, sie gehen voran im Opfergang, ehe es vollbracht ist, ehe das düstere Geschick sich vollendet, ehe es sich auflöst im schwebend-erleuchtenden Licht, ehe Menschen zu folgen vermögen, im namenlosen und doch ebenso würdigen Opfer der Hingabe.

Sie, die Große — Einzelne, Gudrun, die nordische Königstochter, verschleppt übers Meer, ihrer Liebe dennoch die Treue wahrend, nicht erliegend der Versuchung der Macht und der Annehmlichkeit schrubbt in der Kälte am Strand sie die Wäsche ... Sie, die Große — Einzelne, Hildegard von Bingen, der Welt und ihren lustigen Freuden als Kind schon hinter zelliger Mauer entsagend, erschloß sie sich das schwebend-leuchtende Licht und die göttliche Stimme in ihm... Göttinnen, Gottestöchter, lebend und leidend gaben und geben sie Beispiel und Vorbild den Menschen!

Götter und Göttinnen — das Schwerste, das Bitterste, das Schlimmste erfahrend, ebenso wie das Leichteste, das Süßeste, das Herrlichste! Sie aber blieben in der Treue, im Dienst, in der Einheit mit dem Licht, dem reinen, urewigen Licht, ob ihr Dasein tiefste Qual war und ist oder höchste Seligkeit, ob sie die Waage, die Weltenwaage halten in der heiligenden Wirkung des Selbstopfers oder liebender Vermählung, in der Vereinigung feurigster, innigster, lichtester Verschmelzung, in Körper, Seele und Geist eins werdend im Unnennbar-Einen, es ausstrahlend in die Welt.

Sie, die Unvergleichlichen, haben nichts gemein mit Göttern, vereinnahmt und mißbraucht von Menschen, von Herrschern und Geschlechtern zu selbstverherrlichendem Glanz, zur Rechtfertigung ihrer Willkür. Gott und Göttin, abgesunken im allzumenschlichen Umfeld in verspielt-süchtige Lustbarkeiten, in Schlössern da und Gärten, im kichernd geil-feurigen Kitzel ihrer bergend enthüllenden Nischen und Winkel.

Götter, die aufsteigen, können auch fallen! Habt acht auf das Geistig-Wesenhafte! Durchschaut das Blendwerk, die gleißende Täuschung! Im Labyrinth solcher Götter und Götzen, hinter ihren Herrlichkeiten verbirgt sich nur Selbstsucht. Nur diejenigen, die alle Tiefen und Höhen des Seins bestehend, in freier Entscheidung den Versuchungen am Wege nicht erliegen, die in freier Entscheidung allen Einsatz, alle Mühsal bejahend hinaufgelangt sind auf die Spitze des Urberges, nur die werden eins, sind eins mit den urewigen Urbildern der Göttlichkeit, vom Unnennbaren in heiligen Maßen entworfen. Ur-Teile sind sie des Ureinen, sind Urahn und Vollendung, Anfang und Ende von Äonen, sind Urteil, sind Gottheiten der Entwicklungen der sich in Zeiten und Räumen entfaltenden Welten.

Ein Äon, die prüfende Entscheidung eines Zeitalters hat sich erfüllt und ein neues beginnt! Aufgestiegen sind die neuen Götter der Zeit, unbeirrbar in den unsäglich langen Windungen hinauf auf den Berg. Und sie sind angelangt da oben, und Menschen sind ihnen gefolgt in den Zeiten, Menschen, die an Kreuzungen der Entscheidungen, in Konflikten und Prüfungen ihrer Spur, der Stimme ihres Gewissens gefolgt sind, sie haben sich versammelt, sich geschichtet in den Stufungen, den Ebenen ihres Horizontes und ihrer Art. Menschenseelen der Rassen in der Ordnung, in der Seinshierarchie der Pyramide, die große Versammlung der einen, der allumfassenden in der Spitze ihrer Ingenien.

Eine Menschheit, eine Runde höchster Gottessöhne und -töchter, eine Gemeinschaft, die sich dem Dienst geweiht hat an der Schöpfung Erde, die Gemeinschaft der Seligen, die nicht der Versuchung erlegen sind, der Selbstsucht verfallen sind, Parasit zu werden und zu sein der Erde.

Nach oben schauen sie alle, die Geweihten, nach oben schauen sie, die die Leistung erbringen des Dienstes und die Gnade, die Gnade wird ihnen von oben... und die Spitze, herniederkommend trägt sie die Ewigkeit der Ewigkeit — der Alleine, der Herniederkommende, ist das Allvereinigende, ist das Alleine-Licht, der Alleine-Geist — ist die Wiederkehr des Einen.

Den Gipfel — in stundenlanger Wanderung haben wir ihn erreicht. Die Nadelbäume, die mächtig-emporgewachsenen, liegen unter uns, aufgestiegen sind wir in dem schichten-gewaltigen Höhengelände, immer wieder vorbei an nacktem Gestein, das mitunter auffällig wie in Terrassen sich erhob, hervorsprang aus dem Erdboden, der sonst von strohig hartem Gras bewachsen ist.

Hier oben, in den Höhen, mit dem Überblick über Landschaften und Weiten ducken sich kleine Bäume, buschartig breit geworden und der kargen Erde verhaftet. Von Steinen, unzähligen großen und kleinen überlagert, übersät ist der Gipfelpunkt; von Brocken, die hinwegrutschen, hinunterschlittern über andere, als wir hinaufsteigen. Doch hier und da stehen noch Bäumchen, an deren Geäst, an deren schlangenhaft gewundenen Wurzeln wir uns hinaufhangeln können. Zwar müssen Karl-Heinrich und ich, zwar müssen wir oben auf den letzten Metern Annelies mit festem Händegriff nach oben ziehen, dann aber ist es mit keuchendem Atem geschafft. Wir stehen oben auf dem felsigen Gipfel, der dennoch im Gestein, in den Ritzen und Spalten genügend

Erde birgt, daß eine Zirbel, die Kiefernart der Bergeshöhen, breitbuschig, verrenkt und verknorpelt hier oben gewachsen war.

Karl-Heinrich, zwischen Steinbrocken schiebt er sich vor, deutet auf einen Felssockel vor uns, auf dem mehr erahnbar, weil kaum einsehbar ein Nest zu sein scheint. Der Horst eines Adlers?, denke ich, schaue nach oben, ob gar der Mächtig-Flügelschlagende naht. Aber der Himmel ist ohne einen Schatten, ist endlos blau.

Ob wir den Gipfel wirklich erreicht haben, das wissen wir nicht, jene Spitze des Horizontes, die wir unten am Sandufer des Sees in der Ferne erblickt haben. Noch weiter dürfen wir jedenfalls nicht wandern, denn wir müssen ja noch zurückkehren zum Auto, das wir auf dem Parkplatz dort am See zurückgelassen haben. Jedenfalls ist auch von diesem Gipfelpunkt der Ausblick weit genug über das einsam hohe Land.

Die Gesteins- und Landschaftsschichtungen in der Ferne entrücken zu Faltungen im uralten Antlitz der endlos, der mächtig sich rundenden Erde. Im Kreise drehen wir uns, überschauend das Erdenrund von Horizont zu Horizont, dort, wo sich hellschimmernd Erde und Himmel berühren.

Der gewaltige Erdkreis ... vor unseren Augen dehnt er sich, der Erdkreis mit dem Kreuz der vier Weltrichtungen. Das Urzeichen Manitous ist es, des Hochgottes, dessen Wohnung die Erde ist. Der Erdkreis ist es, im Ursymbol des Radkreuzes als der Aura des Christushauptes, des Menschheits-Hauptes. Maß ist es, Urmaß der Aufgabe ist es, der Horizont der Erde. Die Erde als Ganzheit unausweichlich, unausweichlich, unausweichlich ist sie dem Großen Geist der Menschheit zu Aufgabe und Meisterung gestellt!

Was sagt die Große Offenbarung, die wir erschauen durften? Was sagen ihre Worte und Bilder? Die Toten, so wurden sie genannt, die im Geiste erwachten Toten, ein Heer von ihnen, erleuchtet vom Alleinen... sie rufen die Lebenden, die noch tödlich Schlafenden, aufzuwachen zur Rettung der Schöpfung Erde.

Welche Höhe der Verheißung, welche Wirklichkeit in Seelensphären des Geistes... und welche Abgründe irdischer Realitäten.

MEISTER WERDEN UND KIND BLEIBEN

Freitag, den 16. September 1977

Stephens sind aus Ogden zurückgekehrt, heute morgen gegen elf. Kaum waren die beiden, die in den Temperamenten so gegensätzlichen, dem altgedienten Straßenkreuzer entstiegen, kaum waren die zahllosen Körbe, die Kisten und Pakete ins Ferienhäuschen hineingetragen, und gerade war er, der schwerfällig-behinderte Mann im Domizil verschwunden, da tauchte sie schon auf bei uns, freudig quietschend, sogleich wort- und gestenreich palavernd, und unabweisbar wiederholte sie: am Sonntag endlich um 10 Uhr sei es soweit. Wir drei würden schon in der Kirche von Garden City erwartet.

Ins Unvermeidliche sich schickend stand Karl-Heinrich da, und in seiner leicht verdatterten Ergebenheit wirkte er beinahe feierlich. Mary Stephen, die Über-Aufmerksame, sah darin erste Anzeichen einer Art von Ergriffenheit, so blieb sie noch länger, ihrerseits ergriffen und ein weiterer Wortschwall ergoß sich über uns.

Gus Rich fiel mir unversehens auf, das feine Lächeln, das seine Züge, seinen Mund umspielte. Gerade war er hinzugetreten in den Schallkreis des Palavers, hatte sich hier oben am Holztrakt unserer Zimmer in seiner Wäschekammer zu schaffen gemacht, hatte wohl bei offener Tür etwas verweilt in scheinbarer Geschäftigkeit.

Sein feines Lächeln, es war mir so aufgefallen. Wissen und Weisheit regten sich darin, Wissen um das Menschliche, das Allzumenschliche, das seinen unumgänglichen Gang hat, seine Tribute fordert im Leben, erträglicher freilich, aufgelockert durch eine duldsame Heiterkeit. Allerdings: Gus Rich fällt der Humor leichter, denn unbehelligt ist und bleibt er, der alte Mann. Sein eigener Herr ist er in äußerer und innerer Unabhängigkeit. Abstand verschafft sie ihm zu den Unzulänglichkeiten menschlicher Natur, läßt ihre sonst oft schicksalhaften Behelligungen, Bedrängungen eher zur Episode werden. Aber herablassende Geringschätzung ist ihm fremd. Seine Persönlichkeit, die Erfahrung eines langen, wohl guten Lebens bewahrt ihn davor... er weiß wohl, welche Verhängnisse mit der Überheblichkeit beginnen.

Das Leben, das Dasein hat sich bei ihm vereinfacht, verwesentlicht. Wie könnte er auch sonst Erfüllung, die ihm eigene Ruhe des Wesens finden in solchen ereignislosen Tagen, im bloßen Sein am See. Tätig ist er noch immer, hantiert mal hier, mal dort, aber mittlerweile mutet solches Beschäftigt-Sein beiläufiger an. Dem Gespräch, dem Zusammensein mit Freunden weicht er wohl nicht aus, aber offensichtlich weiß er sich das Alleinsein, die Einsamkeit zu schätzen. Oft verweilt er langatmig bei irgendwelchen Tätigkeiten, steht dann bloß da und blickt vor sich hin, oft sitzt er am Ufer in dem Stuhl aus schönem Flechtwerk und schaut in die Weite.

Was schaut er, er, der da immer dasselbe schaut, den See in seiner alltäglichen Klarheit, den hohen Himmel, der das gebirgige Land überwölbt? Schaut er, im Alter nun in hintergründige Tiefen? Manchmal mutet es mich so an, gerade gestern, als wir von Tonys Crove herunterkamen, in uns noch gegenwärtig war die Besonderheit des Tages, da schaute er uns drei so eigentümlich betont an, in einem Augenblick, der Dauer hatte und in dem die Dimension einer Ahnung war oder gar eines Erkennens. Jedoch, er sagte nichts.

Die Zielstrebigkeit jedenfalls, mit der uns Mary Stephen ins Licht der Gardener Öffentlichkeit zieht, erheiterte ihn. Als Mary Stephen schließlich doch gegangen war, antwortete er auf die Frage, was er denn von unserem Kirchgang halte, mit einem Schimmer von Schalk in den Augen. Nach solch beredtem Schweigen murmelte er noch etwas von einem Kindergarten, und fügte in unsere verständnislosen Gesichter blickend lachend hinzu: „Geduld ... Ihr werdet's schon erleben."

Trotzdem, mir ist die kirchliche Pflichtübung als Kontrast willkommen, als Orientierungshilfe in einem Dasein, das sich immer phänomenaler eröffnet in seinen Wirklichkeitsebenen. Noch wirkt die Offenbarung gestriger Höhen, schwingt sie bewegend nach in mir. Und der Muskelkater der überaus langen Wanderung des gestrigen Tages, er quält schon bei jeglichem Schritt. Am Ufer des Sees wate ich in seinen lauen Wassern, fester als sonst drücke ich immer wieder den Fuß gegen einen Stein; der Druck, den Stich eines Schmerzes — ich suche ihn als Beweis, daß ich nicht träume.

Gewisse Anwandlungen, Trübungen nämlich bemerke ich an mir. Warnung sind sie mir, Erinnerung an bleiern lastende Grübeleien von einst. Wieder ist Gefahr, daß Gedanken abwärtsziehen, im Sog einer dunkelnd kreisenden Ohnmacht. Die offenen Fragen, drängend erheben sie sich, die quälenden Fragen im ungewissen Umfeld der hohen Verheißung; Fragen nach der Wirklichkeit, der Wirksamkeit, der Auswirkung... Wie kann, wie könnte Wirklichkeit dessen werden im Alltag unserer Existenz, im Laufe der Weltgeschichte? Wie findet der Mensch, der den Zwiespältigkeiten verfiel, zurück zur Einheit des Seins? Das Zeitalter der Sonne... wie... wie sollte es leuchtend klar und wirklich werden wie der Tag und nicht ein Traum bleiben einer jenseits-nächtlichen Utopie?

Die Gefahr ist gegenwärtig... die großen Fragen, die zur Anmaßung werden, wenn das sich marternde Gehirn Antworten erzwingen will. Nur den Boden nicht unter den Füßen verlieren, nicht ins Ungefähre, ins Uferlose überspannter Gedanklichkeit aufgehen, erneut drücke ich den nackten Fuß gegen einen Stein, den Brocken mit der spitzigen Kante, daß mir ein Schmerz zuckt in den Nerven. Am Weg bleiben, auf dem führenden Weg bleiben der Entwicklung... in Nüchternheit, in Unbestechlichkeit und Herbheit sich stets auch dem Alltag, sich immer wieder den sogenannten Realitäten der Welt zu stellen... die Gegensätze zu ertragen, sie auszutragen in reger, in abwartender Geduld.

Dazu ermahne ich mich. Die Worte wiederhole ich mir zu eigener, nachdrücklicher Bekräftigung, und das Lächeln, es erheitert mir wieder die Züge, als ich zurückgehe und Annelies mir entgegenkommt.

„Meister zu werden und Kind zu bleiben in führender Hand! Persönlichkeit zu sein, markant in Willensstärke und Wunschmacht und doch in Demut und Ergebenheit offen zu sein, zu bleiben dem Unnennbaren ... ein Kristall zu sein dem Licht. Den Weg zu gehen, im Wissen um vergangene Schritte zukünftige zu wagen, im Vertrauen, daß in das Wagnis des erneuten Aufbruchs das Licht der Einsicht, die erhellende Bestätigung fällt."

So etwa hat Annelies gesprochen. Wir stritten nicht mehr, wie wir früher gestritten haben, wenn die Unbedingtheit ihres Vertrauens, wenn die Unbedingtheit ihres fraglosen Seins im heftigen Gegensatz stand zu meinem ruhelos-grübelnden Drang, bei dem, im peinigenden Erschrecken, alle mühsam errungene Antwort erneut in Fragen zerfiel.

Torheit ist es, Anmaßung und Ungeduld. Antworten kommen mit der eigenen Reife, mit der Reife der Zeit. Sie sind nach aller Bemühung ins Wesen einfallende Gnade.

HANDELNDE IN WISSENDER UNWISSENHEIT

Samstag, den 17. September 1977

„Einer Sonne gleich schwebt die Kugel...", und verwundert fügt Karl-Heinrich hinzu, „hundertfach größer ist sie schon ... die Kugel... als die, die hier oben im Fels liegt zwischen den Quadern, dort, wo wir sie hineingeschoben haben in den Winkel ... Groß, sehr groß schon ist die Leuchtende und Kräfte ... zuströmende Kräfte lassen sie wachsen und wachsen."

Noch einmal, zum letzten Male vor unserer Abreise, sind wird frühmorgens bei aufgehender Sonne hinaufgefahren, stehen wir oben auf dem Berg, hoch über dem Bärensee. Die flammende Flut des Morgenrots, sie verblaßt allmählich. Deutlicher zeichnen sich die Weiten der Landschaft ab, ihre Faltenzüge beginnen sich zu erhellen.

„Tatsächlich ... gewaltig groß ist die Kugel ..." Zur eigenen Vergewisserung wiederholt Karl-Heinrich, was er erschaut. „Sie schwebt im Raum, dehnt sich immer mehr aus, wie ein Sog ist es, den sie ausübt."

Karl-Heinrichs Züge, eben noch gespannt von Unklarheit, lichten sich im Verstehen. „Die Kugel ist das Neue... ist die Zukunft, ...und Wesenheiten sind es, die sie füllen, sie bevölkern, sie mit neuem Leben erfüllen. Ah ... so ist es, seht mal an, es sind diejenigen, die einmal geboren werden. Es ist die neue, die kommende Generation ..."

Erneut stockt er, horcht er hinein ins anderc Sein, dann sagt er nun mit bestimmt gewordener, nicht mehr tastender Stimme: „Wahrhaftig... die Äther-Kugel, trägt die Kinder der Zukunft, und getragen ist sie von den Erleuchteten, die den Weg des Alleinen geebnet haben, getragen ist sie von denen, die erwacht sind im Alleinen."

Er schweigt, wir schweigen, aber die Anspannung der Aufmerksamkeit ist spürbar.

„Sich weitend, wird sie größer und größer, bis...", er, der sich nur zu wiederholen scheint, erschrickt plötzlich verstummt. „Das Bild", sagt er tief Luft holend, „das Bild ... Faß' ich, faß ich's denn richtig? Eindeutig ist das Bild, die Kugel ist zur Erde geworden... so groß... im neuen Lichte erscheint die Erde, trotz allem, was ist und geschehen muß, trotz allem ... allbestimmend ist schon der Alleine für die Zukunft der Erde."

Die Aussage, die unfaßbare, beinahe hätte sie uns auf das Gestein geworfen.

„Bedenket alles", Karl-Heinrich spricht wieder, gibt mit Betonung wieder, was er hört. „Bedenket alles, lernet den Sinn allmählich verstehen, denn noch versteht Ihr's nicht." Karl-

Heinrich nickt zu den Worten und uns anblickend sieht er, wir nicken auch.

„Wißt, daß Ihr nichts wißt, so werdet Ihr wissen. Wißt, daß Ihr unwissend Wissende seid, so vermöget Ihr zu handeln." Und dann im Abschied schon, in Anerkenung die herausfordernden Worte: „Ihr tatet, worum wir Euch baten ... Erringet Euch nun, was schon geschehen ist. Noch ist es nicht faßbar für den Menschen.

IM GOTTESDIENST BEI DEN MORMONEN

Montag, den 19. September 1977

Der Abschied war turbulent. Mary Stephen, wer konnte es anders sein, löste gesellschaftlichen Wirbel in Garden City aus. Gestern vormittag also ist es geschehen. Wir waren zum Gottesdienst in der Mormonenkirche. Schon der Anfang war ausgesprochen offiziell. Mary Stephen, fest-feierlich aufgeputzt, geleitete uns, wortreich zum bereitstehenden, viertürig geöffneten Straßenkreuzer. Schon dabei kamen wir uns, mißtrauisch verwundert, wie Ehrengäste vor. Aber es sollte noch schlimmer kommen.

Selbstsicher wie immer gab sie sich, die Mary Stephen mit dem kirschrot bemalten Mund. Aber die kleinen Fehlgriffe, die ihr passierten im Wagen während der Fahrt verrieten Aufregung, ja eine geradezu aufgestaute Erregung. In zeremonieller Anordnung beinahe standen sie schon alle da, die Würden- und Namensträger von Garden City. Sie erwarteten tatsächlich uns. Was mochte Mary Stephen angekündigt haben? Wie VIP's, wie very important persons, wurden wir, die drei Deutschen, empfangen. Die Neugier, ohnehin entfacht durch unsere Rückkehr, sie war von Mary Stephen durch unglaubliche Nachrichten geschürt worden. Wir merkten es, verblüfft betroffen, als wir vorgestellt wurden.

Annelies etwa, Bibliotheksleiterin in einem Bundesministerien zugeordneten Institut, wurde schlicht und bedeutsam zu „Misses Petsch from the German Government". Nicht annähernd so staatspolitisch gewichtig wurden wir Männer. Aber ich, ein schlichter Redakteur bei einer Tageszeitung, wurde immerhin zum „Editor of a german newspaper" und Karl-Heinrich zum führenden Landwirtschaftsexperten. Konnten das bloße Mißverständnisse sein? Betrieb Mary Stephen skrupellose Hochstapelei? Oder war es ihr Eifer, ihr brennender Geltungsdrang, der in Selbsttäuschung alle Sachlichkeit überblendete? Oder war es gar ein raffinierter Schachzug einer Emanzipatorin? Ein Schachzug, der in der Männergesellschaft der Kirche eine Frau in den Mittelpunkt brachte und damit natürlich auch sie?

Etwas beklommen und ratlos standen wir schon da. Dementis, wohlgesetzt und diplomatisch, sie fügten sich nicht in sagbaren, amerikanischen Sätzen, und Karl-Heinrich, am ehesten von den Sprachkenntnissen her dazu fähig, hatte sich alsbald ins Abseits eines Saalwinkels geschoben. Aber was soll's, dachte ich schließlich, als sich vor Annelies und mir weitere ergraute Häupter leicht verneigten. Es gelang mir, die leicht beklommene Befangenheit abzuschütteln, der Situation gar gewisse erheiternde Momente abzugewinnen. Vorbehalte, uns gegenüber als Deutschen, wie ich sie verspürt hatte bei Einkäufen im Dorf, sie schienen völlig geschwunden, da wir daherkamen in Amt und Würden. Darin sind sich die Menschen gleich überall auf der Welt. Was soll's, dachte ich also, weit im fernen, im einst wilden Westen sind wir hier, wo der Pazifik, wo Asien näher ist als Europa, geschweige denn das Fleckchen Bundesrepublik Deutschland und das so kleine Bonn. Bei solchen Entfernungen fallen sowieso alle Unterschiede zusammen - sozusagen in einen Punkt.

Mit leicht zuckenden Mundwinkeln hatte ich gut griemeln und Karl-Heinrich auch, denn er und ich wurden höflich unter's Volk der Gläubigen gebeten, wenn auch in die allererste Reihe, nur Annelies, die Regierungsgewaltige aus Bonn, wurde in der aufgestülpten Würde immer mehr erstarrend hinaufgebeten auf die Empore, wo unter der riesigen, silbern glänzenden Orgel die Ältesten der Mormonengemeinde saßen, ein Mann neben dem anderen, ergraut, silbern geworden im mehr oder weniger verbliebenen Haupthaar. Da also saß sie nun, umrahmt, eingefaßt von steif-gravitätischen Würdenträgern.

Plötzlich brauste Orgelmusik auf. Mit mächtigem Tone ging's über die unbewegten Herren hinweg, nur Annelies, erhoben sitzend dem großen Dröhnen so nahe, sie schaute mal verstohlen seitlich zu den vibrierenden Röhren und Pfeifen.

Gesänge wurden angestimmt, vorne von Einzelnen mit klangvoll schönen Stimmen, in die dann die ganze Gemeinde stimmenmächtig einfiel. Männer standen auf, bekannten einer Sitte der Religionsgemeinschaft gemäß ihre ureigene, selbst erlebte Gotteserfahrung. Frauen gingen nach vorne, entblößten an der mikrophon-bewehrten Kanzel ihre Seele, manche in geradezu rührend naiver Offenheit. Gefühle wallten auf, Tränen flossen. Mancher jedoch, von welchen Motiven oder Zwängen auch immer veranlaßt, nutzte mit geschäftstüchtigem Hintersinn den eigenen Auftritt.

Ungerührt in statuarischer Feierlichkeit saßen die Presbyter da, die Rituale der Bekenntnisse, Seelenausbrüche und Deklamationen waren sie gewohnt. Annelies jedoch vergaß ihre Herausstellung unter den Würdenträgern, ihre Erstarrung darüber überwindend nahm sie immer lebhafteren Anteil, ja berührt von der Aufrichtigkeit einer Frau suchte sie im spontanen Miterleben Widerhall bei ihrem weißhaarigen Nachbarn, aber der schaute reglos wie zuvor auf die in Gefühlen wogende Gemeinde.

Ich, ebenfalls fasziniert vom ungewohnten Geschehen, fühlte mich plötzlich abgelenkt, von einem zupfenden Ruck wurde mein Blick nach unten geholt. Zwei Augen, unter dem Stuhl zwischen meinen leicht gespreizten Beinen schauten mich zwei hellblaue Augen an, ungetrübt bisher von dunkelnder Erfahrung, so leuchtend und offen. Ein kleines, entzückendes Mädchen war es, das mich anblickte und flugs sogleich, rückwärts verschwand. Da fiel mir wieder ein, was mir schon zu Beginn des Gottesdienstes aufgefallen war; Kinder, in der Unübersehbarkeit der Versammlung waren unzählige Kinder dabei, kleine und größere. Überaus rege waren sie während des langdauernden Gottesdienstes geworden. Sie saßen, krabbelten überall herum, auf den Stühlen, unter den Stühlen, zupften an sich und an den anderen. Manche brabbelten beharrlich vor sich hin, lallten Töne, Anklänge zuweilen der aufgeschnappten Melodien. Die kindliche Chaotik aber schien niemanden zu behelligen. Wenn Quängeliches oder gar Weinerliches von unten heraufdrang, wurden nach einer Beschwichtigung allenfalls die Stimmen der Erwachsenen lauter.

Auf einmal sah ich Gus Rich, sah ich den Schalk wieder, der in seinen Augen geblitzt hatte: Weiß Gott, er hatte recht gehabt, die Kirche war ein quirliger Kindergarten.

Überhaupt: dabei ging mir auf, daß der Schalk, daß die humoristischen Regungen bei Gus Rich seltener geworden waren. Eher verhalten wirkte er in den Tagen unseres Aufenthaltes, und nicht nur in den letzten hatte er Töne des Abschieds angeschlagen. So etwa, wenn er, was gelegentlich geschah, von der Schönheit dieses, seines Landes sprach. Dann äußerte er auch herbe Worte, daß nichts bleibe, und es Torheit sei, sich dem Tod zu verschließen. Er sagte es ohne Bitterkeit oder gar Furcht, die Erfüllung eines gelebten Lebens war in ihnen. Schrecken und Bitterkeiten seines Daseins; er hatte den Krieg im Pazifik mitgemacht, hatte zu früh seine Frau verloren... sie mochten besänftigt und ausgeglichen worden sein aus einer glücklichen Wesensnatur, aus dem Dasein am See, aus seinem einfachen Leben in reger Tätigkeit, still und tief verwoben den Rhythmen des Tages und der Jahre.

Wie stand er da, als wir heute Morgen davonfuhren: ein Mann, der am Ende seines Lebens, in weiser Gelassenheit schon nahe ist einem anderen Sein.

Den Flughafen von Salt Lake City erreichten wir rechtzeitig, obwohl ein seltsames, ungewohntes Geräusch im Wageninnern den Abflug für uns ungewiß gemacht hatte. Unser blecherner Kasten rollte doch noch bis zur Mietwagenabfertigung am Flughafen... und bald hob das Flugzeug von rasend entgegenstürzender Flugbahn ab, stieg auf im Dröhnen hochgesteigerter Turbinen. Wir fliegen nach New York, und noch eine Weile ist sie unter uns, die Landschaft der Berge und Weiten, der großen Einsamkeit und uns der leuchtenden Offenbarungen.

IM BANNE DER WOLKENKRATZER

New York — Montag, den 19. September 1977

Von Plattform zu Plattform schreitet er in den Höhen der Wolkenkratzer: King-Kong, das Gorilla-Monster. Brennend hängt ein Flugzeug in der einen Faust des Urwaldgiganten, der sich emporstreckt auf Stahlgiganten, schluchtentief. Hubschrauber umschwirren wie Insekten den Fürchterlichen, da er seine linke Pranke in erregender Allmählichkeit dem zahnig-schlundigen Rachen entgegenführt. Eine Blondine ist's im tiefbusig gerafften Abendkleid; soeben der hochfeinen Gesellschaft eines Terrassenfestes entzogen, schwebt sie in schwindelnder Höhe der Nähe des Ungeheuerlichen entgegen.

Ermattet und doch ruhelos hänge ich im Hotelsessel. Ich kann, ich kann es nicht mehr sehen, was da vor mir auf der Bildröhre geschieht, dennoch drücke ich auf einen anderen der zahllosen Knöpfe, drahtlos gesteuert laufen nun andere Bilder. Zwischen Wänden, scheibenlos und grau, hallen Schüsse. An der Ecke eines Gebäudes, mehr Ruine denn Haus, steht ein Gehetzter, preßt sich schutzsuchend an das rissig bröckelnde Mauerwerk, schießt immer wieder, wieder und wieder, bis er zusammensinkt im Kugelhagel der Polizisten, die ihn umringt haben mit heulend blinkenden Streifenwagen, die ihn unausweichlich gestellt haben im Slumviertel der Hoffnungslosigkeit.

Unwillig, unruhig auf dem kärglichen Hotelsessel hin und herrutschend, die Programme dutzendweise verfügbar, drücke ich erneut auf die fernsteuernde Tastatur. Eine Frau, jugendlich in schlanker weiblicher Fülle, entkleidet sich vor Männern, vor gesättigt-genüßlichen Augen und vor unersättlichen. Bloß ist die Rundung ihrer Hüfte schon, und weiß, blendend sind ihre Zähne. Offensichtlich Colgate-geputzt, wie es die plötzliche Werbeeinblendung suggeriert, ehe die Frau nun hüllenlos geworden wieder erscheint, den Körper verführerisch windend.

Der Einsicht folge ich doch — trotz des Dranges zur Ablenkung, trotz aufgereizter Neugier. Ich schalte ihn ab, den Flimmerkasten, der pausenlos, der Tag und Nacht, der rund um die Uhr laufenden Fernsehsender. Sein farbenverschwommenes Widerspiel im Raum, an den Wänden ist dahin. Kahl sind sie, schmucklos und grau. Klein ist das Zimmer, karg bestückt in hotelgerechter Zweckmäßigkeit mit einem Bett, zwei Sesseln, einer Naßzelle. Überdauern kann man die Nacht hier, in der Wohnzelle am endlos sich dehnenden Gang der Gänge, einer über dem anderen, im Wolkenkratzer des Hotels.

Verschlossen, verriegelt ist alles. Der Blick, sich vergewissernd geht er prüfend zum kleinen Fenster, zur Tür. Sogleich habe ich's getan und beachten will ich's auch, wozu der Hotelservice auf dem Hängekärtchen dringend rät: die Tür zu verschließen, zusätzlich noch zu sichern und niemals die Tür auf's bloße Klopfen hin oder auf Anruf zu öffnen.

Im gräulichen Halbdunkel liegt der Raum, erhellt nur von der Leuchte über dem Bett. So geräuschlos ist es plötzlich, so unheimlich still. . Erneut meine Blicke, umherschweifend in Vergewisserung... ins Leere, in Leere schauen sie, für Augenblicke ins schwarze Nichts einer momentanen Entspannung, ehe sie mich überfällt die Übermacht der Eindrücke, in der übererregten

Motorik der Nerven; die frischeste, die drängendste Erinnerung ist es an jüngste New Yorker Stunden.

Im Hochstand der herbstlichen Sonne waren wir eingeflogen in den Großraum von New York. Die Weiten der Berge, der Plains, die Lande der Einsamkeit längst hinter uns, wucherten unter uns riesige Städte, endlose Siedlungsgebiete, Industriedistrikte, horizontweit sichtbar geworden und wieder entschwunden. Dann schließlich übergangsloser aufeinanderfolgend Wohnbezirke, Gewerbezonen, ehe New York aufkam da unten, die alle Maße sprengende City an der Atlantikküste mit den Riffen schließlich an der Küste, den Hochbaugiganten von Manhattan ... widerleuchtend im Sonnenlicht, schillernd plötzlich in lagebedingten Reflexionen... ein atemberaubender Anblick, als sich das Flugzeug neigte im Anflug auf den Kennedy-Airport.

Über's Reisebüro hatten wir wegen der Kürze der Zeit alles vorbereitet, hatten das Hotel vorher schon für die eine Nacht gebucht, eine Stadtrundfahrt auch am Nachmittag. Alles klappte wie geplant. Die Koffer ließen wir zurück im Flughafen, nur mit dem Handgepäck ging's hinein ins Taxi. Drinnen im Auto, abgewetzt und abgesessen Sitze und Seitenlehnen, schmuddelig. Aschereste in Sitzwinkeln und auf dem Boden und penetrantes Schweigen. Der Taxifahrer rauchte, umgab sich mit Qualm und Unpersönlichkeit.

Das Ziel, den Startpunkt des Rundfahrtbusses „The Gray Line" hatten wir genannt. Auf der Highway, zwischen Stahlgeländern der Hochkonstruktionen fuhren wir über Wohn- und Gewerbedistrikte hinweg. Teilnahmslos steuerte er, unser Taximann da vorn, mechanisch wie von selbst, als überspiele ihn schon eine elektronisch steuernde Radarlinie, die das Auto futuristischen Projekten gemäß automatisch zum Ziel bringt.

Dann ragten sie steil auf in den sich auftürmenden Horizont, immer höher, immer näher die Wolkenkratzer von Manhattan, alles beherrschend die berühmt-berüchtigte Skyline, die die Welt in Atem hält und Bann; ein Gebirge von Menschenhand und sich übersteigernder Gipfel, es breitete sich aus, als wir auf der Queensboro-Bridge den East River überquerten, als wir hineinfuhren in die City der City, uns tief unten wiederfanden in ihren Schluchten.

Stehend, anfahrend und stoppend standen wir; vor uns, neben uns, hinter uns Automobile. Nicht die geringste Regung des Unmuts löste es aus bei unserem kiefernstarr-mürrischen Fahrer. Die Taxiuhr lief ja und damit das Geschäft. Den Aschebehälter längst überfüllt mit ausgedrückten Kippen — rauchte er weiter, als wir, winziges Glied geworden einer gewaltigen Autoschlange, uns allmählich doch vorgeschoben hatten auf dem Asphalt der Wolkenkratzerschluchten. In den Fluchtlinien der Giganten wirkte die breiteste Avenue schmal. In der Dämmrigkeit - ich verrenke mir den Kopf beim Hinauf- und Vorwärtsschauen durch die Autoscheiben - ragten Wandflächen auf, allen Himmel verdeckend, unüberschaubar riesig im stumpfen oder kalt schimmernden Glanz des Stahles, der endlosen, weitflächigen Senkrechten aus Marmor, aus Glas, aus Kunststoff und Beton.

Aus- und einsteigend an den „View-Points der Sight-Seeing-Tour", im deckgläsernen Bus befördert, sahen wir Zentren im Zentrum, spannten sich auf die ungeheuren Gegensätze, überstiegerten sich Superlative, daß alle Maßstäbe schwanden, und die Sprache erst einmal versagte.

Im Sessel sitzend, in der Winzigkeit meines Hotelzimmers drückt mich die Nachwirkung nieder, arbeitet fieberhaft intensiv mein Geist, Orientierung, Durchblick und Überblick zu finden; in ersten Worten faßbar zu machen das Unfaßbare. Jetzt, da der Fernsehkasten endlich dunkel ist und still und mich die Abgeschiedenheit umschließt der höhenentrückten Zelle.

Manhattan, New York, das ist stärkste Menschenballung einer mehr und mehr sich überbevölkernden Erde, das sind Rassen, die Völker der Welt gedrängt und dicht nebeneinander. Über 25

000 leben auf einem Quadratkilometer im Durchschnitt freilich, denn ein Gebäude allein, etwa das elegante, im Herbst orangegelb schimmernde Empire State Building birgt in dem nahezu 400 Meter hohen, himmelstürmenden Bau schon solche Menschenmassen. Und die beiden silbernen, klotzigen Türme des World-Trade-Center bieten in der Endlosigkeit ihrer Gänge und Stockwerke, ihrer Großräume und Zimmerfluchten 50000 Menschen einen Arbeitsplatz. Hochbauten, eine Stadt in der Stadt mit eigener Infra-Struktur, werktäglich im Zustrom von 80000 Besuchern.

Manhattan, Brennpunkt der Weltgegensätze: Reichtum und Verschwendung jenseits gemein-menschlicher Vorstellung, Armut und schlimmstes Elend, beklemmend vor Augen im vorbeirollenden Bus. Lebensanspruch einer High-Society, der sich spiegelt in Fluchten von Luxusgeschäften auf der Fifth-Avenue etwa in unvergleichlicher Erlesenheit, in modeschillernder Extravaganz, Requisiten der Selbsteinschätzung, funkelnd-glitzernde Symbole einer sich über alles erhebenden, alles sich dienstbar machenden Jet-Set-Gesellschaft. Niedergedrückt, gefesselt von der Not Menschen in Gebäuden, schäbig und dreckig, Villen, einst Prunkbauten der Weißen, längst verfallen rieselt nun Mörtel von ihren türumrahmenden Säulen. Neger darin und davor auf schutt-überschütteten Straßen, aus Afrika einst in die amerikanische Sklaverei verschleppt, frei nun, aber arbeitslos, vegetierend oft von der Fürsorge, gefangen in Dumpfheit und Aggressivität. Die Wolkenkratzer, dort wo Arbeit ist, Macht und Geld - von Harlem aus, dem Armenhaus von Manhattan, sind sie sichtbar nahe am Horizont zu sehen und dennoch unerreichbar fern, so fern wie für die Dritte Welt.

Wohngegenden gibt es mit Suiten in feinster, kostbarster Ausstattung. Hinter Türen, metallglänzend und dezent, gibt es exquisite Clubs, wo die Anwesenheit allein schon ausweist, dazu zugehören zur erlauchten Runde der Super-

Erfolgreichen. Wohnzonen gibt es, wo Morde geschehen in teilnahmsloser Alltäglichkeit; aus Langeweile, aus Aggression, aus Not, weil der kleine Bruder die Milch braucht für den Abend oder die Droge wieder fällig wird für den nächsten Psycho-Trip.

The American Way of Life, einem Jeden, ohne Rücksicht auf Herkunft, auf Rasse ermöglicht er Erfolg, gesellschaftlichen Aufstieg und Wohlstand: das ist die Zauberformel der Neuen Welt, die Aber-, Abermillionen Menschen in den vergangenen zwei Jahrhunderten antrieb und lenkte. Aber Kapital, erarbeitet, erkämpft, ergaunert - ab einer gewissen Masse potenziert es sich selbständig in Zinsen, in Renditen ins Ungeheure. Und Armut und gesellschaftlicher Abstieg in die Verelendung - immer unausweichlicher wird der Abwärtssog, wenn er einmal begonnen hat. Vom Tellerwäscher zum Millionär aufzusteigen - die Ära der märchenhaften Triumphe Einzelner, die Ära, in der ein Millionenheer von eilfertigen Handlangern und Hilfskräften bei Industrialisierung und Bürokratisierung gebraucht wurde, ist vorbei. Eine Büro-und Computergesellschaft mit hochspeziellen Anforderungen vertieft unabänderlich die soziale Kluft zwischen denen, die Kapital und Arbeit haben und den Besitz- und Arbeitslosen.

The American Way of Life hat längst nach dem Gottesurteil des Erfolges entschieden, und Zentrum dessen ist New York, ist Manhattan, wo der Profit, Architektur geworden in Wolkenkratzern, alle Höhen überragt, wo die Kirchen zurückbleiben in den Tiefen der Straßencanyons, wo der gotisch sich gipfelnde Kirchturm der Trinity Church niedlich und vergeblich geworden ist im schattenden Zwielicht der Bankgiganten an der Wallstreet. Dort, wo Tag für Tag, auf elektronischen Schirmen und Leuchttafeln im Auf und Ab von Konjunktur und Rezession, in den Fieberkurven der Spekulation Weltmarktwerte und damit Menschheitsschicksale bestimmt werden, dort häuften sich am Anfang, im Jahre 1626 glitzernde

Glasperlen im Wert von 60 Gulden oder 24 Dollar. Für die Niederländer, die schifftüchtigen Handelsleute, war es ein extrem günstiger Kauf, für die Indianer ein Akt der Freundschaft, der bekräftigt wurde mit Geschenken. Sie ahnten wohl nicht, daß sie den Anfang besiegelten zu einem schlimmen, Jahrhunderte lang währenden Ende: arglos gaben sie im Geiste der Freundschaft nicht nur eine felsige Insel hin mit kristallklaren Bächen, mit blattüppigen Kastanien und Eichen, sondern einen ganzen Kontinent.

Als Hafen bestens geeignet, buchtenreich geschützt blühte in Neu-Amsterdam von Anfang an das Geschäft, ehe die lagegünstige und gewinnträchtige Niederlassung von den Engländern erobert und in New York umbenannt wurde. 1660 standen auf der meerzugewandten Spitze der Halbinsel schon 300 Häuser, mit Mauern und Wachtürmen zum Festland hin geschützt.

Aber schon damals wurden die Farmen, draußen vor der Stadtmauer, zu Objekten der Bodenspekulation. Zu Beginn des 19. Jahrhunderts, nach dem siegreichen Unabhängigkeitskrieg der Vereinigten Staaten, als die unaufhaltsame Eroberung des Westens begann, als New York immer mehr zum Brennpunkt für Geld-, Wertpapier- und Handelsgeschäfte wurde, waren die Grundstückswerte schon ins Dreißigfache gestiegen. Bäume fielen, und Bäche wurden unterirdisch kanalisiert, denn ein Netz der Nutzung, längs und quer, sich rechtwinklig kreuzend, legte sich über die platt gewalzte Halbinsel. Und Zahlen der schnellen Bestimmbarkeit bekamen die Straßen als Namen, und eine Unterwelt von Abflüssen und Kanälen entstand und darüber Gestein und Straßen, Bauten, Fabriken, alle lebendige Natur verdrängend, quirlend aber in der hektischen Dynamik der Geschäfte und der Kurzweil.

„Die Stadt quillt über von durchaus erlaubten Aktivitäten, Geld zu scheffeln und seinem Vergnügen zu leben", das sagte im vorigen

Jahrhundert der New Yorker Edgar Allan Poe, Poet der schauervollsten Horrorgeschichten.

The American Way of Life, einem Jeden, ohne Rücksicht auf Herkunft und Rasse ermöglicht er Erfolg, gesellschaftlichen Aufstieg und Wohlstand ... Das Millionenheer der Auswanderer, den Hungersnöten in Irland und Europa, den Drangsalen der Unterdrückung und Bevormundung entwichen, erwartete in der Neuen Welt härteste Arbeit bei geringen Löhnen, aber sie fieberten alle; in unermüdlichem Einsatz, in der Hoffnung auf ein besseres Leben.

Das Geld zu scheffeln und seinem Vergnügen zu leben — das vermochten im vorigen Jahrhundert nur Minderheiten, die Reichen, die Gauner nur und etwas später die Nachkommen der Superreichen. Die Begründer kapitalmächtiger Familiendynastien, ob sie Cornelius Vanderbilt heißen oder John D. Rockefeller, waren arm am Anfang, waren ausgesprochene Asketen des Erfolges, macht- und geldbesessen gehörten sie zu den skrupellosen Wirtschaftspionieren von eiserner Konsequenz, gelangten sie im Werden und Aufbruch eines Großmarktes zu unvorstellbarem Reichtum, zu gewaltiger Machtentfaltung.

Der erste der beiden eher weltberüchtigten denn weltberühmten New Yorker war hünenhaft, erbarmungslos düster und gestreng; der andere schmächtig wie ein Buchhalter, doch mit Augen von Durchblick und Führungskraft. Aus kleinsten Verhältnissen kämpften und tricksten sie sich empor, Rockefeller mehr ein gerissener Fuchs, Vanderbilt der gerissene Halunke. Nur das Gesetz der Stärke, des Erfolges galt, um selber der Stärkere, ja der Stärkste zu werden; Gesetze des Gemeinwesens Staat wurden trickreich genutzt, durch ausgeklügelte Spielarten der Korruption zur Farce gemacht oder schlicht geändert.

Mit einsatzbesessener Zielstrebigkeit, mit den Vorteilen illegaler Praktiken, mit Dumpingpreisen bis zur erreichten und dann preisdiktierenden Marktbeherrschung; mit Erpressungen und Beamtenbestechungen, mit einer fintenreichen, geradezu genialen

Ruinierungsstrategie gegenüber der noch hinderlichen Konkurrenz wurden sie zu Potentaten des Kapitals.

Cornelius Vanderbilt, erst der Dampfschiff-Großreeder, dann der Eisenbahnkönig, solche Stadien des Erfolges ließen ihn in den siebziger Jahren des vorigen Jahrhunderts zum reichsten Finanzmann Amerikas werden. Einige Jahrzehnte später erst übertrumpft von John D. Rockefeller, zeitweilig Herr der gesamten Erdölförderung der Vereinigten Staaten, nutzte er als erster die Pipelines zur Beförderung des Ols über weite Strecken. Angefeindet, in unzählige Prozesse verstrickt, dennoch sich letzthin immer behauptend wurde er verklärt, verherrlicht wie Vanderbilt als überragende Symbolgestalt des American Way of Life.

Die Vorwürfe und Anschuldigungen der zeitweilig übererregten Öffentlichkeit — der uralt gewordene, faltenreich verschrumpelte Rockefeller hat sie nie recht verstanden. Er hatte doch nur wie alle anderen auch um den Erfolg für sich und die Seinen gekämpft, während der grobschlächtige Vanderbilt im Machtbewußtsein seines Kapitals über solche Anschuldigungen nur grimmig zu lächeln pflegte.

So wie die Eisenbahnen auf Schienen vordrangen in die Unendlich-keiten des Westens, wie seine Reichtümer ausgebeutet und erwirtschaftet wurden, New York immer mehr Brennpunkt wurde ungeheurer Geschäfte, stiegen die Grundstückspreise und mit ihnen die Wolkenkratzer. Die unvergleichliche Geschäftstüchtigkeit der New Yorker zur Anklage, zum neidischen Gespött anderer Amerikaner und ferner Europäer geworden, weckte schließlich kulturellen und staatsbürgerlichen Ehrgeiz bei denen, für die der volksmundliche „Millionär" nur eine Verharmlosung ist.

Bürger, Publizisten, beunruhigt über die schon damals bedrückend qualmigen und dreckigen Stadtverhältnisse gaben Anstöße. Steinreiche mit gemeinnützigen Neigungen fanden sich, und so wurde von 1857 bis 1870 der 340 Hektar große Central-

Park gestaltet, das quadratische, grüne Herz von Manhattan. Im Auftrieb und Hochgefühl immer größerer Umsätze wurden Museen gebaut, im Triumph eines römischen Imperialstiles erglänzte das Naturhistorische Museum an der Westseite des Central-Parks. Pompös renaissance-artig wurde ihm gegenüber, an der Ostseite des Parks, das Metropolitan Museum, ein Haus der schönen Künste errichtet. Kunstsammler mit schier unbegrenzten eigenen oder verfügbaren Dollarbeständen schwärmten aus nach Europa und kauften Einzigartiges und Leinwandgiganten des Zeitgeschmacks. Prachtbauten in historisierenden Stilen entstanden, so an der Fith-Avenue mit dem herrschaftlichen Ausblick auf den Central-Park... fürsten- und königsgleiche Residenzen der Vanderbilts etwa und der Rockefeller.

The Church of St. John the Divine, eine Kathedrale von riesigen Ausmaßen, im Chor mit einem Kapellenkranz der Schutzheiligen der ein gewanderten Nationen versehen, wurde Ende des vorigen Jahrhunderts im romanischen Stil begonnen, dann bis in unser Jahrhundert hinein in französischer Hochgotik weitergebaut. Aber die Kathedrale, nach dem Petersdom in Rom der zweitgrößte Kirchenraum der Welt, blieb unvollendet. Die Aufbauten des Querschiffes fehlen, die Türme auch. In den Umbrüchen der Zeit, in den Kriegskatastrophen, den Revolutionen des Jahrhunderts fielen Monarchien und Reiche, in Europa und Asien, überholten sich vergangenheitsverklärende Stile. Europa, eben noch herrschaftsprächtiges Idol Amerikas und der Welt, verfiel, blickt nun seinerseits kriegsverschuldet und Epigone geworden auf zur Groß- und Supermacht USA, die in den Hochkonjunkturen der Kriegs- und Nachkriegszeiten, in der immer weitgreifenderen Expansion ihrer Wirtschaftsimperien weltbeherrschend wurde.

New York wurde endgültig New York, fand sich endgültig wieder in den höher und höher steigenden Türmen seiner Wolkenkratzer. Neue Bautechniken, der Fahrstuhl endlich, machten Stockwerke bis in schwindelnde Höhen möglich. Schließlich wurden die Turmgiganten, früher langwieriger wie ein Haus Stein um Stein gemauert, zu riesigen Gerüsten aus krangeschwenkten Stahlträgern, rechtwinklig gefügt wie der rechtwinklige Grundriß, ein Stahlskelett, in das schneller noch eingehängt, eingesetzt wurde Stockwerk um Stockwerk. Jeder der Größte und Erste... auch um die Höhen, um die Spitze der Spitzen aller Wolkenkratzer entbrannte der Wettbewerb. Bauwerkshöhen wurden gegenüber Konkurrenten geheimgehalten, Aufbauten unplanmäßig draufgesetzt, und wenn die Nachbarspitze eines Neubaues schon zu übertrumpfen drohte, dann wurden verlängernde Lanzen aufgesetzt.. Antennen oder wie in den zwanziger / dreißiger Jahren auf das entstehende Empire-State-Building ein nie genutzter, angeblicher Ankerplatz für Zeppeline.

New York, Idol der Moderne, bestimmt den Welthorizont, den Bewußtseinshorizont der Weltgeltung in der Skyline von Manhattan, und das des Tages und des Nachts.

Draußen hinter dem Fenster, hinter dem Schattenriß der Giganten flimmert und flackert die Unruhe der Nacht. Ich bin in meinem Hotelzimmer ans Fenster getreten, das das Wort nicht verdient, eher ein Guckloch ist wie in einem Flugzeug. Da also schaue ich hinaus, hinüber zum Broadway, wo der Tag der Geschäfte in die Nacht der Ablenkungen übergegangen ist. Den Abgrund der Tiefe zu sehen hier oben vom 28. Stockwerk aus — das versuche ich zwar mit plattgedrückter Nase am dicken Glas, aber es mißlingt völlig, ebenso wie es von unten mißlang, heute am frühen Abend, nach der Stadtrundfahrt, als wir am Hotel ankamen, uns die Hälse verrenkten und dennoch nicht das Ende des Hotelgiganten ausmachen konnten.

Unerwartet aufgehalten fanden wir uns stehend und wartend wieder in der Riesenhalle der Hotelrezeption, waren wir unversehens zu Füßen einer Menschenschlange geworden, die sich Schritt für Schritt, dann wieder wartend und stehend in unfreiwilliger Abfolge mit anderen Schlangen auf einen langgestreckten Schalter zubewegte.

Personal, junge Frauen und Männer agierten dahinter, nahmen Pässe und Papiere entgegen, die sogleich in rückwandigen

Öffnungen verschwanden, offensichtlich einem Schalter hinter dem Schalter, von dem nur ein Lichtschein sichtbar war hinter den Abblendungen der dunkelgemaserten Hölzer. Die Papiere blieben hinter der Abschirmung für kürzer oder länger, offensichtlich dort begutachtet und geprüft, ehe sie wieder dalagen, Kreditkarten gereicht, Schecks ausgeschrieben, Schlüssel ausgegeben wurden an die Abgefertigten, die wieder ein Nachrücken zuließen, und sei es um einige Schritte.

46 Stockwerke hoch ist das Hotel, ich hatte es im Prospekt gelesen, und über zweitausend Zimmer hat es in den Fluchten seiner Stockwerke. Ein unübersehbar verwirrendes Menschengewimmel gäbe es, wenn alle Zimmer auf einmal gewechselt würden ... oder gar ein Unglück passierte, ein Brand. Ein Schauer der Unbehaglichkeit befiel mich. Annelies, neben mir in der drängenden Schlange, mochte es ähnlich ergehen, mich bestärkend in solchen Gedanken, in Gefühlen des Unheimlichen. Eine Hotelstadt ist das! Welcher Verwaltungsapparat ist da nötig, welche Absicherungen - in einer solchen Millionenstadt.. doppelt die Türverschlüsse, doppelt der Schalter hinter dem Schalter, die Kontrolle hinter der Kontrolle.

Verstohlen begann ich mich in der Riesenhalle umzuschauen — nach Fernsehaugen etwa, verborgen irgendwo in den Winkeln und Tag und Nacht aufzeichnend mit nimmer ermüdendem Auge, was vor sich geht in der Halle. Jedoch, entdecken konnte ich keines. An den Wänden, an den dunkelfeierlichen Flächen des Riesenraumes, an den Durchgängen standen Männer, überall Männer in Uniform. Im Hintergrund und doch alles beobachtend waren sie wohl Hotelpolizisten und -diener zugleich, denn die Hotelgäste, die endlich ihren Zimmerschlüssel hatten, nahmen sie gepäcktragend auf, führten sie zielstrebig zu den benachbarten Fahrstuhlschächten.

Ermüdend lange mit erlahmenden Beinen hatten wir noch zu warten, wir drei, und dann die Leute hinter uns, denn als wir endlich am Schalter der Abfertigung standen, runzelte sich bedenklich das

Makeup der Hoteldame; die in Köln gebuchten Papiere waren ihr offensichtlich ungeläufig. Sogleich verschwanden sie, auch unsere Reisepässe hinter der Abschirmung und kehrten nach auffallend längerer Zeit mit Fragezeichen zurück. Plötzlich fielen mißtrauische Blicke auf uns, wir wurden beinahe hochnotpeinlich befragt, und dann ging die Dame selbst nach hinten.

Unruhig, nervös traten die hinter uns Wartenden von einem Fuß auf den anderen. Mürrisch wollte sich schon einer vordrängen, da erschien die eben Verschwundene wieder, gab uns plötzlich und wortlos, als sei überhaupt nichts gewesen, die drei Zimmerschlüssel.

Losstürzen wollte Annelies, nach so langer Warterei ungeduldig geworden — aber ein Hoteluniformierter, ein baumlanger Schwarzer, griff uns unmißverständlich auf. Von drei Muskelmännern des Hotels begleitet, wurden wir im schnellen Fahrstuhl hochbefördert und alsbald getrennt. Annelies verließ uns mit einem starr-verunsicherten Blick im 20. Stock, Karl-Heinrich mich im 26., und ich schließlich wurde im 28. Stockwerk entlanggeführt durch schmale, eintönig lange im Anblick beengend zusammenlaufende Gänge, dabei passierten wir Tür um Tür, Tür um Tür. Schließlich blieb er stehen, der Hotelmann, vor einer der verwechselbar gleichen Türen, öffnete sie, ging hinein in das Räumchen, und demonstrierte mir in beengender Nähe, auf welche doppelt gesicherte Weise die Tür zu schließen sei.

In unterschiedlichen Höhenlagen des Hotelgiganten untergebracht hatte ein jeder im verwirrenden Einerlei der Flure und Fahrstühle einige Mühe, ehe wir uns unten in der Empfangshalle wiederfanden. Annelies wirkte ziemlich beunruhigt... Zuerst, so erzählte sie leicht atemlos, habe sie im endlos langen Flur den Fahrstuhl nicht gefunden, dann ihn zu früh verlassen, wieder suchend, herumirrend an Zimmerfluchten; und überhaupt, gleich am Anfang sei sie so erschrocken, sagte sie nun lachend, im Augenblick nämlich, als der Schwarze sie in ihr Zimmer geführt und sogleich mehrmals die Tür verschlossen habe. „For your safety", habe er gesagt mit weiß aufblinkenden Zähnen.

Anblicke und Durchblicke alsbald bei der abendlichen Taxi-Rundfahrt. In die Dämmrigkeit des Tages, der licht- und luftabschirmenden Hochbauten fiel allmählich, umschauert vom feurigsten Abendrot die schwarz-schattige Nacht. Grell zitterten sie auf, die Leuchtschriften an den nachtdunkel hinwegsinkenden Wänden; die farbenschrillen Stromstöße ruheloser Geschäftigkeit und Lustbarkeit spiegelten sich wider im Scheibenglas des Taxis, an Gebäudeflächen.

Neonlichter, unbewegt, riesig in schreienden Farben; Neonlichter, formen-, gestalten- und farbenwechselnd vor riesig-dunklen Hintergründen. Durchpulst war die Nacht von allgegenwärtiger Elektrizität. An Kreuzungen wurde es deutlich, dort, wo der Einblick in die Canyons der Wolkenkratzer übersichtlicher war. In den Bürogiganten war noch Licht, überall leuchtend hoch hinauf Reihe um Reihe... ein Endlos-Raster heller Rechtecke. Dann wieder fleckenhaft vereinzelt, hier und da verstreute Lichtpunkte auf den Flächen; Leuchtgraphiken, Augenblickskonstellationen New Yorker Geschäftigkeit. Unten aus den Stahl- und Glas-, den Marmorgiganten drängten Menschenmassen, zu Dienstschlußzeiten ausgespieen, sich mit uns vorwärtsschiebend in endlosen, scheinwerfer-verschwimmenden Autokolonnen, mal gestaut, dann wieder anfahrend.

New York-City, wo in Destrikten Rassen und Völker in Anziehung und Abstoßung ruhelos leben, New York-City mit dem Umfeld einer der größten Industriebereiche der Welt, New York eben ... Zentrum des weltumspannenden Kapitalmarktes, Metropole der Versicherungen, Investmentfirmen, Maklerbüros, ein Weltzentrum von kurs- und preisbestimmenden Wertpapier- und Rohstoffbörsen, Zentralsitz größter US-Wirtschaftskonzerne; New York, ein Welthandelszentrum mit dem zweitgrößten Seehafen, Zentrum der Zeitungs- und Buchverlage, der Medien- und Unterhaltungsgiganten.

New York im Übergang von der Geschäftshektik des Tages in die Vergnügungshektik der Nacht, permanent rotierend in actions, rund um die Uhr, von 0 Uhr bis 24 Uhr, unentwegt wie die pausenlos Nachrichten, Werbung und Unterhaltung sendenden Fernseh- und Rundfunkanstalten.

Time is money: die Grundstücke von Manhattan, in immer höheren und dichteren Wolkenkratzern genutzt, werden zu Gold sich ungeheuer potenzierender Gewinne. Grundstückszentimeter um Grundstückszentimeter optimal genutzt in der Rechtwinkligkeit, im Gitternetz des Stadtplanes, nach dem die einstige Hügellandschaft regelrecht plattgewalzt wurde für Asphaltdecken, für den Aushub der Fundamente. Häusergenerationen schießen empor, werden abgebrochen in der Rotation steigender und fallender Immobilienwerte; Harlem, einst Villenviertel, dann vollgestopft im Mietwucher mit Farbigen, verfiel zum Slum und in Tiefstpreise — wird so zum erneuten Spekulationsob-jekt für profitträchtige Sanierungen.

Time is money... Sekunde für Sekunde! New Yorker leben, agieren, reden schneller. New Yorker essen schneller an den Automatenstraßen des Imbiß, wo Toastmaschinen Röstbrot ausstoßen, schnell und unentwegt wie in einer Fabrik.

Time is money, die Sekunde unterteilt gar in Zehntelsekunden, wenn trendwitternd der sechste Sinn der Spekulation erwacht in den Börsenhallen des Kapitals, der Wertpapiere und Handelsobjekte, wenn sich Börsenereignisse überstürzen, wenn Tage, wenn Stunden, wenn Minuten, Sekunden und Zehntelsekunden schneller und schneller, immer schneller dahinjagen in fiebernden Entscheidungsphasen, wenn die Chaos werdende Uberfülle von Kauf- und Verkaufsordern, empfangen an Telefonen, stehenden Leitungen, blitzschnell weitergegeben oder unmittelbar übermittelt werden in Computer; wenn all die weltumfassenden Abläufe sich steigern zum allesbeherrschenden, allesdurch-dringenden Gedröhne, zum Weltton des Weltmarktes, dann vibriert äußerster Einsatz, äußerste Hingabe an den allesvergoldenden Erfolg; im Augenblick, da in atemstockender Spannung die Leuchtschriften der Terminals Kurse und Gewinne überhöhen in schwindelerregende Spitzen; im Augenblick, da im ekstatischen Triumph sich alle Türen öffnen zur Macht, zu Luxus und schwelgerischer Lust oder da sich Abgründe auftun, im klaffenden Sog des alllesvernichtenden Falles der Fehlspekulation und des Ruins. Extreme des Gewinnes oder des Verlustes; doch der magische Zauber des im Zins sich selbstzeugenden Geldes hat sie alle in seinem Bann. Und ganz gleich, ob Kurse steigen oder in den Krisen niedergehen, immer triumphiert über kurz oder lang der Kreislauf des Geldes, der Kreislauf des Profits, der Kreislauf effektiver Wirtschaft, der im verengenden Selbstzweck, im Lebens- und Bedürfnishunger der Massen, in einer übervölkerten Welt mehr und mehr die Natur, mehr und mehr schließlich gar die ganze Erde ruiniert.

Käuflich wurde Mutter Erde, ausbeutbar immer mehr mit immer ergiebigeren Techniken. Käuflich die Natur der Frau in der Lustausbeutung immer raffinierterer Sexualtechniken. Keine daseinsgestaltende Liebe mehr zur Erde, keine Liebe mehr im Labyrinth der Süchte und Triebe. „Movies, Girls, Peep-Land..." Neonschriften zuckten an den Werbeflächen der Straßenseiten, grell rot unter Konsumsignalen, Aufmerksamkeit zu erregen bei Männern mit dem flackernd starren Blick. „I like to watch nude girls..." Wünsche, Phantasien, sie schreiben sich, erlöschend, wieder aufflammend über einem häßlichen, lochoffenen Eingang.

Der Broadway war einst ein Indianerpfad. Noch heute schlängelt er sich, zwar breitbahnig, durch das Straßengitter Manhattans. Vom Broadway sind meist die anspruchsvolleren Theater verschwunden, in Seitenstraßen ausgewichen vor Kinos, spezialisiert auf Sex und Porno, auf Horror und phantastisch-idiotische Science-fiction, verdrängt von Bars, Nachtclubs, von Etablissements härtesten Show-Geschäftes und der Prostitution.

Gewalt wütet in Stauungen und Entladungen, flimmert drinnen über Leinwände, geschieht draußen in Schattenwinkeln der Straßen. Drinnen wird bezahlt die Gunst eines Reizkörpers, draußen wird er einfach überrumpelt, schnell und brutal gebraucht. Allein in

Midtown South, dem Theater-District mit der Times Square Area und dem Garment District, geschehen Jahr für Jahr über 6000 Raubüberfälle, Vergewaltigungen, das heißt täglich 10 bis 20. In der Dichte der Bauten, in den Massierungen der Menschen, in der permanenten Quirligkeit der Millionenstadt geschieht es, Tag und Nacht und wenn überhaupt von Passanten wahrgenommen, dann einfach wegblickend, abgestumpft in Teilnahmslosigkeit. Als wir zurückfuhren im Taxi, zum Hotel hin an die Seventh-Avenue, da stieß mich Annelies irgendwann einmal an, wies mit heftiger Geste nach draußen, auf das Halbdunkel eines Platzes. Männer waren da, eine weibliche Gestalt bedrängend, aber der Anblick, für einen Augenblick nur aus der Neonnacht hervorgetreten, wurde sogleich von ihr verschluckt.

Karriere und Genüsse, das Raffinement der Befriedigungen und des Komforts im Banne der Eitelkeit, der Geltung und Macht — das sind feurig verzehrende Impulse einer in Willkür sich gebärdenden Lebenslust, einer unersättlichen Lebensgier, einem unendenden Kreislauf von Verlangen und Verwirklichung, sich ruhelos erneuernd, wechselnd zwischen Tag und Nacht, zwischen Anspannung und Ablenkung im Kreislauf des ungeheuerlichsten Getriebes; wo freieste, bindungsloseste Freiheit triumphiert und sich unlösbar verkettet dem unausweichlichen Zwang.

Geld regiert New York und die Welt. „Ja, zuweilen denke ich", sagte der New Yorker, der Pop-Künstler Andy Warhol, „daß Geldverdienen die höchste aller Kunstformen ist."

Erfolg; zählbarer, greifbarer, besitzbarer Erfolg, darum geht es bei allem Einsatz. Erfolg ist Gebot, Not und Verheißung einer Welt der Käuflichkeit, in der Geld, direkt oder indirekt, Türen und Tore öffnet. Erfolg ist allesentscheidend, nicht die Mittel und Methoden — wenn nur der schöne Schein der Menschheitsideale, der ragend weißen Säulen gewahrt bleibt. Erfolg ordnet ein in die Höhenskala der Gesellschaft. Um Erfolg wird gekämpft und betrogen, werden Beziehungen aufgebaut und zerstört, um des Erfolges willen verschleißen sich Menschen im Erfolg und Mißerfolg, putschen sich auf zu Höchsteinsätzen mit Pillen, gleiten, aus Frustrationen für Stunden entrückt, über Abgründe der Verzweiflung im Psychotrip einer Drogen-Injektion. Im Kalkül des Erfolges verhärten sich Menschen, verlieren sich Menschen in Gängen, in endlos sich wiederholenden Funktionen einer seelenlos mechanisch-elektronisch-kybernetischen Welt.

Und oben, ganz oben in der High Society des Jet-Set, da breitet sich aus im gleißenden Glanz, in den Räumen der Eleganz und des Luxus blasierte Langeweile, da ist unendender Müßiggang exzentrischer Spielarten, da ist besitzend-besessene Verschwendung aus egozentrischen Allüren und Marotten, sich gesättigend hinfläzend und unerfüllt herumjagend in den Schwankungen der Uberdrüssigkeit.

Öde oben und Öde unten in den Slums des Elends, no future oben und unten!

Manhattan, Megalapolis der Neuzeit mit der Skyline der Wolkenkratzer, selber Himmel geworden des Tags, des Nachts im Spannungsfeld seiner Eigenmächtigkeit. Auf dem Granitblock der Insel errichtet, mit seinen Hochbauten aus Stahl, Glas und Beton, mit den Subways, dem unendenden Gewirr von Strom- und Telefonleitungen, von Heizungsrohren, von Neonröhren hat es sich aufgebaut, lädt es sich immer wieder auf in der Allgegenwärtigkeit fließender Elektrizität - das wohl gewaltigste, künstliche, elektro-magnetische Feld der Erde. Eine Welt magisch schillernder Ausstrahlung, Menschen prägend und steuernd, des Tags wie des Nachts, ein Weltzentrum der Willens- und Machtimpulse mit der Allarmigkeit erdumwälzender Technologien, ein Zentrum entfesselter Aktivitäten, vibrierend in Willkür und Zwängen, ein Weltbrennpunkt börsen- und konzernbeherrschender Verselbständigung, bebend und aufrührend in isolierten Impulsen wie der Tanz der Discotheken, wenn Körperteile, Köpfe, Schultern, Hüften sich für sich selbst bewegen, zuckend, als wenn sie reißen, auseinanderführen im Urknall der entfesselten Entäußerung. Das ist New York, das ist die Freiheit, das ist The Statue of Liberty.

Es schellt... schellt. Ich brauche Zeit, in der Anspannung erlebter Eindrücke, kreisender Gedanken brauche ich Sekunden orientierender Vergewisserung. Übermüdet und dennoch unfähig zum Schlaf sitze ich nach unserer abendlichen Exkursion noch immer in meinem winzigen Hotelzimmer.

Es schellt, schnarrend. Das Telefon ist's, zum Nachttisch, zum Telefon stürze ich, als ich's erfasse, da es schon länger geläutet hat. „Hallo", sage ich, schnelleren Atems.

„Bist Du's, Hanns-Günter? Schüsse eben und ein Schrei!" Ich höre, ich erkenne Annelies, obwohl ihre Stimme, stockend gestoßen, beinahe herausspringt aus der Muschel.

„Was?" entgegne ich erschrocken, schon auf dem Sprung, irgendwie einzugreifen.

„Wo? Wo denn?"

„Draußen, da drunten... Schüsse fielen und dann ein Schrei."

„Wirklich draußen", entgegne ich, „und nicht im Hotel? Ist's nicht im Hotel gewesen?"

Sie stockt, eben noch sicher über die Herkunft erschreckender Geräusche, scheint sie verunsichert zu überlegen. „Vielleicht", räumt sie ein. „Aber nein, ich glaube kaum. Was sollen wir tun? Polizei? Nein, den Portier... Ich rufe ihn an..."

Ein Knacken nur noch in der Leitung, die Telefonmuschel ist stumm. Den Hörer lege ich auf, sitze auf meinem Bett vor dem Telefon und warte.

Auf die Tür fällt mein Blick, verschlossen ist sie, doppelt verriegelt. Alles ist zu, die Tür, das Fenster. Nah sind die Wände, kahl und weiß, nur Schritte entfernt voneinander. Umschlossen fühle ich mich, hermetisch umschlossen von Enge und Unbehagen. Weite und Unendlichkeit, die Offenheit des blauenden Himmels—alles ist dahin. In Stunden aus Bergeshöhen ein Wechsel unheimlich, ein Wechsel in die Verengung, in die Verdichtung, in die Dynamik von Unruhe und

Hektik. Wie ragten sie auf, die Wolkenkratzer, als wir aus Flughöhen gekommen über die Queensboro-Bridge fuhren, als wir tief drunten waren in den Straßenschluchten, umbrandet, untergetaucht in das unendende Getriebe. Mehr und mehr in der Überlagerung der wenigen Stunden, in der Übermacht gedrängter Erlebnisse schlossen sie sich um mich, die Einflüsse immer enger... bedrängend... sirenenhaft rot und bedrohlich wie die schwingenden Ringe des bewußtseinsraubenden Äthers.

Zu nah ist mir alles. Die Wände zu eng, und die Stoffe und Materialien zu künstlich, zu leblos. So tot! Und die Naßzelle, gesondert eingelagert mit Tür, mit Dusche und Toilette... so eng, daß kaum die Ellenbogen zu heben sind. Zur Zelle ist mir das Hotelzimmer geworden, zur Zelle wie im Gefängnis. Mir graut im Gedanken an die unzähligen Stockwerke und Gänge, an die endlosen Zellen in endlosen Reihen.

Ausflucht suchend — umher schweift mein Auge, irrt über Gegenstände, über Wände, unstet hin und her wie ein Tier hinter Gittern.

Doch da, plötzlich, steht das Auge fest, haftet sich mein Blick unverwandt, wie gebannt an eine Stelle, wo im Abseits eines Winkels, in der Öde der Eintönigkeit etwas Unerwartetes steht, etwas Gekritzeltes, hingeworfen von einem, der hier genächtigt haben mag. Näher trete ich, gespannt, wie magisch angezogen. Einige Mühe habe ich erst, die fremde Schrift zu entziffern. Doch dann sie erkennend, springt sie mich plötzlich an, die fahrig hingesetzte Zeile: „Big Brother is watching you!" Ich fahre zurück, wie von schauervoller Wand zurück, auf der eben die Flammenschrift einer Offenbarung geisterte.

Minuten später, da der Eindruck, der schockhafte, überwunden wird in klärenden Gedanken, da weiß ich, daß es nicht Angst war, die mich befallen hat im Angesicht der Metapher, des allgegenwärtig-unsichtbaren Staatsauges von George Orwell's Roman „1984". Nicht die Befürchtung ist's gewesen, Gefangener zu sein, Opfer zu werden eines totalitären Staates, der überall ist mit Spitzeln und Techniken, mit kalt gewordenen Augen abgerichteter

Polizisten, der mit gläsernen Kameraaugen alles beobachtet, alles erfaßt; in der Öffentlichkeit von Plätzen und Gebäuden wie in der Abgeschiedenheit privater Flure und Winkel.

Nicht das Auge schreckte mich, das Auge, das totale Herrschaft will und etabliert im öffentlichen, im privaten Leben. Herrschaft, die immer totaler wird, so daß nur noch die Wenigen bleiben, die noch immer hinter der hohen, schweigenden Stirn geheime, eigene Gedanken hegen, sie, die Letzten, die Unmanipulierbaren, die es aufzuspüren, zu verhaften, umzudrehen oder zu liquidieren gilt. Nicht solche Willkür der Macht, auf Erdteilen geschehen und immer wieder geschehend, hat mich getroffen. Nicht die Ängste verkrallten sich in mir, als mich das Auge des „Großen Bruders" traf, die hektisch hingeworfene Zeile „Big Brother is watching you!"

Ängste, Schritte könnten erdröhnen an der Tür, Männer könnten an ihr pochen, sie willkürlich aufbrechen. Nein, ein Anderes war's, das mich hatte erschauern lassen, ein Erschrecken, abgründig in der Erkenntnis, daß solcher Staat, solche Zwänge, solche Willkür und Grausamkeit unnötig geworden sind, sich erübrigt haben in einer weltumspannenden Zivilisation, die unvergleichlich dasteht in der Menschheitsgeschichte in ihrer Funktionalität, Effektivität und Ruinösität. Um des Effektes, um des Profites willen ist die Funktion in Produktion und Absatz realitätsbestimmend. In den Wettbewerbszwängen der Preisgestaltung, in der Kurzsichtigkeit des von Gewinn und Vorteil beherrschten Denkens und Handelns werden die ganzheitlichen Folgen immer noch nicht erfaßt, oder mit Macht und Raffinesse immer noch verfälscht und verharmlost.

Tiere in engsten Käfigen der Massenproduktion wie Waren zu unterwerfen, entspricht in grausiger Konsequenz der Effektivität, ohne daß die schlimmen Auswirkungen im Umwelt- und Ernährungskreislauf berücksichtigt würden, vom unverantwortlichen Unrecht am Tier ganz zu schweigen. Unnatürlich gewachsen, von Medikamenten und anderen Injektionssubstanzen durchsetzt ist das Fleisch, das auf Tellern und Tischen üppiger Gefräßigkeit landet, während Wälder wegen der übermäßig erforderlichen Futtermittel gerodet werden und die Gülle der endlosen Tierproduktion die Grundwasser verseucht. Ein Beispiel nur von verheerend vielen für die verhängnisvolle Verquickung von Massenproduktion und Massenvergeudung; sie sichert den Kreislauf einer im Zinseszins rotierenden Wirtschaft und Wohlstandsgesellschaft, sie ruiniert die eigenen Daseinsgrundlagen wie die der Dritten Welt und der Biosphäre überhaupt.

An den Dunkelmännern der Hochfinanz, etwa hinter den Säulen der Wallstreet, an irgendwelchen Drahtziehern und ihren möglicherweise schlimmen Machenschaften allein liegt es nicht; aus einem alles-beherrschenden Ungeist kommt es, einem Ungeist, der mehr oder weniger alle erfaßt hat in seinen tausendfachen Fängen. Ob es der Ungeist ist des Materialismus, des Nihilismus, des Dogmatismus, der Ungeist selbstherrlicher Egozentrik, einer im Rausch des Jugend- und Sexkultes zum Götzen gewordenen Erfolges, ob es die Raffgier ist des Superreichen oder die Gedankenlosigkeit, die Bequemlichkeit des Verbrauchers - mit unterschiedlicher Verantwortlichkeit sind wir alle beteiligt, sind wir alle verstrickt in den Abläufen des erdverheerenden Räderwerkes. Und dennoch ... und dennoch ... die Sonnenblume des neuen Lichtes ... sie blüht auf mancher Sonnenterasse.

Selbst unter den Wach-Nachdenklichen, unter den scharfsinnigen Kritikern hat sich Resignation ausgebreitet gegenüber der Unabänderlichkeit eines Weltsystems, das an Abgründen der Umweltverhängnisse immer größere Triumphe feiert, das in rasanten Entwicklungen seiner endgültigen Perfektion, seiner endgültigen Weltherrschaft entgegenfiebert, wenn sich mit dem alleserfassenden, dem allesberechnenden, dem allessteuernden Computer der Computer Funktion und Effekt ins Totale potenzieren, wenn nicht nur die Natur der Stoffe und Zustände nutz- und veränderbar wird und ist, sondern auch die Natur des Lebendigen über Gentechnologie manipulierbar und ausbeutbar wird. Pflanzen und Tiere und schließlich gar der Mensch selbst der Willkür kurzsichtiger Erfolgs- und Gewinnsucht endgültig ausgeliefert, von den Urbausteinen her, von den Genen verändert in unübersehbarer und unabsehbarer Konsequenz. Der systemkonforme Mensch, nicht mehr nur steuerbar über die Engstirnigkeit seiner Eindimensionalität, über Eitelkeit und Ehrgeiz, über seine Bedürfnisse und Ablenkungssucht etwa, sondern nunmehr gentechnologisch fixiert auf systemkonformes Verhalten; der roboterhafte Mensch, gentechnologisch funktionierend in einer durch und durch künstlich gewordenen Überstadt, den Ballungszentren der Bevölkerung und Zivilisation, den New Yorks der Zukunft auf einer naturzerstörten, immer mehr verödeten Erde.

Schreckensbilder der Zukunft — bedrängend sind sie aufgekommen aus den Eindrücken, den Erfahrungen eines New Yorker Tages. Uns drei haben sie noch in der Nacht zusammengeführt. Über Gänge, im Dämmerlicht der Nachtbeleuchtung bin ich gegangen, vom 28. Stock im Fahrstuhl hinabgefahren, suchend bin ich im 20. Stock die Gänge entlanggeirrt, ehe mich Annelies an ihrer Tür, auf's vereinbarte doppelte Klopfzeichen hin, einläßt.

Karl-Heinrich ist schon da. In der Enge ihres Zimmerchens hat er Annelies schon berichtet, was wir erregt und dennoch mit gedämpfter Stimme nun zu Dritt besprechen. Schlaflos im Wolkenkratzer hat Karl-Heinrich zum Buch gegriffen, einem Buch über Edgar Cayce, dem berühmten „Schlafenden Propheten Amerikas", der bis 1945 gelebt hat und im Zustand der Trance umwälzende Prophezeiungen ausgesprochen hat. In seinem Zimmerchen hoch über den Schluchten von Manhattan hatten ihn Cayces grundlegende Aussagen zu Atlantis beunruhigt, seinem Wiederaufstieg aus dem Meer, einhergehend mit Erdbeben, mit Landüberflutungen weltweit, so auch an der West- und Ostküste Nordamerikas.

An einer bestimmten Stelle des Buches jedoch hatte es ihn nicht mehr im Bett gehalten, da hatte er uns angerufen, und noch ein nächtliches Treffen vorgeschlagen. Mit einer Handbewegung weist er auf eine Seite des Buches. Im Kapitel über die Erdbebengefahren steht da allen Ernstes schwarz auf weiß, Manhattan, das Zentrum New Yorks, könne einstürzen, wegsinken im Wasser der Bucht.

„Das Unheimliche darin ist", so erklärt es Karl-Heinrich, „daß es nicht nur eine Prophezeiung von Cayce gibt, sondern auch einen bedenklichen geologischen Befund. 1962 war es, als Consolidated Edison in Manhattan, genauer gesagt zwischen der Vierzehnten Straße und dem East River, das größte Kraftwerk der Welt bauen wollte. Um die Standfestigkeit des Untergrundes zu prüfen, wurden Bohrungen durchgeführt bis in eine Tiefe von 60 Metern, wo der Bohrer auf Muttergestein traf. Ingenieure jedoch, die sich an einen Erdriß erinnerten, vor Jahren in dieser Region bekanntgeworden, empfahlen noch tiefere Bohrungen. Und tatsächlich, als die Geräte über die 60 Meter hinaus in die Tiefe stießen, sackten sie plötzlich durch —in die Leere einer unterirdischen Spalte. Der Plan, das Riesenkraftwerk an der Vierzehnten Straße zu bauen, wurde aufgegeben; offensichtlich stillschweigend und nicht weiter begründet. Die unglaubliche Prophezeiung Cayces war plötzlich wahrscheinlich geworden."

„Bei einem stärkeren Erdbeben", so zitiert Karl-Heinrich aus dem mitgebrachten Buch, „könnte ganz Manhattan südlich der Vierzehnten Straße in die Bucht fallen."

Wir schauen uns an, die wir uns in der schwindelerregenden Höhe eines Wolkenkratzers befinden, in der Enge eines winzigen Hotelzimmers. Tausende, Abertausende Menschen nächtigen mit uns, arbeiten, leben in diesem Giganten. Ein Brand schon, ein aufflammendes, stahlerglühendes Feuer — welch ein infernalisches Chaos bräche aus in den Gängen, an Fahrstühlen, auf Feuerleitern; und dann gar ein alleser-schütterndes Erdbeben: ein Schwanken erst, dann knarrend, dröhnender Widerstand des Knickenden, des Stürzenden; Sturz der Giganten, einer nach dem anderen, Manhattan, die Weltsilhouette der

Wolkenkratzer, das Panorama der Wallstreet fallend, sinkend in aufgepeitschte Fluten.

„Noch hält die Stütze, noch hält sie, die Stütze, die die Halbinsel trägt." Karl-Heinrich hat es im Schutze unserer Anwesenheit gewagt, mitten in New York, mitten in der Nacht die bedrängende Frage zu stellen. Nun sagt er, was er von innen her vernimmt.

„Noch hält die Stütze", wiederholt er mit beruhigter Stimme. „Aber Strömungen, mit Kraft und Ausdauer zirkulieren sie, untergraben sie die schon überhängende Halbinsel. Die Lebenden da, sie werden gewarnt werden, aber sie werden nicht hören."

Manhattan, all die Wolkenkratzer auf einer Gesteinssäule ruhend ... und die Höhen der aufragenden Stahlgiganten nach unten hin noch verlängert in wasserdunkle Tiefen. Mir schauert bei dem Gedanken, bei der Vorstellung der überlangen, aus Meeresgründen aufsteigenden, himmelstürmend-brüchigen Erhebung.

„Der Turmbau zu Babel", sage ich ins Schweigen. Karl-Heinrich ist verstummt, aber noch immer bemüht um Antwort, um Bilder, um erhellende Worte.

„Dunkelheit nur", sagt er nun, „ich sehe nur Dunkelheit, undurchdringliche Finsternis. Aber da bewegt sich etwas ... Einer erscheint, er löst sich aus der Schwärze des Hintergrundes, er kommt hervor und spricht:

„Um das Wohlergehen von Gottes Eigenem Land, darum ging es mir. Jedem einen Job, jedem den Erfolg eines angenehmen Lebens in Freiheit. Aber die Wirtschaft kam nicht auf Touren. Da sagte ein geheimer Kreis, ein heiliger Krieg sei nötig gegen eine dunkle Macht in Europa. Ich folgte ihnen, obwohl ich ein Versprechen brach... auf Hochtouren war die Wirtschaft. Wir gewannen den Krieg und lebten, wirkten in der Euphorie, die Weltherrschaft, die endgültige Weltherrschaft errungen zu haben ... Aber nun, nach einiger Zeit, fangen wir an zu staunen. Unsere Macht, unsere abgöttisch geliebte Macht, die weißen Säulen unserer Herrschaft beginnen abzubröckeln.

Aber wo ist der Feind? Wo ist er, der an unseren Grundfesten rüttelt? Ist er einer, der über die Erde ging? Ist er einer, der irgendwo faßbar ist? Wir suchen ihn, wir suchen ihn, wir suchen ihn. Wer ist er? Dieser Feind, dieser Unfaßbare, dieser Übermächtige! Das Licht, das übermächtige Licht, das er verbreitet — wir wagen es nicht, in das Licht zu gehen, nicht zu schauen in das sonnengleiche Antlitz!"

Der Alleine, das alleine Licht... im Sinn ist's mir, erschütternd, ergreifend ... das erhabene Bild, es ist mir gegenwärtig. Er, der da spricht, der da aus der Dunkelheit gekommen ist, er sieht etwas von ihm, vom waltenden Licht, von der Wiederkehr des Einen, denn er fährt zu sprechen, über Karl-Heinrich fährt er fort:

„Immer mehr Menschen gibt es, die haben ins Herz aufgenommen Lichtfunken von IHM, ja manche streuen sie, geben sie weiter, die Lichtfunken von IHM, von IHM, den wir nicht sehen, den wir nicht fassen, den wir nicht greifen können, dessen Spuren wir aber sehen, seine Auswirkungen schon überall. Lichter sehen wir aufleuchten, hier und da, und da und dort. Auch in New York, auch in den tiefsten Gossen menschlichen Lebens, auch da, immer wieder, ein Aufflammen, eine Wendung, eine Wende hin zu einem noch vagem, noch schwachem Licht. Auch ich habe die Sehnsucht, die Sehnsucht danach. Aber ich wage es nicht, ich wage es nicht, in das Licht zu gehen."

Karl-Heinrich, mit Anzeichen einer Anteilnahme für den, für den er gesprochen hat, schildert nun, was er noch erschaut mit dem dritten Auge.

„Auf Rädern", sagt er erstaunt, „auf Rädern eines Fahrstuhles zieht er sich zurück. Roosevelt, Franklin D. Roosevelt zieht sich, den Nacken gebeugt, den Kopf hinuntergebeugt, er zieht sich zurück in den Hintergrund, aus dem er gekommen ist.

DIE ZUKUNFT DEN CHERISTEN

VERANTWORTUNG UND SCHULD

Die Mauer ist rund, ihr Abschluß aber ist kantig, geradezu schmerzend spitz. Ich spüre es pötzlich, leicht zurückfahrend an der Stelle, an die ich mich eben zu sehr gelehnt habe. Erneut stehen wir drei oben auf dem Turm, der sich aus der Lichtung des Waldes erhebt. Die Mauer — ein prüfender Blick bestätigt es — aus großen und kleinen Steinen ist sie in alter Bauweise gesetzt und vermörtelt; in jüngster Zeit aber ist in Brusthöhe eine starre Zementhaube aufgesetzt worden, kreisrund ausgeformt und nach innen erhöht in schmerzend spitzer Kante endend, zum Schutz wohl, zur Abwehr; sollte sich doch mal einer zu weit hinauslehnen wollen über den Rand des Turmes, gefährlich tief läge das Gemäuerrund unter ihm und die Grasnarbe des Grundes da drunten.

Die Kugel aus Bergkristall — wieder liegt sie auf dem Stumpf des Eisenstammes, um den sich von unten her nach oben die Wendeltreppe windet. Wie rostig der Eisenstamm ist! Als ich vorhin vorsichtig die Kugel in die kleine, haltgebende Delle einsetzte, ist es mir erneut aufgefallen. Der Rost, an unzähligen Stellen blättert er ab, rieselt herab, rieselte mir, dem Nachfolgenden, entgegen, als wir vor Minuten hinaufstiegen, auf der wackeligen und dennoch stabilen Wendeltreppe, als im Turminnern die metallisch dumpfen Schritte widerhallten...

Ein Sonnenstrahl, erneut bricht er sich aufblitzend im gläsernen Rund der Kristallkugel. Die Sonne, wie oft hat sie sich in all den Jahren in ihr gespiegelt, die Sonne auch bildmächtiger Geistesoffenbarungen, und doch ist's nur eine geschliffene, käufliche Kugel, die vor uns liegt; und der Turm, auf dessen Plattform wir stehen, er ist ein Namenloser im Lande der Hessen, ein Namenloser unter den

Bauwerken und Ruinen der noch gegenwärtigen mittelalterlichen Geschichte.

Gegensätze der Wirklichkeiten, der Seinsebenen — sie immer in klarer Scheidung zu trennen, ohne Verwischung, ohne Überblendung oder gar Verwirrung, Gegensätze, immer wieder … schwer ist das, aber unerläßlich gegeben.

Wie ruhte tief drunten das Meer, für Stunden zu sehen vom Flugzeug aus die endlose Fläche, die Weiten des Atlantischen Ozeans, eine Ebene der ungeheuren Wasser. Irgendwo unter den Fluten, in den Tiefen sich steigernden Wasserdruckes muß das uralte Reich von Atlantis liegen, versunken hinweg in Abgründe, breitet sich in Endlosigkeit darüber das Meer, als sei es nie im Sonnenlicht des Landes und der Berge gewesen.

Wie ruhte tief drunten das Meer — weit, weit überschaubar aus der Stratosphäre eines vibrierenden Düsengiganten... eine Ebene der Allruhe, als könnten die Wasser sich nicht erheben in grausig dunklen Wellenkämmen der Stürme, als könnte nicht in Magmatiefen die Erde meer- und landverändernd beben!

Über ein halbes Jahr ist seit der Amerikareise vergangen, ein Winter liegt hinter uns seit den Tagen von New York. Schwere Tage immer wieder, die Spannung der Widersprüche auszuhalten, auszutragen, die visionären Leuchtschriften an den Wänden der Imagination zu begreifen. Vernunft und Nüchternheit, Herbheit sind geboten und Geduld, immer wieder Geduld, denn in der Gegenwart, in den Tagen, Monaten, Jahren ihrer vorrückenden Zeit ergeben, entwickeln sich keine wirklichen Bestätigungen. Mehrdeutige, mehrdeutbare Anzeichen sind es eher und allenfalls, von unserer Erwartung im Zustand der Befangenheit gar mißdeutet. In eigener Logik und Dynamik zieht uns das Innerweltliche, das Überwirklich-Unwirkliche und schier Unbegreifliche voran. So stehen wir wieder oben, oben auf dem Turm, der uns zum Urbrunnen des Here Mi-mir geworden ist.

Gewichen ist die Kälte des Winters, die Frische des Frühlings umweht uns, der Zauber eines jungen, maienhaften Morgens.

„In den Winden des Frühlings", Karl-Heinrich beginnt tastend zu sprechen, „schließen wir den Kreis. Wir verneigen uns vor denen, die mehr wissen als wir."

Nachdem wir es getan haben, jeder seiner eigenen freien Neigung folgend, blickt Karl-Heinrich nicht wie sonst in die Tiefe der Tiefen, nicht wie zur Winterszeit, als wir im Gleichnis der Bilder erfuhren, daß die Wirkkräfte der Natur, ihre Elementargeister in tagkurzer Zeit, wenn in unseren Breiten oft noch Schnee und Eis die Lande decken, tief drunten in der Erde überdauern, um im Frühling, im Wärmesog der Sonne emporzukommen, mit den Säften des Lebens aufzusteigen in Stämmen und Zweigen, in Gräsern und Blumen.

Frühling, ja Frühling ist es wieder! Praller schon und vor dem Aufbruch sind die Knospen, und die Tannenspitzen, hier oben in der Höhe des Turmes sind lind und zart, im hellen, saftigjungen Grün des All-ersprießens. Stärker, heller leuchtet es in der glasglänzenden Kugel wider, Strahlen blitzen auf im Bergkristall; über den Bäumen erhebt sich die Sonne und mit ihr das Leben, erhebt sich in den Frühling eines blauenden Morgens.

Auf die Kugel blickt Karl-Heinrich, und sein Auge, eben schon inwärts gewandt, schaut dann wie zur Vergewisserung nach oben.

„Tatsächlich, am Fuße des Strahlungsfeldes", so beginnt er, „stehen wir. Es leuchtet, es schimmert in herrlichen Farben. Ooh, seht... ein Regenbogen ist es, ein Regenbogen, der von hier aus aufsteigt ins Blau des Himmels, übers Dunkelblau des Ozeans hin ... weit, weit bis zur anderen Kugel hin, die drüben ruht auf dem anderen Kontinent, verborgen dort im Felsgestein, hoch über dem Bärensee. Im Geiste sollen wir", der von innen her geführte Karl-Heinrich fordert uns seinerseits dazu auf, „im Geiste sollen wir nun hinaufwandern, auf dem Rücken des Regenbogens, immer weiter hinauf.

„Wißt Ihr, wen ich da erkenne? Wer sich uns da nähert? Wer da mit den Armen winkt und dabei ruft: Er kommt, er kommt!“

Wer da winkt, uns zuwinkt, das ist der, der im obersten Ring der Großen Versammlung war, der Großen Versammlung auf dem Berg über dem See. Bald'r ist es, Bald'r, der uns entgegentritt, immer wieder rufend, verklärt von einer übermächtigen Freude: Er kommt, er kommt!"

Einen Augenblick verstummt Karl-Heinrich, dann sagt er: „Zuerst wußte ich gar nicht, wen er meinte, wer da kommt. Aber nun sehe ich ihn... der Alleine ist es... über der Brücke, über der weitgespannten Brücke des Regenbogens und unter ihm, hinter ihm jubelnde Scharen, unendliche Scharen und sie alle künden: das Zeitalter, das Zeitalter der Sonne beginnt..."

Gegenwärtig, überwältigend gegenwärtig ist mir der Anblick, das Bild der großen Verheißung: der Alleine... schwebend auf dem Heer der erleuchteten Seelen über den Kontinente überbrückenden Regenbogen und darunter das widerschimmernde, das endlose Meer.

„Die Wasser, die Wasser..." Karl-Heinrich spricht wieder, mit verändert gespannter Stimme spricht er von neuen, seherischen Eindrücken, „sie wölben sich auf, die Wasser und kreisen ... in Erneuerung bebt die Erde, in Wehen ist die Große Mutter, in Wehen der Wiedergeburt liegt ihr Leib. Seit Jahrtausenden, seit vielen Jahrtausenden ist Atlant unter den Fluten des Meeres, Posite... Poseidon ist erwacht! Sein Land fordert er zurück, er fordert es zurück von der allgebärenden Erde.

Es ist so, es wird so: er, der Herr von Atlant, Poseidon und die Große Mutter haben beschlossen, daß sich Atlant allmählich wieder aus den Wassern erhebt. Und so wie es einst entvölkert wurde, so wird es, Land um Land wieder besiedelt. Das hohe Gras, in den Winden wird es wieder wogen, und jauchzend werden Menschen auf neuer Erde springen, die wie Götter sind.

Wißt Ihr, wer Poseidon ist? Atlant, das große Inselreich, erstreckte sich einst von dem, war Ihr heute Äquatorlinie nennt bis hinauf in die Höhe Islands und Helgolands. Poseidon war und ist die Gottesmacht, die die Friesen der nordeuropäischen Küsten Forsythe nennen, eine uralte Wesenheit, die die Welt leitete, leitete, nicht regierte. Er leitete, indem die Menschen seine Stimme im Innern hörten, diese auf ihn horchten, nicht gehorchten, nicht bloß gehorchten.

Wißt Ihr, was Götter sind? Wißt Ihr es? Die wirklichen Götter sind die Menschen, die Gott, den Alleinen in sich tragen, die Gott, das Alleine in sich wirken, in sich leben lassen. Wißt Ihr, was Menschen sind? Die wirklichen Menschen sind die, die das Göttliche in sich nicht mehr verleugnen und dennoch nicht dem Irrsinn, dem Irrwahn verfallen, der Selbstherrlichkeit und Selbstüberschätzung." •

Ich, der ich horche, ich habe es mit Spannung, mit sich steigernder Spannung vernommen. Nun drängt mich, da Karl-Heinrich verstummt ist, erneut die schwerwiegende Frage: Wenn Menschen wie Götter waren und Götter waren wie Menschen - warum dann, warum dann ist Atlantis untergegangen? Völlig erfaßt von der Frage habe ich sie wohl laut ausgesprochen oder habe ich sie bloß gedacht, bloß ausgesendet in Gedankenwellen?

Karl-Heinrich jedenfalls beginnt wieder zu sprechen, staunend zuerst, dann sich mehr und mehr entsetzend: „Unter den Wassern ein riesiger Kristall, ein geheimes, ein ungeheures Labor und dann, unvorstellbar die nun aufsteigenden Bilder, eine Explosion nun, eine allgewaltige Explosion, die Menschenwerk war, aber auch Menschenende. Und die Lande von Atlant, sie sanken."

Bei dieser Aussage brach der Kontakt ab. Geräusche, Wortfetzen von draußen — vom Weg her, durch den Wald drangen Stimmen. Jugendliche waren es, die mit lärmendem Spektakel sichtbar wurden zwischen Baumstämmen, deutlicher vom Turm herab auszumachen waren, als sie in den Sichtbereich der Lichtung kamen. Schon befürchteten wir, sie würden den Turm erblickend, begeistert johlend herüberstürmen, aber sie zogen vorbei. Dennoch, die

Übermittlung war für diesen Tag beendet. Mit der letzten Antwort blieb ich, der immer wieder Fragende und Prüfende, allein, mit dem Widerspruch vor allem, der mir nach der Rückkehr in Beruf und Alltag beunruhigend deutlich aufging. Ein schwerwiegender Gegensatz in den Aussagen war es, der mich immer wieder beschäftigte.

Die vom Labor, von Menschenhand ausgelöste Explosion steht im Widerspruch zum Meteoriten, der meer- und landumwälzend aus dem All gekommen ist, eine Aussage, die wir vor Monaten in Amerika, an der Stätte des Uodan gehört haben. Die Ursache des Unterganges — einmal vom Menschen ausgelöst und einmal von außen, aus dem Kosmos kommend? Ein Gegensatz, der unvereinbar erscheint. Muß da nicht eine Aussage die Wahrheit sein und die andere die Unwahrheit?

Oder ist es doch möglich? Wieder möglich, immer noch? Die Frage peinigt erneut, der nagend quälende Zweifel vieler, vieler Jahre, die Antwort könnte Irrtum sein, bloße Phantasie oder gar ein trügerischer Wahn? Stunden und Tage, Wochen, ja Monate schlimmen Grübelns hatte ich in der Vergangenheit durchgemacht. Aber aus den Kämpfen bitterster Stunden war immer wieder wie ein Phönix die Gewißheit aufgestiegen, und sie schwebte als Fanal immer wieder über dem Abenteuer des Innerweltlichen, immer wieder über dem seltsamen Weg, den ich, den wir drei beschritten haben.

Phasen gab es und gibt es des Unterwegsseins, in denen im Wagnis des Ungewissen nur unerschütterliches Vertrauen und Zuversicht weiterführen, ehe Phasen eintreten, in denen Gewißheit ist der Übersicht und Einsicht. In wacher Wegachtsamkeit wechseln Zeiten des Glaubens mit Zeiten des Wissens, und der Unterwegs-Seiende wird, wenn er's meistert, stärker und zielsicherer in den wechselseitigen Durchdringungen.

Dem Sog des Grübelns erlag ich nicht mehr. In Ruhe und Gelassenheit stellte ich mich den aufgeworfenen Fragen und ihren Überlegungen. Der Mensch — er neigt dazu, eine Ursache oder gar eine Schuld, die in ihm selbst liegt, nach draußen, ins Äußere zu projizieren. Der Mensch — er neigt dazu, die Folge dessen, eben das

Ereignis da draußen beziehungslos zu sich selbst zu sehen, sich wehklagend, hadernd als Opfer des Schicksals einzuschätzen, wo er Mitverursacher ist oder gar der Verursacher selbst.

Der Mensch neigt dazu, Schuld zu verdrängen. Die ungeheuerliche Schuld um so mehr, die Wasser steigen und Lande sinken ließ, die ein Menschheits-Aon beendete im jämmerlichen Anfang eines strandenden Scheiterns. Eine Katastrophe von solch epochalen Folgen - muß sie nicht zwangsläufig in der Tiefenpsyche der Menschheit verleugnende Selbsttäuschung bewirken? Eben in der Verdrängung, in der Projektion der Schuld nach draußen? Hatte Karl-Heinrich sozusagen eine solche Bewußtseinsschicht der Menschheit angezapft, in der sich der täuschende Vorwand vorschob einer Schuldverdrängung?

Die ungeheure Schuld der Menschheit, ihre unerfüllte Verpflichtung gegenüber der Schöpfung Erde; anvertraut hatte sie nach irokesischer Überlieferung der Große Geist dem Menschenpaar, sie zu hüten und zu pflegen bis ans Ende aller Tage, jene Schöpfung Erde, die auch nach wissenschaftlicher Schau, nach dem sogenannten Anthropischen Prinzip, geradezu auf den Menschen angelegt ist, nicht nur in ihrer Entstehungsgeschichte, sondern auch in den lebensermöglichenden Bezügen zum Universum, im kreislaufbedingten Abstand etwa der Erde zur Sonne. Und bei solcher Bezüglichkeit der Schöpfung Erde auf den Menschen soll der Mensch nicht umgekehrt in einer unsagbar tiefen Beziehung, in einer unsagbar hohen Verantwortung stehen zur Schöpfung Erde?

Schicht um Schicht, allmählich nur in den Zeiten und Räumen von Gemeinschaften und Kulturen enthüllen sich Ursachen und Folgen jener Schuld und ihrer Auswirkungen. Und jede Schicht, ihre Bewußtseinssphäre mag dabei erscheinen wie Wahrheit und Unwahrheit zugleich. Nur wer beiden sich stellt, wird bestimmten Menschen, Gemeinschaften, ihrer Epoche, ihrer Weltschau gerecht und bleibt doch offen für andere. Nur wer das Paradox der Gleichzeitigkeit erträgt, nur dem erschließen sich die hoch- und tiefgründigen Wechselwirkungen, die überaus verwickelten Verstrickungen und Verknotungen des schier unüberschaubaren, schier undurchdringlichen Schicksalsgewebes.

In Zeiten der Wende, wie den heutigen, in denen sich Gegenwärtiges, Vergangenes und Zukünftiges verwirrend vielschichtig überlagern, verwirrend gleichzeitig durchdringen, ist es Unreife angesichts dessen, die einfache Frage zu stellen: Was ist wahr, gültig und richtig und was ist es nicht? Die Vieldeutbarkeit des Orakels, seine hohe und tiefgründige Sinnbildlichkeit wurde mir bewußt, als ich, vom Widerspruch der Aussagen veranlaßt und getrieben, nachlas in den Aufzeichnungen von damals.

„Die Erde ist ein Schiff", stand da geschrieben, „und der Mensch ist ihr Steuermann... Aber der Steuermann steuerte nicht mehr das Schiff, und so stieß es gegen ein Riff."

„Ein Riff im All?", so hatten wir verwundert gefragt.

„Der Meteorit", so hatte es geheißen, „der gigantische Meteorit — im Feuerschweif raste er, schlug er auf die Erde, und das Schiff schwankte, und Meere hoben sich und Länder sanken, und die Schifflein der Menschen, sie torkelten, zerschellten an riffigen Ufern."

Der Untergang von Atlantis? Was ist Gleichnis, was ist Historie einer in Dunkelheiten versunkenen Vorzeit? Wird es sich jemals erhellen lassen, zweifelsfrei unterscheidbar werden. Oder ist es, beides zugleich, Wirklichkeit und Gleichnis, Gleichnis und Wirklichkeit zugleich? Zur Antwort wird die Zukunft werden, Aufklärung wird sie bringen, wenn uns Lebenden doch noch die Verwirklichung zuteil wird, wenn uns Lebenden, und sei es nur in erschauernden Anfängen, doch noch erfahrbar wird, daß sich Atlantis aus den Fluten erhebt.

An einem Morgen, der Himmel war neblig verhangen, kehren wir zum Turm auf der Waldlichtung zurück, steigen hinauf in die Gesellschaft der Baumesspitzen, und drängende Fragen habe ich im Sinn.

„Die Wissenschaft", so beginne ich, „sieht nur den atlantischen Höhenrücken, nur die Berge unter den Wassern, sonst nichts! Wo aber ist, wie Ihr sagt, Atlantis geblieben?"

„Der Mensch hat die Aufgabe", so kommt die Antwort über Karl-Heinrich, „den Geist in sich zu binden und zu vollendet-vollendender Wirkung zu bringen. Vollbringt er das nicht, dann übernimmt das Element Wasser die Führung. Dem Menschen wird der Boden entzogen, und das Land bröckelt ab. Das Land, das Ihr Atlantis nennt, wurde von den Wassermassen unterspült, verteilte sich allmählich über dem Boden des Ozeans, nur die Felszonen sind geblieben. Allmählich, Stück für Stück, bröckelte das Land, über lange Zeiten hin brach es ab. Immer mehr zurückgedrängt wurden die Menschen. Gezwungen wurden sie schließlich, in Schiffen sinkendes Land zu verlassen."

„Warum erkennt die Wissenschaft nichts davon? Warum wird Atlantis in der Allgemeinheit bezweifelt?"

„Wenn der heutige Mensch in seiner Selbstherrlichkeit erkennen würde ..., vor langen, langen Zeiten hat es schon Menschen gegeben, die weiter waren als er—, die jede Maschine kannten, Flugkörper und die fernen Sterne, dann würde er hinnehmen müssen, daß er ein Glied ist in schier endloser Kette, daß er nicht einmalig ist in seinen technischen Errungenschaften... solche Einsicht, solche Selbstbescheidung aber will er nicht."

„Wie lange liegt es zurück? Wann versanken die letzten Landesteile von Atlantis?"

„11781 Winter ist es her, daß das letzte dieses gewaltigen Landes versank und 484 Jahre vorher begann die letzte Untergangsphase."

Überrascht von der Zahlengenauigkeit, ermutigt von ihr, wage ich es, tief Atem holend, die oft erwogene Frage auszusprechen: „Seit wann", beginne ich leicht unsicher, tastend, „seit wann bewohnt der Mensch die Erde?" Schnell ist die Frage heraus, die rätselhafte, die unglaubliche. In ihrem Bann stehend, im Banne dessen, was sie im Innern auslöst, stockt Karl-Heinrich, dann aber spricht er doch:

„Er schaut mich an, Er, Here Mimir, er schaut mich an, als sei es eine Vermessenheit, solche Frage zu stellen. Will er gar nicht antworten? Aber nun spricht er doch: Länger, länger als Ihr denkt, bewohnt der Mensch schon die Erde. Der Mensch kam und ging, ging und kam. Der Mensch entwickelte sich, vermehrte sich, machte sich die Erde untertan und Katastrophen vernichteten ihn bis auf wenige seiner Art, mit denen eine neue Menschheit begann. Nie hat der Mensch endlos regiert. Immer, wenn der Mensch zum Vernichter wurde, ward ihm die Macht entwunden. Entfesselt wurde das Magma der Erde, Länder sanken, versanken, Meere stiegen und doch immer wieder stieg neues Land, eine neue Welt empor."

Wieder die Wucht der Menschheits- und Weltenschicksale, abgründig, ungeheuer und wunderbar! Ich frage dennoch, beinahe tonlos, weiter:

„Verdrängt die Menschheit ihre Schuld an der Schöpfung Erde?"

„Schuld sollte das Wissen wecken, was der Mensch der Schöpfung Erde schuldig ist, Schuld sollte nicht in einem Sündentum entarten, das alle Verantwortlichkeit lähmt und die tatsächliche Scheiterung der Menschheit verdrängt. Nicht zur Entwürdigung des Menschen darf die Schuld werden, Gebot und Bindung sei sie, Verpflichtung ist sie der Menschheit für Gegenwart und Zukunft, Verpflichtung gegenüber der aufsteigenden Zukunft." Karl-Heinrich schweigt wieder, und im Schweigen beginnen meine Gedanken zu kreisen.

Immer wieder als Sünder ist der Mensch im Glauben und im Ritual des kirchlichen Abendlandes beschworen worden, immer wieder beschworen worden in der Erbärmlichkeit seiner Vergänglichkeit, ausgeliefert der Kürze und Vergeblichkeit seines einen Lebens. Aber der Mensch, dem als Sünder die Nachfolge des Christus versperrt wurde, dem der Christus in der Unerreichbarkeit des Gottes entrückte, dem die Gnade Gottes allein und ausschließlich Erlösung verhieß; dieser Mensch hat sich des Christus entledigt und der Gnade Gottes, sich selbst hat er entdeckt in der Neuzeit, sich selbst als Individuum, sich selbst in der

Einmaligkeit seines Lebens, in der Einmaligkeit seines Selbstbewußtseins, seiner Wissenschaft und Technik und in sich steigernder Selbstbezogenheit hat er die Erde, ihre Räume und Welten erobert und sie, ob er's wollte oder nicht, sich zur Beute gemacht.

Ein Extrem hat nur ein weiteres Extrem gezeugt und das in geschichtsprägenden Wechselwirkungen und Auswirkungen. Ja, anders muß es werden im Bewußtsein des Menschen, in seinen Taten? Ja, zur Skuld, gleich der dritten Norne, der Schicksalsgöttin, die da bindet an das Folgende und Kommende, ja, zur Skuld muß die Schuld werden, zur Herausforderung, zur Aufgabe, zur heiligen Pflicht muß sie werden im Dienst am Ganzen. Zum Daseinsgebot muß sie werden, ob es sich als Lebensaufgabe dem einzelnen oder Gemeinschaften stellt, Völkern oder verwobenen Völkerordnungen; zum Daseinsgebot, das sich im Leben selbst, im Schicksal erschließt, das sich offenbart, fügend und führend, wenn der einzelne, wenn Gemeinschaften sich ins Innere öffnen, sich dem Höheren ergeben, dann, erst dann werden die Ahnen, werden die Heiligen des Innerweltlichen mehr und mehr die Lebenden erreichen, dann, erst dann wird das Licht des Alleinen die Menschen mehr und mehr anrühren, dann, erst dann wird sein Geist, seine Liebe mehr und mehr aufkommen in der Wirklichkeit menschlicher Gemeinschaften und Gesellschaften.

FEE-EDA UND DIE EXTERNSTEINE

Die Nacht ist herabgesunken. Tastender geht der Fuß, und ab und zu knirschen Steinchen unter'm Schuh. Erneut bleiben wir stehen, wir drei, die wir behutsam sind in der Dunkelheit auf dem schmalen Wege. An Räume und schwärzende Tiefen muß sich das Auge gewöhnen, ehe sich Schattenrisse deutlicher abzeichnen, Schatten in Schatten sich abheben von den Schichtungen einer neu erschauten Räumlichkeit.

Der Stamm ist nahe, steigt dunkel empor, erahnbarer oben in seiner Rundung als Stamm, setzt er sich rahmend ab vom Dämmer des Himmels, durchdringt ihn, sich verfeinernd in seinen Ästen und Zweigen, steht im Himmel wie ein alltastender Fühler der Erde, aufragend über der dunkelschimmernden Offenheit des Weihers. Helle in der Nacht, Bereiche der Helligkeit, die sich absetzen vom tiefglänzenden Wasser, aus dem im Abstand, in einer Ferne sich wuchtig ein Felskoloß erhebt, gestaltenhaft beinahe, Schwarz im Dunkel ist da ein Umriß, riesig dort.

Von der Straße rasender Autos, verschwenderisch aufblitzender Scheinwerfer, gerade noch abgeblendet in blitzschneller Annäherung, aus Städten neon-lichtzuckender, unstet flackernder Lebensart sind wir drei gekommen, blind erst für die Nacht, geblendet noch von gleißenden Lichtern, blind anfänglich für das Dunkel im Dunkeln, für die nächtlichen Schattenrisse.

Als ich heranwuchs, in früher Jugend schon, da habe ich mich oft des Abends niedergelassen, am Rande des Waldes mit dem Blick in die noch tag-leuchtende Wiese. Gewartet habe ich, wie allmählich die Bäume dunkler wurden, zu Umrissen sich wandelten vor dem wiesenhellen Hintergrund. Eine große Erwartung ließ mich da sitzen, aus der in Dunkelheit versinkenden Welt könne eine andere hervortreten. Aber ich wartete vergebens, der Tag war hinweggewichen und nur die Nacht umfing mich in ihrer Dunkelheit.

Wie gut, daß es damals so war, denke ich, während wir da stehen an dem Weiher mit dem Blick auf den kolossalen Felsen; wie gut, daß sich dem überempfänglichen, dem noch zu jungen Gemüt nichts offenbarte. Sich dem Diesseits und Jenseits des Seins gleichermaßen zu stellen, das ist des Menschen eigentliche Berufung und Aufgabe, doppelt schwer oder gar wie eine Potenzierung dessen noch viel schwererer, und nur in jeweils rechter, in jeweils gemäßer Entwicklung anzustreben. Ein früher Erfolg darin in früher Jugend hätte womöglich eine Selbstherrlichkeit auslösen können oder gar eine Gemütsverwirrung. Erst ein Jahrzehnt später erfüllte sich mir die große Erwartung und jenes Andere, jenes Hintergründig-Inwendige des Seins trat hervor, entwickelte sich, gestaltete sich im Kreis der Freunde. Eben dieser Kreis und der sich in ihm offenbarende Geist — er hat uns an diesem Abend an diese Stätte geführt, im Schutze der vereinsamenden Nacht an die Stätte der ragenden Steine, die des Tags die Menschen anziehen in nicht endenden Scharen.

An den Externsteinen sind wir, dem Naturdenkmal im Teutoburger Wald, geheimnisumwittert in Ursprung und Herkunft, geheiligt, be rüchtigt und umstritten in den Standpunkten der Weltsicht oder gar erstarrter Ideologien. Von den Parkplätzen her sind wir auf straßenhaft breitem Fußweg gekommen, haben die Felswand ragen gesehen mit ihren türmig gestaltigen Überhöhungen, haben uns seitlich dann, nach rechts begeben, an dem Weiher vorbei auf sandigem Wege, in die Dunkelheit des Waldes, von wo aus Durchblick und Ausblick ist über den Weiher hin zum mächtig ragenden Gestein.

Ein Ton auf einmal, da von drüben, aus der felsigen Dunkelheit, über den Wassern tönt er langgezogen und tief. Ein Käuzchen, vermute ich, dessen Klagelaute in kahlen Asten schwingen. Eine Spannung, längst hat sie uns drei erfaßt, die wir stehend und schweigend im Innersten ausgerichtet, bezogen sind auf das sich Offenbarende... vielleicht schon im nächsten Moment. Karl-

Heinrichs Gesicht vermag ich in der Dunkelheit nicht zu erkennen. Nur eine leichte Neigung des Kopfes verrät es, eine kaum merkliche des Oberkörpers, daß es geschieht, in schweigend vergehenden Augenblicken schon geschieht.

„Welche Hoheit und dieser Ernst", erstaunt vermag es Karl-Heinrich zu sagen, aber dann verstummt er, als habe ihn der Anblick, sein unsagbarer Eindruck erst einmal wortlos gemacht. Atemlose Momente der Sprachlosigkeit, dann teilt sich die Übermacht des Ergriffenseins doch in Worten mit, in einzelnen nur, in nur andeutenden.

„Groß, so hoch wie der Fels ... eine hohe Frouwe, eine Frau in Trauer gehüllt im Schwarz fallender Tücher..."

Hinüber zum steilen Fels am Wasser blicke ich, aufmerksamer noch, mit verschärftem Blick suche ich die Dunkelheit hellsichtig zu durchdringen, aber die Dunkelheit verhüllt und das Schweigen auch, das uns ergriffen hat. Nur Schatten, Umrißgestalten zeichnen sich ab in der mondlosen, der wolkenlosen Nacht.

Alle Absicht geb‘ ich auf, schließe in selbstvergessener Ergebenheit die Augen, da erscheint sie mir auf einmal im mondhaft bleichen Feld einer Strahlung. In der Dunkelheit des Felsens steht sie übermächtig groß, eine hohe, tief-ernste Frau im hängend, dunkel fallenden Gewande.

Nicht darf ich denken, nicht überlegen, wo sie wohl erscheint, am Fels, im Fels, in mir; nicht darf ich blicken wollen, gezielter auf ihr Haupt, auf das Antlitz, das Erhabene, ihre Augen, ihre Nase, den Mund zu erkennen. Der Zugriff der Absicht entrückt sie, die geheimnisvoll sich Offenbarende. Mehr Erscheinung denn eine Gestalt ist sie mir gegenwärtig, wenn ich mich mit meinem ganzen Wesen öffne, es wie zu einem Auge wird, das schaut und schauend berührt wird von einer Urwesenheit.

„Warum kommt Ihr so spät? — Das fragt sie uns", sagt Karl-Heinrich betroffen, wie getroffen in einer Schuld. „Warum kommt Ihr so spät?" wiederholt er ihre Worte. „Warum erst jetzt, da es fast zu spät ist?" Die Erscheinung wirkt in Trauer, wie in Schleiern einer unermeßlichen Trauer.„Immer wollte ich hierher, zu den

Steinen wollte ich, weil ich immer wieder ihren Ruf spürte", im peinigenden Selbstvorwurf entweicht es Karl-Heinrich, „aber immer blieb es bisher bei der Absicht... die Zeit... nie die Zeit", sagt er noch und wider sonstige Gewohnheit seufzt beinahe auf.

Uns fröstelt es. Die Kragen haben wir hochgeschlagen, uns mehr noch in die Fellmäntel gehüllt an diesem späten Novemberabend mit den kahlen Ästen im dunklen Himmel.

„Ob sie wirklich Dein Versäumnis meint?", vorsichtig und doch mit Nachdruck wirft Annelies die Frage auf, ein Trost soll es Karl-Heinrich sein und wieder lösen soll es ihn, da er in diesen Momenten in der Befangenheit des Selbstvorwurfes steht.

„Oh, nun lächelt sie", erstaunt und erleichtert zugleich nimmt es Karl-Heinrich wahr. „Ein Lächeln rührt sich im Ernst, in dem Antlitz mit den großen Augen, der graden Nase. Ein Lächeln spielt um den Mund ... Mein Sohn, erinnere Dich doch", das sagt sie nun, „wie oft Du schon hier warst. Im Schatten der Steine spieltest Du als Kind." Verblüfft, erfreut gibt Karl-Heinrich die Worte wieder.

„Meinst Du", Annelies fällt erneut mit der Frage ein, „meinst Du, daß Karl-Heinrich schon hier war, früher in früheren Leben?" Und von der Ahnung, vom Ermessen erfaßt wie die schwer lastenden Worte wohl zu deuten sind: Warum kommt Ihr so spät, da es beinahe zu spät ist? — fährt sie fort:

„Du große Fraue, gehüllt ins Dunkel der Trauer, meinst Du mit Deiner bitteren Frage den Menschen schlechthin?"

„Du sagst es. Ich traure um die, die sich verwirkt haben in langen Zeiten der Prüfung und Bewährung; ich traure um die, die übergehen ins Verderben." Wieder ist es gegenwärtig, das Ungeheuerliche der Menschenschicksale.

„Wer bist Du, da du am Los trägst der Welt?" Annelies ist es, und in ihren Worten zittert noch die Scheu, die sie fragend überwunden hat.

„Fee-eda... ist ihr Name. Fee-eda", wiederholt Karl-Heinrich nunmehr zusammenhängender den ungeläufigen Namen.

„Fee-eda", sagen wir drei mit Andacht, mit Hingabe im Ton der Stimmen. „Fee-eda, Fee-eda, wir grüßen Dich!" Schweigen bindet uns eine Weile in der andauernden Andacht, dann regt sich die Frage.

„Ist sie, ist Fee-eda", so hebe ich an, „im Sinne des Mythos eine Große Mutter?"

„Die Große Mutter, sie ist es", antwortet Karl-Heinrich, „die Urwesenheit ist sie, Seelenmutter unzähliger Generationen. Das Leid trägt sie, die Qualen und Schmerzen der Zeiten und menschlichen Verirrungen."

„Wie nur", frage ich im Spannungsfeld von Licht und Schatten, von Klage und Verheißung der Innerweltlichen, „wie nur ist die Tragik des Menschen zu überwinden? Wie nur kann er sich selbst, kann sich seine Welt der Verhängnisse wandeln?"

„Ihr Antlitz lichtet sich... auf die Frage scheint sie gewartet zu haben..." Mit Erstaunen vermerkt es Karl-Heinrich. „Immer ist der Anstoß, die rechte Frage des Menschen nötig, denkt an das Gleichnis, denkt an die Sage, an die Frage des Parzifal ... Fee-eda, die Große Mutter... nun weist sie zurück auf Vergangenheiten und Generationen, auf das Große Heer derjenigen, die für das Wohl des Ganzen im Geiste der Liebe gelebt haben, sie weist auf die, die für das Wohl des Menschen, der Schöpfung Erde gestritten haben ... dieses Heer, so sagt sie, es tritt an erleuchtet im Geiste des Alleinen, mit Waffen, die Gerechtigkeit erzwingen, sicherstellen...

Schilder tragen sie, sie alle, Schilder, die lauter große Spiegel sind. Der Spiegel wird vorgehalten... wird vorgehalten einem jeden von Euch Lebenden und offenbaren, enthüllen wird sich, was einen jeden Menschen bewegt, was ihn treibt zu Taten und Untaten. Keine Maskierung, keine Täuschung und Selbsttäuschung wird mehr möglich sein in der großen Demaskierung, da die Wahrheit des Inneren offenbar werden wird ..."

Verstummt ist Karl-Heinrich wieder, schweigendes Echo sind wir auf solche Worte, aber dann läßt ihn eine neue Folge der geschauten Bilder erneut sprechen:

„Ein Tor...", sagt er, „sehe ich nun... ein hohes, ein leuchtendes Tor... und Menschen, und Menschenströme sehe ich nun, die auf das Tor zugehen... es durchschreiten. Aber nur der geläuterte Mensch ist es, der einzugehen vermag ins Haus des Vaters, des Vaters, der in Wirklichkeit auch die Mutter ist."

Über der Säule, in der Dunkelheit der Nacht gerade noch als Umriß auszumachen, ist der Himmel einer kreisrunden Öffnung. Wir sind hinweggegangen vom Standort am Weiher mit dem Blick auf das hohe Felsgestein, hinaufgestiegen sind wir auf den mittleren turmigen Fels, übervorsichtig tastenden Schrittes auf kantig geschlagenen Stufen sind wir in der Höhe über die steilbogige Eisenbrücke hinübergelangt und stehen nun auf einer raumartigen Plattform. Offen ist sie zur südöstlichen Seite hin, gesichert nur mit einem den Absturz verhindernden Geländer, vom Fels umschlossen, wandartig behauen ist sie an den anderen Seiten, und überwölbt, überdacht ist der Raum teilweise von einer Haube aus Felsgestein.

Wir drei aber schauen auf die eine, die freistehende Wand vor uns mit der rundbogigen Nische. In ihr, über der altarartigen Säule, da ist jene Öffnung kreisrund in den Fels geschlagen, durch die der nächtliche Himmel hereinschimmert. Ansonsten ist es viel zu dunkel hier oben, als daß Einzelheiten zu erkennen wären. Die Stätte aber ist mir vom Anblick des Tages wohlvertraut. Sazellum wird sie genannt und ein Heiligtum ist sie all denen, die in diesem aus dem Felsen geschlagenen Raum eine altgermanische Kult- und Beobachtungsstätte erfassen und damit wohl auch, was die Gestirnsbeobachtung angeht, eine der ältesten „Turm-Sternwarten" der Welt, vorgestaltet von der Natur, vom Menschen ausgebaut und ausgeformt. Als Ganzes, von außen betrachtet wirkt die nach Nordosten gerichtete Nische tatsächlich wie ein gewaltiges Haupt, in dessen einer Öffnung, in dessen einem Auge tatsächlich die leuchtende Sonne erscheint, wenn sie aufgeht am Tage der Sommersonnenwende.

Die Einäugigkeit der Gottheit, in der Sage um Odin, um Wotan ist sie überliefert und in zahllosen Häuptern des Megalith, geformt aus dem Felsgestein an besonderen Stätten, oder eingeritzt, eingekerbt in seine starre Masse. Die Einäugigkeit der Gottheit ist als Mythos vergleichbar dem Janushaupt, das in Vergangenheit und Zukunft, das ins Diesseits und Jenseits gleichzeitig schaut, weil die Einäugigkeit das Mysterium des vorzeitlichen Vermächtnisses bedeutet, in Gleichzeitigkeit, in gleichzeitiger Meisterung mit dem einen Auge ins Diesseits und mit dem anderen Auge ins Jenseits zu schauen. Im Megalith, im Zeitalter der ragend weisenden Steine, war die Einheit gegeben von Diesseits und Jenseits, in der wechselseitigen Ergänzung einer allumfassenden Wirklichkeit. Im Megalith, da war Europa grenzenlos, da war es eine Einheit im lebendigen, im gegenwärtig wirkenden Geiste, seherisch im heilig-waltenden Lichte erschaut, seherisch erfahren in den Energiefeldern, im Lichtnetz des Geistes über die Weiten hin verbindend die Steinsetzungen der Lande.

Im Megalith, vor vielen, vielen Jahrtausenden, da war Europa vereinigt in den Großen Innenbildern der Seele, in der Führung der Urwesenheiten, geschaut einst mit seherisch-sehendem Auge, dem Aufmerksamen noch heute blicktastend auszumachen in Urgestalten, erkennbar werdend an besonderem Felsgestein. Überliefert ist das Geistes-und Seelenerbe Europas, in mächtigen Steinen, gestalthaft bearbeitet oder zeichenhaft geordnet oder im Fingerzeig ausgerichtet, sind sie allgegenwärtig in seinen Landen.

Der Vormensch, der Mensch des Megalith, eins mit sich selbst, eins mit der Natur, eins mit der Überwelt des Himmels, geführt, sich selber führend auf der Wanderschaft des Lebens, im Unterwegssein der Erde durch die Unendlichkeit des Alls. Sterne des Tages oder der Nacht, strahlend und blinkend aufsteigend über der Richtlinie einer Felssäule oder im genau ausgeschlagenen Loch erscheinend zu bestimmter Jahreszeit und zu erwarteter Stunde — in den archaischen Zeigefingern der geheiligt ragenden Steine verkündet sich die uralte Einheit des Menschen mit dem All, mit der ganzen Schöpfung, und der moderne Mensch, ausgeliefert der ungeheuerlichsten Krise, unausweichlich muß er zur Einheit einer neuen Allverbundenheit finden.

„Öffnet die Pforten Eures Gestirnes", Karl-Heinrich spricht wieder aus, was sich ihm mitteilt, „öffnet die Pforten Eures Inneren, lasset in Euch einfluten das Licht der blauen Sphäre, öffnet Euch der Allmacht des Licht-Kraft-Feldes, aus dem das Urlicht ward. Es ist die Sphäre jenseits von Leben und Tod, jenseits von Krieg und Frieden. Öffnet Euch und sprenget die Fesseln der Sorge und Ängste, löset die Knotungen menschlicher Verirrungen."

Karl-Heinrich schweigt, er scheint nachzusinnen über den merkwürdigen Ausdruck, den er murmelnd wiederholt: „Die Pforten Eures Gestirnes... was mag es bedeuten? da doch ausdrücklich betont wurde, es heiße Gestirn und nicht etwa Gehirn." Schließlich erfährt er die Antwort, die Wölbung, die Zone unter der Schädeldecke des Menschen, das sei das Gestirn des Menschen. Wie in Planetenkonstellationen des Firmamentes seien da gespeichert Schicksale und Schicksalsschläge, Mißlichkeiten des Körpers wie der Seele. Im Dunkel noch, unterentwickelt sei das Gestirne des Menschen; deshalb öffnet Eure Pforten, auf daß es erhellt werde wie der herrlich blauende Himmel."

Das Gestirn der Schicksalsbestimmung, aus dem sich bildet die Stirn, das menschliche Antlitz, das sich seinem Schicksal stellt. — Gleicht nicht die Nase im menschlichen Gesicht der senkrechten Säule und gleichen nicht die Augenbrauen den beiden Schwingen der Irminsul, und gleicht nicht das dritte Auge hinter der Stirn des Menschen jenem Loch da in der Wand des Sazellums, jenem Loch da über der aufrechten Säule?

„Eine Irminsul... auf dem Altartisch stand sie dort, dort unterhalb der Öffnung." Karl-Heinrich weist in einfließender Innenschau auf die Altarwand vor uns, berührt einen Moment das eiserne Geländer an der offenen Seite.

„Ein Raum war es", sagt er, „er war mit Holz umkleidet und in das Dunkel seiner Wände, vor die Öffnung hin, vor die

Sonne da wurden Frauen geführt... junge... Jungfrauen sehe ich, wie sie hinaufsteigen die steinernen Stufen. Einmal in ihrem Leben, zu bestimmten, heiligen Gestirnszeiten durften die Jungfrauen in das Antlitz des Unnennbaren schauen."

„Eine Einweihungsstätte für Frauen muß es gewesen sein." Annelies flüstert die Worte geradezu, nach einiger Zeit erst des Schweigens, in das uns drei die Ehrfurcht hat verstummen lassen.

„Ja, so ist es", Karl-Heinrich, zur Zeit nicht in der bindenden Aufmerksamkeit der inwendigen Bilderung, ist angeregt zum Gespräch. „Die Frau", so meint er, „hatte wohl früher eine ganz andere Stellung in der Familie, in der Sippe."

„Die Frau war Hüterin des Herdes", sagt Annelies, „aber das heißt nicht, daß sie bloß das holde fleißige Hausweibchen war. Das offene Feuer im Kamin, inmitten des Hauses glich dem heiligen Feuer im Innern, war gleich der alleserwärmenden Liebe, der allesdurchdringen-den, der alleserhaltenden Liebe, für die die Frau offener war und ist mit ihrem mütterlichen Herzen, in der Medialität ihrer Natur, in der Ruhe und Geborgenheit des Heimes, erleuchtet vom Feuer der Liebe, trat sie mit Warmherzigkeit, sandte sie Wellen der Warmherzigkeit den Mitmenschen, dem Fremden entgegen."

„Seht", pflichtet ihr Karl-Heinrich bei, „wir sind an einem Wendepunkt angelangt, um das Frau-Mann-Verhältnis neu zu verstehen. Die Frau, so scheint es, nicht der Mann war die Eingeweihte, die das Antlitz des Unnennbaren sehen durfte, die das Empfangene weitergab an den Mann ..." Ist es nur die Nachwirkung der uralten Bilder oder vergegenwärtigen sie sich schon wieder? „Das Bild ist wirklich so", Karl-Heinrich betont es, wohl um das eigene, noch ungläubige Erstaunen zu überzeugen.

„Da standen Jungfrauen ... Mädchen, sie standen auf der Brücke, zur Zeit der Ostara, zu Ostern also. Und einzeln wurde die Jungfrau von einer Druida hereingeführt. Die Priesterin trat dann auf eine kleine Erhöhung, sie sprach ein Gebet... und dann durfte der junge Mensch sein Gesicht auf das Unnennbare ausrichten und sichtbar, ja empfindbar wurde das große Himmelsauge."

So erhaben ist sie uns erschienen, Fee-eda, die Große Mutter, so überragend hoch hat sie sich uns offenbart, als wir vorhin unten gestanden haben auf dem Weg unter den Bäumen und durch die Dunkelheit schauten auf den wuchtig gedrungenen Fels. Und dennoch in ihr Auge, in ihr Antlitz blickten die Jungfrauen nicht. Aufgefallen ist es mir und es bedrängt mich die Frage.

„Fee-eda", so frage ich denn, „was bedeutet es, das Antlitz des Alleinen?"

Da antwortet sie, die offensichtlich immer Gegenwärtige, die Allgegenwärtige der Stätte: „Das Ureine ist es, das Ureine, das alleine Licht! Einst geschaut, sollt Ihr es wieder schauen, deshalb überspringet im Geiste die Zeiten, die Epochen der zwingenden Folgen, der Schicksalsrache ingrimmiger Drangsal, überspringet die späten Zeiten des Odin und Wotan, knüpfet an an die Zeiten, da Wotan noch Uodan war, knüpfet an an die Zeit der heilig-ragenden Steine, da ein Gleichgewicht war zwischen Urgeist und Urseele in der Urruhe, da der Große Vater und die Große Mutter in der Weltenwaage waren und so eins im Alleinen. Es ist die Wiederkehr des Einen.

Mensch Du, verbinde das Ur mit dem Morgen und lebe bewußt in heiterer Allgegenwärtigkeit."

Eine Weile haben wir noch oben gestanden, im Sazellum, im offenen Raum hoch im Felsen, die Gesteinswand vor uns mit der Nische, mit der altarartigen Säule und dem Himmelsloch darüber, dann sind wir gegangen, behutsam tastend in der Dunkelheit die Steinstufen hinab, über den knirschenden Weg hin zum Auto... sind im Auto schnell gelangt zum nahen Gasthof.

Mir aber blieb der Anblick der Wand mit dem Himmelsauge in der Seele stehen, im Innern blieb er mir gegenwärtig, da ich zu Bett ging, schlafen wollte und doch überwachen Kopfes auf dem Kissen lag. Die Wand, die Schwärze ihrer Umrißlichkeit, das Himmelsloch... ich sah es immer wieder, ehe der mitgenommene Anblick irgendwann überging ins Ungefähre eines Raumes, der mir ungeheuer erschien in der Unermeßlichkeit seiner Ausdehnung... ehe das kreisrunde Felsloch sich in eine Sonne verwandelte... höchst eigentümlich erschien sie mir, weil sie so weiß war, im allerhellsten Weiß, weil sie von Ringen umgeben war, von pulsierenden Ringen, sich wellenhaft weitend in Unendlichkeiten.

Wieder die Sonne wie damals in der einweihenden Nacht in den Höhen der Rocky Mountains, damals golden aufleuchtend, diesmal weiß und licht! Wieder die Sonne, wieder der Hinweis auf das allerstrahlende Sinnbild des Neuen.

Noch ist sie in mir, die Nachwirkung dessen in mir, als wir wieder oben stehen im Sazellum. Kurz nur ist die Nacht für uns gewesen. Noch gestern war es Karl-Heinrich bedeutet worden, noch einmal, noch vor dem Morgengrauen hier oben im Fels zu sein, denn überlaufen ist die Stätte der Externsteine, einen Menschenstrom der Schaulustigen, der innerlich Suchenden und Berührten zieht sie ständig an, und oft kommen die ersten Grüppchen schon in der Frühe.

IM GEISTE DES ALLEINEN: DER FRÜHLING DER VÖLKER

Noch verhüllt die Dämmerung die turmhoch ragenden Felskolosse, aber in der Atmosphäre ist eine Ahnung des Morgens. Eine Herausforderung im Einsatz, in der Anstrengung ist es schon für uns drei, erneut im Schutz aber auch in der Erschwernis der Dunkelheit hier oben im Fels zu stehen. Aber für uns drei sind selbst kleinere gemeinsame Reisen aus Zeitgründen nur schwierig zu ermöglichen, vielleicht auch mag die Jahreszeit, mögen die kahlen Herbsttage gerade günstig sein für eine Übermittlung.

Karl-Heinrich jedenfalls ist unversehens hellwach geworden. Seine Augen, beim Hinaufstieg auf den Fels noch müde wirkend, leuchten auf, verliebt fast wie bei einem Jüngling. „Wie schön sie auf einmal ist", sagt er begeistert und verwundert zugleich, „wie jung und strahlend. Mein Gott, welch' eine Schönheit und die herrlichen Blumen noch im blonden, wallenden Haar."

Nicht fassen kann er die Wandlung, den Kontrast zu gestern, da sie mütterlich und in Schleiern der Trauer erschien. Das Antlitz, es scheint tatsächlich dasselbe zu sein, nur jünger ist es, lieblicher heute und mitten im kahlen Herbst umsäuselt von frühlingshafter Heiterkeit. Dennoch, zurückzudrängen vermag er nicht die Frage und unüberhörbar schwingt in ihr sein Erstaunen:

„Bist Du's wirklich? Da Du heute eher der Ostara, der Frühlingsgöttin gleichst?" — Nun lacht sie, so herzhaft, so strahlend, sie trage noch andere Namen. Aber sie nennt sie nicht. Sie sagt: Der Frühling wird kommen, der Frühling des neuen Menschen, der Frühling des Neuen Europas. Atamaland sollt Ihr es nennen, Ata für den Vater und Ma für die Mutter. Atamaland, das Reich, in dem wieder in der Weltenwaage ist das Ewig-Männliche mit dem Ewig-Weiblichen.

Europa, das Verhängnis, das Grab war der ganzen Welt, Atamaland wird die Wiege der neuen Menschheit, Atamaland wird die Wiege der neuen Welt."

Noch lächelt sie und ihr Lächeln ist den Strahlen der Sonne gleich, noch lächelt sie, ehe sie entschwindet und im Lichte, aus dem Lichte eine andere Gestalt erscheint, ein kraftvoller, ein würdevoller Mann ist es und der sagt:

„Erkennt Ihr mich? Bismarck bin ich, schon einmal hob ich ein Reich aus der Taufe! Laßt euch sagen nach den Schrecken und Erschütterungen der Zeit, nichts ist ein Reich ohne den Geist, ohne die Seele, erkämpft nur mit Staatskunst und dem Schwert. Heute spreche ich von einer erneuten Reichsgründung, es ist die

Reichsgründung im Herzen des Menschen. Aber versteht mich recht, wenn ich vom Reich spreche, so meine ich den Reichtum eines Jeden in sich selbst, aus dem heraus, in der Gemeinschaft der Ahnen und der Lebenden entstehen wird das Reich des Alleinen... der kommende Völkerfrühling ohnegleichen."

Der Mann im weißen, wallenden Umhang und dem großen Handschuh mit den Stulpen ... der Mann entschwindet und im Licht, aus dem Licht erscheint ein Ei, ein leuchtendes, ein strahlendes Ei und Kränze flechten sich darum, Kränze aus Rosen, dann wieder aus gewundenen Zweigen, aus Birkenblättern, aus Lotusblumen. Das Ei, es ist das Ei des Völkerfrühlings, des Völkerfrühlings ohnegleichen."

Erwacht ist der Tag, das Licht ist hochgestiegen. Die Felsenwände um uns und das eiserne Geländer zur rechten Hand, alles beginnt sich in Helligkeit abzuzeichnen, das Ornament des Geländers, alle die Einkerbungen im Gestein, aus Urzeiten und jüngster Touristensaison.

„Die Verbindung mit Euch, mit Euch im Inseits zu stärken, was können wir tun?" Annelies fragt es, in der großen Ahnung des Kommenden und seiner Aufgaben.

„Drei Übungen lasset Euch mitgeben in den Alltag! Zum Sonnenaufgang erhebt Euch, wendet Euch zu der aufsteigenden Sonne mit erhobenen Armen und dreimal verneiget Euch vor dem Unnennbaren, indem Eure Hände den Boden berühren. Tuet es jeden Morgen, das ist das erste und wichtigste!

Das Zweite: Danket für jegliche Speise, bevor Ihr sie genießt, wandelt sie in eine Gabe des Geistes.

Und das Dritte: ein jeder schlage die Glocke an in sich selbst und bringe sie zum Klingen. Und eines Tages werden alle Glocken im reich-tönenden Einklang sein."

Ein leuchtender Schimmer zeigt sich am Horizont, über den Bäumen in der Ferne. Es ist das erste Licht der aufsteigenden Sonne. Annelies erhebt die Arme, senkt sie dann hinab auf den Bilden, sie folgt schon dem eben gegebenen Rat und wir tun es ihr gleich, dreimal senken wir die Hände hinab zur Erde. Und da wir uns wieder erhoben haben, noch dastehen im Anblick der Nische, der altarartigen Säule mit dem Himmelsloch darüber, da spricht Karl-Heinrich die Worte aus, die er im Innern vernimmt:

„Die Zukunft gehört dem wahren Menschen, dem Menschen, der zum Kristall wurde des wahren Krist. Die Zukunft gehört dem wahren Cheriste..." Dreimal sprechen wir die Worte und dreimal schließen sich die Worte an:

„Die Zukunft gehört den Cheristen."

Dem inneren Bilde folgend tippt Karl-Heinrich mit dem Zeigefinger leicht an die Stirn, fährt dann hinab am Körper in der Senkrechten, dann hebt er die Hand, zieht von der Herzgegend aus die Waagerechte. Wir alle, die wir der Urgeste des sich bekreuzigenden Menschen folgen, wir drei ziehen dreimal das Kreuz am eigenen Körper, das gleichschenklige Kreuz, das uralte Zeichen, das vom Kreis umschlossen das Urzeichen war und ist der sich wiederfindenden atlantiden Völker.

ENDE DES ERSTEN BANDES

KLEINE BIBLIOGRAPHIE

Nur die Bücher, die im engeren Sinne und vom Thema her die vorliegende Schrift tangieren, sind im kleinen Literaturverzeichnis erwähnt. Im weiteren Sinne wären noch viele zu nennen. Da die Eigenart der Schrift keine regelrecht wissenschaftliche Auseinandersetzung mit den Themen zuließ und damit auch keine Zitatenfülle mit ihren Quellenangaben, seien an dieser Stelle einige Autoren besonders genannt und gewürdigt in ihrer geistigen, in ihrer informativen Bedeutung für jeweilige Teile des vorliegenden Buches.

Für das Indianische sind es vor allem die Werke von Werner Müller, zu Atlantis ist es Otto Muck, zur Megalith-Vorzeit Elisabeth Neumann-Gundrum, zu New York und das „Große Geld" Gustavus Myers, zum Etymologischen sind es die Gebrüder Grimm, zum Allgemein-Esoterischen die Werke von Friedrich-Karl Heckmann und Georg Jentsch.

Zu Nordamerika, Atlantis und New York

Baedekers USA. — Stuttgart, 1979
Bancroft-Hunt, Norman, Werner Forman, Die Indianer. —Atlantis Verlag, Luzern und Herrsching, 1986.
Buschenreiter, Alexander, Unser Ende ist Euer Untergang. — Econ-Ver-lag, Düsseldorf, 1983.
Lundberg, Ferdinand, Die Mächtigen und die Supermächtigen. — Rowohlt Taschenbuchverlag, Reinbek b. Hamburg, 1978.
Müller, Werner, Glauben und Denken der Sioux. — Dietrich Reimer Verlag, Berlin, 1970.
Müller, Werner, Die Religionen der Waldlandindianer Nordamerikas. — Dietrich Reimer, Berlin, 1956.
Muck, Otto, Alles über Atlantis. — Econ Verlag, Düsseldorf, 1976.

Myers, Gustavus, Das große Geld. — Greno Verlagsgesellschaft, Nördlingen, 1987.
New York, Buchers Führer zu den Zentren der Kultur. — C.J. Bucher Verlag, Luzern, Frankfurt/M., 1973.
New York, Merian, Heft 9 / Jahrgang XXIII. — Hoffmann und Campe Verlag, Hamburg.
New York in Photographien von Reinhart Wolf. —Taschen Comics Verlag, Köln, 1985.
Sanderson, Ivan T., Nordamerika. — Droemersche Verlagsanstalt, Zürich, 1962.
Steam, Jess, Der schlafende Prophet. — Ariston Verlag, Genf, 1968.
Wiltsey, Norman B., Die Herren der Prärie. — Hans E. Günther Verlag, Stuttgart, 1965.
Schwarzer Hirsch, Die heilige Pfeife. — Walter Verlag, Olten und Frei-burg/Br., 1956.
Schwarzer Hirsch, Ich rufe mein Volk. —Walter Verlag, Olten und Frei-burg/Br., 1974.

Zu Mimir

Beck, Eugen Friedrich, Sichtbare Zeugnisse alteuropäischer Geistesgeschichte. — Heinrich Schwab Verlag, Schopfheim, 1974.
Grimm, Jacob, Deutsche Mythologie. —Akademische Druck- und Verlagsanstalt, Graz, 1968.
Grimm, Jacob und Wilhelm, Deutsches Wörterbuch. — Deutscher Taschenbuch Verlag, München, 1984.

Zur Ufologie

Keyhoe, Donald E., Der Weltraum rückt näher. — Lothar Blanvalet Verlag, Berlin, 1954.

Schneider, Adolf, Besucher aus dem All. — Hermann Bauer-Verlag Frei-burg/Br., 1973.

Schneider, Adolf, Hubert Malthauer, Das Geheimnis der unbekannten Flugobjekte. — Hermann Bauer-Verlag, Freiburg/Br., 1979.

Zum Allgemeinen

Capra, Fritjof, Das Tao der Physik. — Scherz-Verlag, München, 1984. Chardin, Pierre Teilhard de, Der Mensch im Kosmos. — Deutscher Taschenbuch Verlag, München, 1982.

Heckmann, Friedrich-Karl, Vom Pfad zur inneren Freiheit. — IL-Verlag, Bad Münstereifel, 1985.

Heckmann, Friedrich-Karl, Buddha und Mutter Erde, — IL-Verlag, Bad Münstereifel, 1990.

Hochkeppel, Willy, Modelle des gegenwärtigen Zeitalters. — Nymphenburger Verlagshandlung, München, 1973.

Jentsch, Georg, Wiedererweckung der einen Welt. — Verlag Hinder und Deelmann, Bellnhausen, 1973.

Neumann-Gundrum, Elisabeth, Europas Kultur der Groß-Skulpturen — Wilhelm Schmitz Verlag, Giessen, 1981.

Orwell, George, 1984. — Ullstein Verlag, Frankfurt—Berlin, 1976.

Scharf, Siegfried, Das Große Buch der Herzensmeditation. — Aurum-Verlag, Freiburg/Br, 1979.

WEITERE VERÖFFENTLICHUNGEN DES IL-VERLAGES

Hanns-Günter Grosser KRIST-UR CHERISTE Atlantide Offenbarungen zur Zeitenwende Band II, 2. Auflage,
ISBN 978-392-412-507-3, 408 Seiten., kartoniert, EURO 24,80
(zu beziehen Online bei Books on Demand – www.bod.de)

Friedrich-Karl Heckmann VOM PFAD ZUR INNEREN FREIHEIT Meditative Studien über die Zwänge des Daseins und über die Möglichkeit ihrer Überwindung
ISBN: 3-924125-00-7, 120 Seiten kartoniert, EURO 7,40

Friedrich-Karl Heckmann BUDDHA UND MUTTER ERDE Kristalline Zeichen aus dem Hintergründigen
ISBN: 3-924125-01-5, 224 Seiten, kartoniert, EURO 11,--

Friedrich-Karl Heckmann HOHE PFADE DES UNBEDINGTEN Studien zur ganzheitlichen Wirklichkeit ISBN: 978-3-924125-06-6, 334 Seiten, kartoniert, EURO 24,80,--
(zu beziehen Online bei Books on Demand – www.bod.de)

NOTIZEN